中奥到家

更好　更美　更满意

中奥到家
更好 更美 更满意

董恒波 雷彬 著

中国友谊出版公司

图书在版编目（CIP）数据

中奥到家 / 董恒波，雷彬著. —— 北京：中国友谊出版公司，2018.10
ISBN 978-7-5057-4535-3

Ⅰ.①中… Ⅱ.①董… ②雷… Ⅲ.①物业管理企业－介绍－中国 Ⅳ.①F299.233.47

中国版本图书馆CIP数据核字(2018)第238881号

书名	中奥到家
著者	董恒波　雷彬
出版	中国友谊出版公司
发行	中国友谊出版公司
经销	新华书店
印刷	北京中科印刷有限公司
规格	710×1000毫米　16开 22.5印张　363千字
版次	2018年11月第1版
印次	2018年11月第1次印刷
书号	ISBN 978-7-5057-4535-3
定价	128.00元
地址	北京市朝阳区西坝河南里17号楼
邮编	100028
电话	(010) 64668676

版权所有，翻版必究
如发现印装质量问题，可联系调换
电话　(010) 59799930-601

目录 CONTENTS

序一 /1
序二 住花园社区，享"白金管家"服务 /3
楔子 /5

上部 铭记风雨同行的日子

第一章 刘建：胸怀大海自壮阔 / 11

一、关于物业的遐思　14
二、桂林山水养育的北方少年　16
三、榕湖饭店的青春岁月　18
四、漓江之畔的三花酒友　20
五、沈阳夏宫的寻梦之旅　22
六、羊城奥园的物业管理之缘　25
七、用心缔造毕生事业　28
八、一盏心灯照耀，砥砺前行　31

第二章 陈卓：心有兰芷自芬芳 / 33

一、美丽的长沙妹子　38
二、你好，广州　40
三、插上翅膀，就是为了飞翔　42
四、像花儿一样绽放　44
五、我是女生，但我们同行　46
六、青春不负梦想　48

第三章 | 梁兵：开疆辟土敢为先 / 51

一、物业行业的工科男　54

二、三人行，必有我师　56

三、方向比努力更重要　58

四、历尽千帆，归来仍如当年　60

第四章 | 龙为民：举重若轻的舞龙人 / 63

一、兰州以南　66

二、龙行四方　68

三、友谊与事业　70

四、举重若轻的舞龙人　72

第五章 | 陈刚："白金管家"老弥坚 / 75

一、中奥的"老白金"　78

二、九龙城的小文书　80

三、40年的酒店人　82

四、愿守物业20年　85

五、不能不说的"白金管家"　87

中部　机会留给有准备的人

第一章 | 缝隙，光照进来的地方 / 93

一、中国物业管理的过去与现在　96

二、第三方物业企业的生存和发展　100

三、中奥到家集团的成长之路　106

四、从野蛮生长到精耕细作　113

第二章 善待每一个共同进步的日子 / 117

一、管理让团队增强战斗力 120
二、"野生动物团队"养成记 124
三、十年深耕造就信任之城 128
四、创新，一直在路上 131

第三章 发展，需要冷静而坚决的态度 / 135

一、发展与并购中的物业企业 140
二、中奥到家并购之路 144
三、中国物业市场未来的格局 148

第四章 立身之本的"白金管家" / 153

一、"白金管家"的起源与发展 158
二、中奥到家的"白金管家"服务 161
三、"白金管家"的理念和精髓 164
四、中奥到家"白金管家学院" 173

下部 见证中奥到家的成长

第一章 智者同行 / 189

一、上海怡东：志同则道合 191
二、浙江永成：从对手到队友 93

第二章 卓越引领 / 197

一、广州奥林匹克花园：最初的梦想 199
二、南国奥林匹克花园：幸福的家园 205
三、博澳城：城市中央的精品 209
四、东方花城：从荒城到花城 213

五、玖珑湾：向往的幸福家园　218

六、理想城：让业主感受幸福的阳光　223

七、翠湖天地：与你相约幸福时光　226

八、世爵府邸：家门口的风景区　230

九、天玺公馆：有温度的物业管理　233

十、敬亭山君：温馨的港湾　236

十一、优山美地：五项措施保服务　239

十二、中房翡翠湾：英式的白金管家服务　244

十三、次渠嘉园：京郊的安居之所　247

第三章　平凡·非凡 / 251

春风化雨　255

广奥花园的守护者　256

水火之中见真情　259

跑丢的孩子找到了　262

送了一面锦旗　264

小事更能暖人心　266

比亲儿子还要亲　268

我现在就赶过去　270

其实我也有恐高症　272

不忘初心　274

元宵节"泡汤"了　275

任劳任怨的好厨工　277

工作不分分内分外　279

雨衣遮车窗　281

浓烟一起物业来　283

老人交给我们请放心　285

孩子笑了是感谢　288

小区有位高大娘　290

大连中奥物业的"服务三字经"　292

电话就是冲锋号　294
手机掉河之后　296
中奥英雄邢增承　298
我家的钥匙您留着　300
老战士的军礼　302

情深意浓　305

破窗救火不顾身　306
高温下的坚守　308
谁的黑色背包　310
一副老花镜　311
雪地里的感动　312
冰冻寒夜中的抢修　314
台湾同胞的感激情　315
情感留人　317
回到家的感觉　318
"大忙人"被感动了　320
物失踪后的决定　322
最美的祝福　324

滴水见阳光　326

急业主之所急　327
点滴小事见真情　329
于细微处见精神　331
心中装的是业主　333
一切为了业主——广州南国奥园的感人故事　336
女孩别哭　340
就是要让业主满意　341

- 中奥到家集团大事记　／345
- 后记　／347

中奥到家

更好 更美 更满意

国家住房体制改革二十年来，我国房地产市场得到了充分地发展，也带动了我国物业行业的发展。随着我国房地产进入存量房时代，以房屋增值、提升居住体验和重塑生活方式为主的房地产后市场开始收到关注。物业行业成为房地产转型升级的重要领域，也是承载房地产价值流动的重要渠道。物业行业的价值持续凸显，也得到了许多投资行业的青睐，资本的注入也客观上促进了物业行业的快速发展，实现了整个行业的转型与升级。

中奥到家是在我国物业行业中一个极具代表意义的企业。2015年中奥到家在香港成功上市，带着中国首家港股上市的独立第三方物业企业的光环走进人们的视野。企业的成功事迹成为整个物业行业的一段佳话，也让我备感欣慰，可成功背后的努力和辛酸，却鲜有人知。《中奥到家》一书的出版，向读者展现了中奥到家物业人十多年来的拼搏历程，让人动容；也分享了企业的成功案例和经验，让人受益，这实在是一件值得庆贺的事情。物业行业发展到今天，虽然欣欣向荣，但毕竟时间短经验少，如果有更多的物业企业站出来发声，总结自己的发展历程，分享自己的心得体会，那么对与整个行业来说，都是大有裨益的。

中奥到家的成长之路，值得我们思考。从成立之初到香港上市，只用了短短十年的时间，是什么样的原因，让这家企业在这么短的时间内由籍籍无名迅速成长为全国十强？答案其实就在书中，归结下来无非就是几个关键词：

第一，服务。在房地产行业的黄金时期，作为房地产后服务市场在得到同步发展的同时，也经历人才流失的阵痛。相对于投资收益效果更显著的房地产行业，物业行业相对冷清，因此许多早期的物业从业者都纷纷选择转行离开。而中奥到家领导者们却一直坚守这块土地，坚持在物业领域深耕细作，才有了今天的骄人成绩。

第二，创新。这其实是任何领域成功者的标签，中奥到家的领导者们恰好都具有这样的品质。从企业小规模时期的生存发展，到企业成长之后的规范管理，都离不开勤奋和努力，就连在企业上市之后，也没有人松懈下来，依然事无巨细亲力亲为。

第三，坚持。独立第三方物业在市场中生存和发展机遇与压力并重，相比之下压力可能更大一些，因为市场直接决定企业的生死存亡。中奥到家的服务一直是企业生存发展的根本，其"白金管家"更代表了企业服务的最高水平，也是企业能一路走来高歌猛进的市场利器。

第四，勤奋。创新也是中奥到家企业难能可贵的品质，传统企业在互联网时代的今天，应当认清形势，努力寻求新的经济增长点。近年来，中奥到家在社区服务等领域也在进行着许多有益的尝试，我以为，有创新的企业才有活力，有创新的企业才是属于未来的企业。

总之，《中奥到家》一书的出版，这是一件让人高兴和欣慰的事情，我衷心希望物业行业能够涌现出更多有责任、有担当、有作为的企业，为物业行业的进步作出贡献！

中国物业管理协会会长
2018 年 7 月 1 日

住花园社区，享"白金管家"服务

改革开放的40年，是见证人们生活和观念变迁的40年。当一座座高楼拔地而起，一间间敞亮的商品房被人们排队买走时，人们对物质文明和精神文明的追求也进入新的阶段，人们对美好生活的向往已经替代吃饱穿暖的基本需求，而成为大众关注的内容。"居者有其屋"就是其中一个重要的方面。

中奥物业的成长很幸运地赶上了中国房地产发展的黄金时期，许多优质的商业楼盘社区开发面向市场，人们对社区环境、配套设施、服务水平等方面的认识也逐年提高，物业管理服务在不断满足人们日益增长需求过程中，得到了逐步的提升与发展。曾经的物业管理作为房地产开发项目的一项配套服务，开发企业为了让楼盘项目受到购房者的青睐，首先是提升物业服务质量。在2005年，广东中奥物业管理有限公司成立，作为独立第三方物业服务企业，能够在物业市场中争得一席之地，我们秉承着"放心管家，服务到家"作为开拓市场的核心理念。一直以来，无论是企业发展初期的广州，还是中奥到家上市之后的全国市场，"放心管家，服务到家"就是我们中奥物业服务的宗旨。

中奥物业成立距今已经13年，回顾这十多年的历程，作为草根出身的独立第三方物业服务企业，总结起来的经验就是两大方面：

第一方面是我们从解决企业生存开始一点一点做起，把认为对的坚持不懈去做，把事情做好，心里时常揣着一颗朴实的初心，踏踏实实去做，一步一个脚印，让我们的物业服务项目拓展到全国各地，让公司逐步壮大。"千里之行，始于足下"，正是我们坚持了"更好，更美，更满意"的服务理念，对服务品质严格要求不断努力，得到了市场和服务项目的认可。

第二个方面是把坚持的事情做出特色，这就是创新的决心。企业成立初期，我们一直在探索让企业脱颖而出的方法，服务品质是企业内在的精髓，但同时还需要寻求差异化，以便在市场竞争中能彰显优势。带着这种想法我们将"英式管家"服务引入中奥物业，打造一套适合我们物业管理的"白金管家服务"理念，作为中奥物业服务的核心品牌，让企业拥有服务品质的内在精髓，也有"白金管家服务"的外化品牌形象。时至今日，"热心、诚心、贴心"的"白金管家服务"已经成为中奥到家集团的标志性服务，成为企业极具竞争力的特色品牌。不忘初心，砥砺前行，我们一直在路上，中奥人以坚定的信念，向着更高、更远的目标奋勇向前！

感谢本书作者对中奥物业深刻而详尽地阐述，通过这次采访与作者交流，让我对企业的未来发展又进行了一次梳理和深思。感恩社会和市场对中奥到家十多年来努力的认可，让我们成为国内首家第三方物业服务企业在香港上市。我同时也感受到了肩上沉甸甸的责任。"安得广厦千万间"，我们伟大的祖国正在把全国人民美好的梦想变为现实。我们中奥人用"热心、诚心、贴心"的"白金管家"服务全社会，将我们的家园变成美丽的花园、温馨的家园。住花园社区，享"白金管家服务"！

中奥到家集团总裁
刘建
2018 年 5 月

2015 年 11 月 25 日，农历十月十四日 清晨，香港。

整座城市从黎明中清醒过来，开始了一天的喧嚣与忙碌。香港的冬日依然透着火热的气息，夏天仿佛从来就没有离开过人们的身边。清晨的阳光早早地铺满了维多利亚港的海面，各式各样的轮船在波光粼粼的水面上往来穿行，长长的汽笛划破清晨的宁静。微微的晨风吹皱深蓝的水面，泛起金色的波光，举目向上，两岸高楼鳞次栉比，显示着香港大都市的无尽繁华，放眼天际，蔚蓝的天空像一面明亮的镜子，两条喷气式飞机留下的长长的云带不经意将天空点缀，显得纯净而富有活力。

香港中环交易广场高耸入云，阳光照在蓝色的玻璃墙面上，反射出耀眼的光。清晨 8 点的广场上已经游人如织，人们或驻足观赏，或聚集谈论，感受着繁华与热闹。港交所大门正前方的人工瀑布之上，巨大的铜牛雕塑一立一卧，目光凝聚，见证这里发生的历史。一旁的旗杆上面，鲜艳的五星红旗，香港特别行政区区旗，代表港交所的蓝白旗帜迎风招展，仿佛在欢迎今天到来的客人。

时钟指向 8 点 45 分，港交所门口人员开始聚集，有挎着相机的记者、有带着工作牌的工作人员，还有一群盛装出席的人。而在盛装人群中，有一位身材高大健硕、面带笑容的男士尤为引人注目，他，就是今天的主角——中奥到家集团总裁刘建先生。

经过长时间充分的准备，刘建带着他的团队，在这里完成一个历史性的使命，至此，将标志着国内首家第三方物业服务企业在香港成功上市。这是刘建和团队多年来梦寐以求的愿望，也是他们努力发展后的必然收获。为了共同见证难忘的这一时刻，刘建在前一天带领分公司的区域经理、业务骨干来到了香港，也邀请了物业行业的同行、投资人一起见证这历史时刻，这不仅是中奥到家集团的骄傲，也是物业行业的骄傲。

工作人员为刘建团队和嘉宾佩戴了胸花，一行来到港交所门口的徽标处，无数闪光灯开始闪烁，人们用手机和相机保留下这一值得纪念的日子。面对镜头，刘建高举双手，竖起来大拇指，脸上露出自信的笑容。公司从成立走到今天，用了十年的时间，但对中奥到家的团队来说，十年的艰辛，非常人所能体会。此时的刘建，胸中豪情满满，站在嘉宾和大众面前，他理应感到自信，感到自豪。面对一一前来合影留念的同事、嘉宾，他笑容满面，今天，他要把这里做成一个party，让所有的参与者都乘兴而来，尽兴而归。

上午9点整，刘建在一行人的簇拥下，正式进入展览馆，经过简单地准备，刘建带着他的团队和嘉宾，共同登上了主席台。鲜红的弧形主席台，金色的铜锣静静地挂在主席台的中央，墙上的大屏幕显示着几行大字：Welcomes The Listing of Zhong Ao Home Group Limited 中奥到家集团有限公司（Stock Code:1538），也向人们昭示着今天这个台上的主人。刘建手握演讲稿，走到发言的麦克风前，他的身后，一行人一字排开，这里面有自己并肩战斗的合伙人，有看好中奥到家的投资人，有关注中奥到家集团成长的物业协会领导，他们都露着笑意，听着董事长刘建致辞，也静静等候着随之到来的敲钟时刻。站在台上，刘建的心情却平静了下来，所有努力之后的成功，过程往往比结果更激动人心。刘建在致辞中感谢了许多人，也道出了许多责任，成绩只代表过去和今天，未来的平台更加广阔，他需要有更大的魄力和决心，带领中奥到家集团继续向前。

嘉宾们很快被即将到来的高潮调动了情绪，大家在鲜红的主席台上举杯庆贺，合影留念，仿佛此时此刻，用照片记录下这难忘的时刻，才是最快乐的最好的表达方式。

铭记风雨同行的日子　上部

　　时钟的指针向着9点30分靠近,所有合影的嘉宾都离开了主席台,大家的目光聚集在即将被敲响的铜锣上,在主持人的指引下,中奥到家集团总裁刘建率先登上了主席台,随后易居中国董事长周忻,嘉御基金董事长卫哲也登上了主席台,三人一同拿起了锣槌。时间开始进入读秒倒数,三人露出笑容摆好了敲锣的姿势。五、四、三、二、一!"咚"的一声锣响,时间定格在这一秒,全场响起了欢呼,无数闪光灯朝着主席台的方向闪烁。这一刻,所有的目光,都汇聚于此,刘建、周忻、卫哲三人的手紧紧握在一起。

　　中奥到家(股票代码:1538.HK),这一天注定写入历史。

中奥到家

香港联交所上

上部　铭记风雨同行的日子

中奥到家

更好 更美 更满意

第一章 刘建——胸怀大志写天下

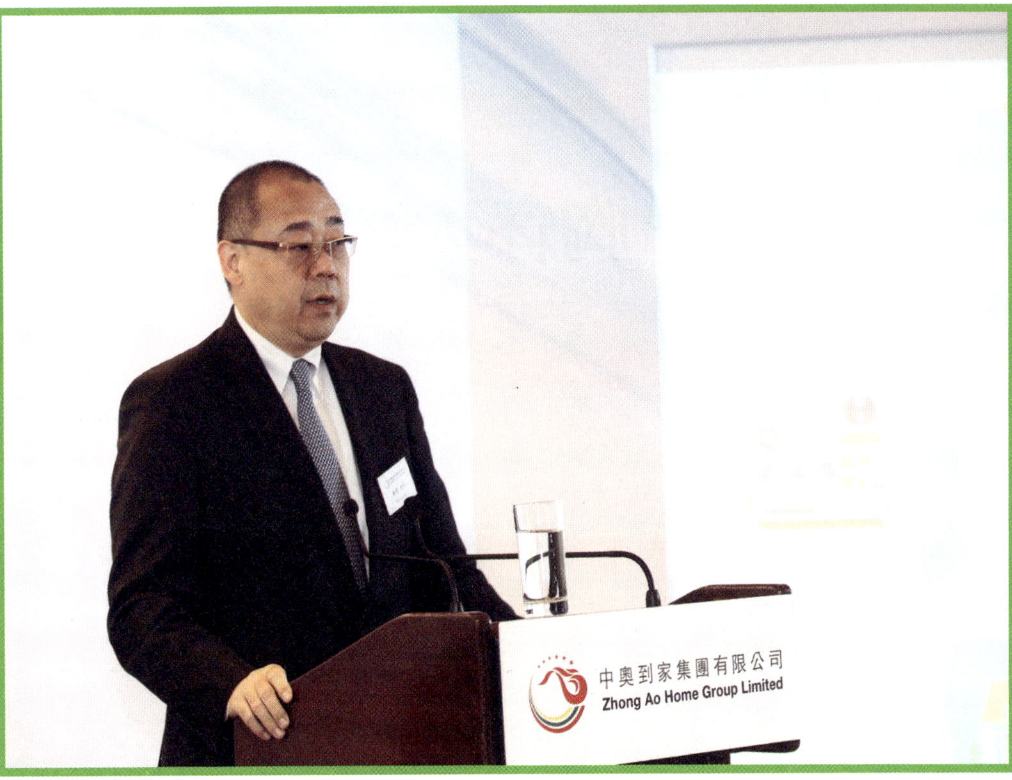
中奥到家集團有限公司
Zhong Ao Home Group Limited

铭记风雨同行的日子 上部

一、关于物业的遐思

在人物故事开始之前，让我们把目光投向更久远的地方。

人类从远古的蛮荒时代走来，脚印依稀可见。中华传说中，最早是一位叫有巢氏的先哲教会了人们盖房子，结束了人类依赖天然洞穴避雨遮风的历史，最初的房子都非常简陋。今天，我们在陕西半坡遗址、浙江余姚河姆渡遗址等新石器时代遗址中，都可以看到一种半地穴式的房屋，形状或方或圆，以中间立柱支撑房子，窄小而阴暗。在各地的博物馆里，我们还能看到东汉时期的名为"干栏式陶屋"的房屋模型，那是当时在南方地区人们居住的房子。从模型看，当时的房子有窗子和栏杆，可以采光，房子里的人还可以倚栏眺望。

随着时代的发展，房屋建筑越来越美观实用。唐代诗人杜牧笔下的"阿房宫"，宋朝范仲淹赞美的"岳阳楼"，字里行间，分明矗立着天堂般的雄伟宫殿，"五步一楼，十步一阁，廊腰缦回，檐牙高啄"，让人产生无数联想，当然，我们现在还可以欣赏到那些标志性的中国建筑，比如北京的故宫、福建的土楼、山西平遥古城等等。这些都是中华民族的文化符号，是中华五千年文明不可或缺的重要组成部分。各具特色的建筑是人类智慧和文化的成就，也是古代工匠们智慧和汗水的结晶。

人类的生存形式多种多样，其中一个重要特点是群居式居住。人类由采集经济转变为定居经济后，居住的选择因素都不外乎安全、信息沟通和繁衍等方面。我们再细加观察，就会发现人类早期对居住地和水源、通风、采光等环境条件也是经过充分考虑的。

陕西西安半坡遗址是黄河流域的一处典型的村落遗址，属于新石器时代的仰韶文化，距今在6000年以上。在这个面积达1万多平方米的遗址内，已发掘出46座房址200多个窖穴。

那么在半坡时代，人们在这种村落中有类似于物业管理的行为么?

有人会说，那时人类连文字都没有出现，怎么会有物业?

是的，没有。但实际上，我们仔细分析，在人类摆脱蛮荒，迈向文明的过程中，物业就已经与人类相伴了。无论是远古西安的半坡遗址，还是近现代的福建土楼，人类在居住和生活，抑或组织生产的过程中，都会有物业的成分。比如半坡遗址中那一道围绕居住区的深沟，专家得出的结论是用来防卫的，或是防御其他部落入侵，或是阻挡野兽袭击。这种安全方面的管理，是要有人力资源方面的安排的，这就是今天物业的内容；而福建土楼里对垃圾的处理以及在防火设施上的创意，也都属于物业管理的范畴。

让我们把思绪转回现代。众所周知，现代意义上的物业管理，起源于19世纪60年代的英国。随着中国城市中高楼的出现，物业管理也开始萌芽。1981年3月10日，深圳市第一家涉外商品房管理的专业公司——深圳物业管理公司正式成立，标志着物业管理行业的诞生，也是我国国内物业管理迈出的第一步。随着改革开放的深入，房地产市场的发展，物业管理行业得到了长足的发展，物业管理也渐渐成为城市人们生活中不可或缺的部分。

二、桂林山水养育的北方少年

刘建生于 1967 年 9 月。

刘建的母亲是北京人。刘建本应该在北京度过自己的童年，可是他出生在河北衡水，3 岁的时候，跟着父母来到了广西。

刘建的父母都是大学生，他们的专业是地质学。这个专业要求他们学会使用那种特别的一头有一个小尖的小锤子，敲打岩石取得标本。国家培养一个地质工作者不容易，所以这样的专业人才也不大可能留在城里工作。他们毕业离开学校后，绝大多数都被分配去了边疆和深山，去那里勘探考察，为祖国寻找矿产，从事地质科学研究。出生不久的刘建也和父母一起，离开大城市，奔赴祖国南方，他对世界最初的印象，就是广西的红土地，先是柳州，然后是桂林。

刘建的小学和高中时期都是在桂林度过的。

桂林是一个非常美丽的地方，"桂林山水甲天下"，这句话一点儿也不夸张。以地质学为专业的父母，让自己的儿子对世界产生的最美丽的印象，就来自于这美甲天下的桂林。如果说刘建对桂林的理解比别人还要多一些，或者专业一些的话，那么就是因为他的父母了。父母会从地质学的角度，去给他讲象鼻山的形成，讲喀斯特地貌，讲浩瀚苍翠的原始森林，雄奇险峻的峰峦幽谷，激流奔腾的溪泉瀑布，天下奇绝的高山梯田……当然，还有在这一片神奇的土地上生活的壮、瑶、苗、侗、仫佬、毛南等民族同胞的知识，让刘建从小就非常完整地了解了桂林。

　　1983年，刘建高中毕业参加高考，开启了他人生的新篇章。

三、榕湖饭店的青春岁月

刘建的父母因为工作繁忙，疏忽了对他的学业的关心和辅导，但刘建对此没有丝毫怨言，他从容地走出了人生规划的第一步。

刘建和所有男孩一样，心中都有个军人的梦想。高中毕业后，他打算去报考公安，但这一想法被父母阻止了。父亲从南斯拉夫考察回来后，身体一直不好，因此希望儿子能留在身边工作，而不要像自己一样一生奔波，与此同时，孩子在自己身边，也有个照应。

刘建是个孝顺的孩子，他最终选择报考桂林国宾馆，留在父母身边。他实现了愿望，顺利地考上了，那年是1984年，他18岁。

刘建工作的单位是桂林国宾馆榕湖饭店。他与服务行业一生的缘分，就是在这里结下的。

当时的桂林榕湖饭店，算得上数一数二的好饭店，是国家指定的外事接待单位。在桂林生活了十几年的刘建，曾无数次经过这里，只是之前他无论怎么也不会想到，某一天自己会走进这里，成为在这里工作的一员。

18岁，青春正好。刘建在榕湖饭店餐饮部当服务员。餐饮部是榕湖饭店的招牌，代表着榕湖饭店的形象和水平。当初刘建去参加考试的时候，面试的经理一眼就相中了眼前这个青年。18岁的刘建，身材挺拔，相貌出众，站在应考的队伍中，非常引人注目。这样的好苗子，进入餐饮部，假以时日，绝对可以成为餐饮部的招牌。

事实上，刘建也没有让公司失望。他的外在优势与生俱来，他的聪慧和领悟力在同行中也是出类拔萃的。所以，很快地，高雅得体的礼仪，热情沉稳的语言，刘建就运用得得心应手。

刘建的服务口碑越来越好，很快就成了饭店里美女众多的餐饮服务员中的佼佼者。身材高大，相貌英俊的刘建，渐渐成了榕湖饭店餐饮部的一道独特风景。

当时的榕湖饭店，是桂林的一张名片，许多国家领导人和外国元首前来桂林，都会入住榕湖饭店，因此刘建自然有了许多为领导和外宾服务的机会。小平同志，还有美国前总统布什等，刘建都服务过。如今回忆起当年服务过的这些重要人物，刘建依然能如数家珍，一一道来，言语间充满了自豪与满足。

一个风华正茂的小伙子，在这里收获了他人生的第一份自信与成就。

刘建在榕湖饭店工作了整整三年。

这三年的收获让刘建终生受益。榕湖饭店代表了国家水平。在这里，他学到了国宴级的高端礼仪，接受了高规格的外事接待培训；在这里，他第一次体验了服务行业的内容，学习了行业的规则和知识，领悟了服务的真谛与精髓，锻炼了自己的能力和胆量，也提升了内在的修养和气质。

一个看似平凡的工作岗位，却在刘建的内心埋下了成功的种子，只是年少的他，还不知道在未来的某一天，一场甘霖突然降临，让内心的那颗种子悄悄萌芽。

四、漓江之畔的三花酒友

1987年，刘建20岁了。

就在这一年，刘建顶着在国宾馆工作过的光环，进入了他的第二个工作机构，桂林漓苑宾馆。三年的学习和成长，他有了足够的能力和底气，去面对新的工作岗位——餐饮部主管。

这是一家中外合资的酒店，为了吸引人才，酒店开出了优厚的招聘条件。和许多年轻人一样，刘建也要追求更高的理想，所以他欣然应聘，并成功就职。

在这里，刘建结识了他人生中最重要的一位朋友，龙为民。

和龙为民相识是一次巧合，刘建已记不清具体的细节，反正两人一见投缘，成了好友。

龙为民年纪比刘建大四岁，父亲是军人，家在兰州，母亲是桂林人。

在刘建的眼中，龙为民是一位充满正气的大哥：脸庞方正，浓眉大眼，嘴角时常挂着可亲的笑意，但严肃起来也是不怒而威。

刘建喜欢这位大哥。健谈、渊博、热情、稳重，说话做事让人感到安全，值得信任。用今天的话说，这人靠谱。

而在龙为民眼里，刘建这个小兄弟帅气、豪爽、热情、阳光，和自己特别聊得来，自己也乐意帮他解答一些生活和工作中的疑惑。

缘分这东西，有时候就是这样简单。

闲下了的时候，两人经常到饭店旁边的一个小饭馆，要上一碟花生米、一盘卤牛肉、一瓶三花酒，天南海北地聊着。身边的趣闻，工作的体会，生活的感悟，未来的设想都是他们的谈资。

青春的不羁梦想，伴随江上的微风，快意飞扬；微醺的青年，在华灯初上的街头，意气风发地成长。

记不清这样的畅谈有多少次，年轻的刘建差不多已经把这种聚会当做工作之余的主要放松方式。

刘建是以主管的身份加入漓苑宾馆的。年纪轻轻就荣升至管理岗位，多少有些少年得志的豪迈，但在龙为民面前，他却一直是一个谦逊低调的小兄弟。当时龙为民在管家部工作，身份是部门副经理，工作上算是刘建的上级，但两人从没有上下级的生分。龙为民的工作能力和为人，一直为刘建所佩服，所以刘建一直称他为大哥。

时光流逝，在两人的交往中，渐渐加入了另一位朋友，他就是来自香港的陈刚先生。陈刚是香港投资方聘任的酒店管理经理。

陈刚比刘建大 20 岁。三人刚相识时，刘建还是个小青年，而陈刚已经是一位成熟稳重的酒店核心管理人员。这位来自香港的朋友操一口标准的英语，同时还有一口夹生的香港普通话。

言谈的障碍磕巴并没有影响三人成为好朋友。刘建和龙为民欣赏这位老大哥的专业和豪气，陈刚则喜欢上了这两个小兄弟的聪慧稳重和踏实。

情投意合，惺惺相惜。很快，漓苑宾馆旁边那家小饭馆的两人的聚会变成了三人。菜还是那些菜，只是有时候加一个酸辣红烧漓江鱼，或是热腾腾的小火锅；酒则还是那瓶桂林三花酒。独特的风味，熟悉的酒香，在每个酣饮的傍晚，陪伴三人尽情释放着青春与激情。

那时他们肯定没有想到，多年后的某一天，一份共同的事业，还会将三个人紧紧联系在一起。

好的朋友受用一生。刘建深深体会到了这句话的含义。

五、沈阳夏宫的寻梦之旅

龙为民是第一个对刘建的职业生涯产生巨大影响的人。

出于对老大哥的敬重和信任，刘建跟随着龙为民，先后在几家酒店工作过。随着工作经历的增加，刘建也逐渐成长为一个名副其实的酒店高级管理人才。

随着眼界的提升和工作能力的增强，刘建也开始寻找自己的人生目标。

1994年冬天，日航帝苑酒店。

龙为民收拾好行装，握了握刘建的手，转身告别。刘建望着老大哥离去的背影，心生感慨。这一次，他目送着大哥远去，而没有选择同行。

龙为民又开始了自己追求梦想的旅程，刘建呢？他的梦想在哪里？

龙为民正在行业内追求着自己的最大价值，刘建告诉自己：应该去寻找更大的舞台，来实现自己更大的人生目标了！

比天空还远的地方，那是梦想到达的彼岸。

正在踌躇满志之际，刘建得到一个消息：沈阳市正在面向全国公开招聘酒店高级管理人才。在行业内摸爬滚打近十年，由国宾馆到合资酒店，从服务员到管理人员，刘建自认为已经领悟到了行业的精髓，自己通过这么多年的学习和成长，在工作能力和工作方法方面也有了全面的提升。他觉得，自己有能力独当一面了。

桂林的冬天，温暖如春，花红叶绿，而北方的冬季，冰天雪地，寒风刺骨。如果选择两千多公里外的沈阳，不仅远离故土，远离亲人，还要重新适应环境，重新建立自己的朋友圈和生活圈，一切都得从头再来。

经过反复的思量，刘建还是下决心前往应聘。十年了！他想给自己一次机会，在更大的平台上展示自己的能力。

沈阳方面也非常有诚意，开出了丰厚的月薪，给了有巨大发展空间的职位，几百人的团队完全交给刘建管理。

无法拒绝，也不容拒绝。孤身一人，刘建来到了沈阳，来到他人生中非常重要的工作酒店——沈阳夏宫。在这里，更大的舞台，更大的挑战，都在等着他。

沈阳夏宫是沈阳市的一个地标性的建筑，总体建筑面积23800平方米，当时投资了近两千余万美元修建，是1994年亚洲最大跨度拱体建筑，也是当时亚洲最大的全封闭室内游乐场所，被沈阳人称为"沈阳最好玩的地方"。在上世纪90年代初，全国经济都还在起步之际，人们的生活和消费条件都非常有限，一个如此高端的综合性游乐场所，完全可以媲美后来的迪斯尼、长隆等游乐场所。

在这样一个众人瞩目的地方，刘建以"大管家"的身份由外地空降沈阳，全游乐场700多名员工全部归他管理，肩负责任之重大，可想而知。

赴任沈阳夏宫之时，刘建踌躇满志。在桂林工作了近十年，他的工作能力和业绩水平都得到了大家的认可，他对自己的能力和状态还是很自信的。他相信他的宏大抱负，能够在沈阳夏宫这个平台上得以施展。

来到夏宫之后，刘建才深刻理解了学无止境的道理。虽然作为一名"大管家"，刘建管理着700多人的团队，但是夏宫的领导和同事们处理事情的方式方法，团结协助的共事态度，谦逊低调的做人风格，都让刘建深深震撼。在这里，他学会了如何不露锋芒，如何虚怀若谷，学会了更加富有智慧地处理事情，也学会了在事物发展变化的过程中寻找解决问题的最佳办法。

如果说桂林时期的刘建修习十八般武艺，成为了一名高手，那么沈阳夏宫时期的刘建就是将武功修习到无我境界，成为了一名高人。

冲锋陷阵与运筹帷幄，其修为和本领高下立判。

刘建不断学习，迅速成长。用他自己的话来说，在夏宫的四年，他收获很多。

　　在"大管家"的岗位上，刘建学习新的管理知识，与大家精诚团结，努力开拓市场，把整个夏宫管理得井井有条。他的能力与才华渐渐得到同事们的认可，员工们都喜欢与刘建在一起工作，整个团队充满了蓬勃朝气，也显示出强大战斗力。从中，刘建也真正收获到了事业给他带来的成就和快乐。

　　也是在那个时候，刘建从酒店管理工作开始逐渐接触到物业管理方面的事务。

　　命运中总有许多事，似乎冥冥之中早已注定。当多年以后你回首来时的路，原来在每一个人生的十字路口，总有那么一丁点儿微小的事情，就像一点儿星火，在你生命中不经意地燃烧着，也许在某一天，这点儿星星之火会燎原而成熊熊燃烧之势。

　　而你，无须去做那个点亮火种的人，你要做的，就是当下，全心全意，付出努力。

六、羊城奥园的物业管理之缘

从桂林到沈阳，从绿树红花、秀美山水的南方到天寒地冻、大雪纷飞的北国，为了寻找更广阔的发展空间，为实现人生的价值，刘建只身一人，哪怕跨越半个中国，也欣然前往。

改变，对于很多人来说，是不愿面对的事情，而对于刘建，只要有可能更好，他就愿意尝试。

一个积极的人，真诚的人。朋友们都这样评价他。

的确，刘建对朋友从来都是肝胆相照，以心相交。桂林十年，刘建豪爽的性格，让他结交了一大批好朋友。沈阳四年，刘建很快就从孤身一人发展到高朋满座。

以心换心，朋友们对刘建也特别照顾。

在夏宫的时候，刘建通过一个要好的同事认识了一位叫郑东的朋友。郑东是沈阳人，为人豪爽大气。他生于1964年，比刘建大两三岁，两人常以兄弟相称。东北人大都喜欢喝点儿小酒，酒桌上，刘建与郑东谈天说地，很是投缘。

1995年，改革开放的春风在邓小平南巡讲话之后，已经吹遍中国大地，许多有头脑有眼光的企业家们，都纷纷借着改革大潮寻找更好的商机，更大的发展空间。此时沈阳夏宫与国家体育总局合作，在上海成立了中体产业公司，郑东，正是这家公司的营销总监。

因为与中体产业公司的合作关系，许多夏宫的员工都先后跳槽去了那里。

当时，全民健身热潮方兴未艾，许多健身场馆在全国各地创办，北京、沈阳、哈尔滨、西安等地都有一大批项目涌现。中体产业公司的主要工作之一，就是通过不断收购和市场化运作，将公司产业项目做大做强。

在这些项目中，最负盛名的就是广州奥林匹克花园项目。当时中体产业公司和广州金业集团合作，开发了广州奥林匹克花园，成为第一个复合地产项目。这一项目通过打造"体育休闲＋地产"、"运动就在家门口"等理念，成功地将奥林匹克文化、理念融合于社区环境规划和社区管理之中，让广州奥林匹克花园成为当年轰动一时的地产奇迹。1999年，国家体育总局授予该项目全国首个"阳光健身工程"称号。

刘建的好友郑东，当时已被中体产业公司派到广州项目开发公司担任副总经理。

广州奥林匹克花园的营销无疑是成功的，万人空巷排队购房的情景被传为行业佳话，但作为开发方代表的郑东，在社区建设和物业配套服务等方面的思考却更为长远。郑东认为，一个好的地产项目，如果没有后期的良好的物业管理和配套服务，前期的营销成果，就会付诸东流。在这个意义上，有一个过硬的物业管理掌门人十分重要。

这时他想到了好友刘建，这个在服务行业摸爬滚打十多年的人。

沉稳、果断、专业、豪爽。这是郑东对刘建的评价。没错，他就是广州奥林匹克花园物业管理公司掌门人的不二人选！

如何说服已在沈阳夏宫做得风生水起的刘建，放弃已有的工作成绩到广州来，从事一个全新行业的工作，郑东没少动心思。

他多次在沈阳和广州之间往返，为的是说服刘建跟他去广州。为了此事，二人已记不清打了多少次电话，磨了多少的嘴皮子。

最终，刘建接受了郑东的邀请。郑东高兴极了，请刘建美美的喝了一顿酒。

说走就走，绝不矫情。既然选择了离开，刘建也绝不含糊：过去的成绩和辉煌，只代表过去，接下来，一个全新的行业正等着他的进入。

广州，一个在刘建生命中最重要的城市，正安静地准备着接纳远道而来的客人。

阳光正浓。旅人一入珠水滨，他乡便已是故乡。从此，刘建真正进入了物业管理行业，踏上了他为此追求一生的征程。面对全新的行业和工作岗位，刘建深知任重道远。

那一天是1998年9月28日。他31岁的人生从那一天正式开启。

七、用心缔造毕生事业

1998年9月最后一天的中午,郑东喝完面前最后一杯酒,起身向刘建告辞:"这里交给你了!"拍了拍刘建的肩膀,郑东转身走出了餐馆。

刘建望着好友远去的背影,若有所思。

这顿饭是郑东做东,算是给刘建上任接风洗尘。明天就是国庆长假了。休息完这几天,刘建就要正式面对眼前这份全新的工作了。

刘建的职位是广州奥林匹克花园物业管理公司总经理,负责管理200多人的团队。

物业管理行业在当时属于新兴行业,没有规章可寻,也没有经验可借鉴,这不同于刘建以前从事的酒店行业。酒店行业对于刘建来说,用得心应手来形容一点儿也不为过,从制度到计划,从人才到管理,他都有一套烂熟于胸的方法。而眼前面对的这个行业,刘建却没有成竹在胸的自信。

广州奥林匹克花园坐落在105国道旁边,紧靠洛溪大桥。由于开发公司运作得当,楼盘开盘时,创造了五次推盘五次抢购一空的辉煌业绩,被传为业界佳话。

刘建明白,楼盘的销售成绩越好,后期的物业服务的压力就越大。人们对楼盘的买账并不代表人们对服务质量的含糊,相反会有更高的期望和诉求。

想到这里,刘建深深地吸了一口气,一仰脖子,将面前剩下的一杯酒一饮而尽。

窗外，墙头的三角梅，开得像一团火焰。

1998 年 12 月 24 日，平安夜。

彼时的圣诞气氛并不像今天这般浓烈，但敏感的商家依然能从中嗅到商业的气息：各种打着平安夜旗号的促销活动在大街小巷展开，广州奥林匹克花园的小区也同样披上了节日的盛装。这是楼盘开盘以来，刘建的物业团队同小区业主一起过的第一个圣诞节，所以公司花了不少心思，将小区装扮一新，浓浓的圣诞气氛让小区充满了节日的温馨与浪漫。

华灯初上，刘建家的那扇窗，却迟迟未亮起灯光。

今晚不值班的同事都各自去过属于自己的平安夜了，刘建安排完最后一项工作，又在小区里巡视了一圈以后，才悄悄地回到自己的房间。

书房的桌案上，一幅未画完的中国画在静静地等待着主人。这是他一周前提笔创作的山水画，却到现在还无法完成，圣诞前的刘建实在太忙了，几乎每晚都是深夜才回家。

但今天，无论如何也要把这幅作品画完！做事一向果断的刘建，对自己的拖延很不满意，他推掉了同事的邀请，准备回家完成这件作品。

北方出生的刘建，长着一副健硕魁梧的身材，却有一颗充满文艺的心。工作之余，绘画是他最大的爱好。刘建擅山水画。每当工作累了，或者心情起伏时，刘建就会提笔画上一阵。这也成了一种他放松自己的独特方式。他觉得，画画时的那份沉静，可以让自己全部放空，倾情投入，情绪凝聚在笔墨之间，让浮躁的内心得到平复，纷乱的思绪得到梳理。

终于，刘建放下了手中的毛笔，一幅气势磅礴的山水画出现在眼前，只见远处云雾缭绕，苍山翠柏，近处绿水村庄，飞鸟出林。笔墨浓淡相宜，意境悠远。

刘建显然对眼前的作品比较满意。他拿起作品，仔细端详了一阵，又慢慢放下，轻轻舒了一口气。

这一刻，刘建感到自己的心放松下来。上任快三个月了，此时的刘建才觉得自己有时间稍稍休息片刻。

既然接受了这份工作，担任了物业公司的总经理，就得认认真真、踏踏实实将这份工作做好，将这个队伍管好、带好。

全新的行业，全新的队伍，这一切都是挑战。所以，三个月以来，刘建几乎将所有的时间和精力都花在了工作上：组建团队，招聘人员，建立制度，完善管理，每一步都是从零开始，都需要耗费大量的时间。

三个月下来，刘建绝大部分时间都在工作岗位上度过，从熟悉小区的环境到学习物业管理知识，从布置检查工作到与员工谈心，刘建始终保持着高强度的工作节奏。

经过三个月的努力，终于一切工作都有了起色：人员招聘培训基本完成，规章制度、管理条例都已建立，小区内大到岗亭车库、小到路灯草丛，刘建都了然于心。

抬头看着窗外明亮的灯火，刘建心中对未来事业的规划，也渐渐有了清晰的轮廓。

从酒店管理到物业管理，服务的本质没有改变，但服务的对象和细节却完全不同。作为广东改革开放的前沿阵地，服务的理念和意识都更为超前。如何将五星级酒店的服务品质，运用到物业管理服务中去，让客户感受到高品质的物业管理和贴心的服务，从而提高小区物业的附加值，这才是物业管理的题中应有之义。

刘建渐入佳境，令郑东感到无比欣慰，同时也被奥园地产郭梓文董事长看在眼里。郭总看到了刘建不怕吃苦的干劲和敢说敢做的魄力，非常器重这位得力干将。作为奥园集团的创始人，郭梓文有着丰富的管理经验和开阔的商业视野，他也将自己的经验毫无保留地分享给了刘建。刘建在回忆中感慨：很幸运此生遇到了许多帮助自己的良师益友，如奥园地产董事长郭梓文先生，上海奥园地产的总经理陈穗建先生，他们像师长一样给了刘建无私的帮助和指导，还有后任南国奥园开发公司总经理何敏予先生，刘建与他在上海的共事期间建立了深厚的友谊。这些人的可贵品质一直鼓舞和影响着刘建不断进步，良师益友身上的知识和能力让他终身受益。

其实人生就是一本书，每个章节、每个句点都因为你的努力付出而变得精彩。刘建在广州完成了他人生的华丽转身。他渐渐爱上了这个行业，也决心用一生的时间，去缔造自己的梦想。

八、一盏心灯照耀砥砺前行

番禺莲花山。

站在南海观音巨大的金身雕像面前,刘建一脸虔诚。此刻的他心如止水。

不知从什么时候起,刘建对佛学产生了浓厚的兴趣。商海浮沉,历经风雨,年近知天命之年的刘建深知,世上的成功没有捷径,也没有神灵庇护,只有踏踏实实地走好眼前的每一步,才有机会靠近成功之门。佛不能带来财富,但佛却能让一个人的内心强大。只有强大的内心,才能支撑一个人在前进道路上从容不迫,稳步前行。

刘建深知:总有风起的早晨,也有绚丽的黄昏。唯有把握自己,活在当下,用愉悦的心态去过好当下的每一天,在漫漫人生路上,经历的沧桑,犹如美酒,历久弥香;恰似寒梅,清韵长存。

多年的工作和生活经历让刘建懂得,要想成就一番事业,既要有激情的投入状态,也要有包容的平常心态。尤其是对于合作团队、创业伙伴,更要有谦逊的品格,真诚的态度,这样才能让自己幸福满足,也让同伴开心快乐。这是一种生活技巧,更是立身之本。

2015年,对于刘建来说,是个绝对值得记住的时间,因为他为之奋斗十多年的企业终于在香港成功上市。这既是对公司业绩的肯定,也是对刘建多年奋斗的肯定。

但短暂兴奋之后,刘建很快恢复了平静。他清楚地知道,自己企业未来的出路和发展方向。他将自己的物业公司比喻为"野生动物",因为在这个房地产业兴盛的时代，一个毫无背景和倚靠的第三方物业管理企业，能够在资本云集的市场中抢占先机，实属不易。与地产巨头们的物业管理企业不同，刘建的企业没有天然的光环，也没有地产公司强大的经济实力做后盾，所以他们只能靠自己去拼杀，去争取，像野生动物一样在市场中时刻保持警觉和清醒，才能获得生存发展的空间。

在刘建的办公室，墙上挂着一幅"物业帝国"的书法作品，这是一位友人赠与刘建的。如此霸气的褒扬，从侧面表露出刘建这个儒雅的北方汉子的自信。的确，这种自信是建立在刘建对自己的企业、自己的团队的充分认识的基础上的。十多年来，刘建和他的团队一步一个脚印地将企业发展壮大，业务从广州发展到全国。刘建相信，自己的企业有朝一日终会成为中国第三方物业管理公司中的翘楚。

市场的竞争最是无情残酷的，适者生存的道理同样适用于市场竞争。刘建的企业在竞争中抢得了先机，在众多企业中拔得头筹，至少印证了刘建对企业的管理和把控是先进的，企业的发展方向是正确的。时至今日，与佛结缘的刘建，少了几分锐气和锋芒，多了几分内敛和睿智，他心中对企业格局的规划，已经超越了抢占地盘、并购扩张的阶段，他追求的目标，也许就同他心中的心灯一样，明亮而持久，清晰而坚定。

"我希望在这个行业里做到极致。带领我的伙伴一起，做一番更大的事业，成为中国最大的物业增值服务运营商。"刘建如是说。

第二章 陈卓——心有兰芷自芬芳

HKEX
Exchange Exhibition Hall
交易所展覽館

中奥到家集團有限公司
Zhong Ao Home Group Limited
PRESS CONFERE
中奥到家集團有限公司
Zhong Ao Home Group Limited

铭记风雨同行的日子

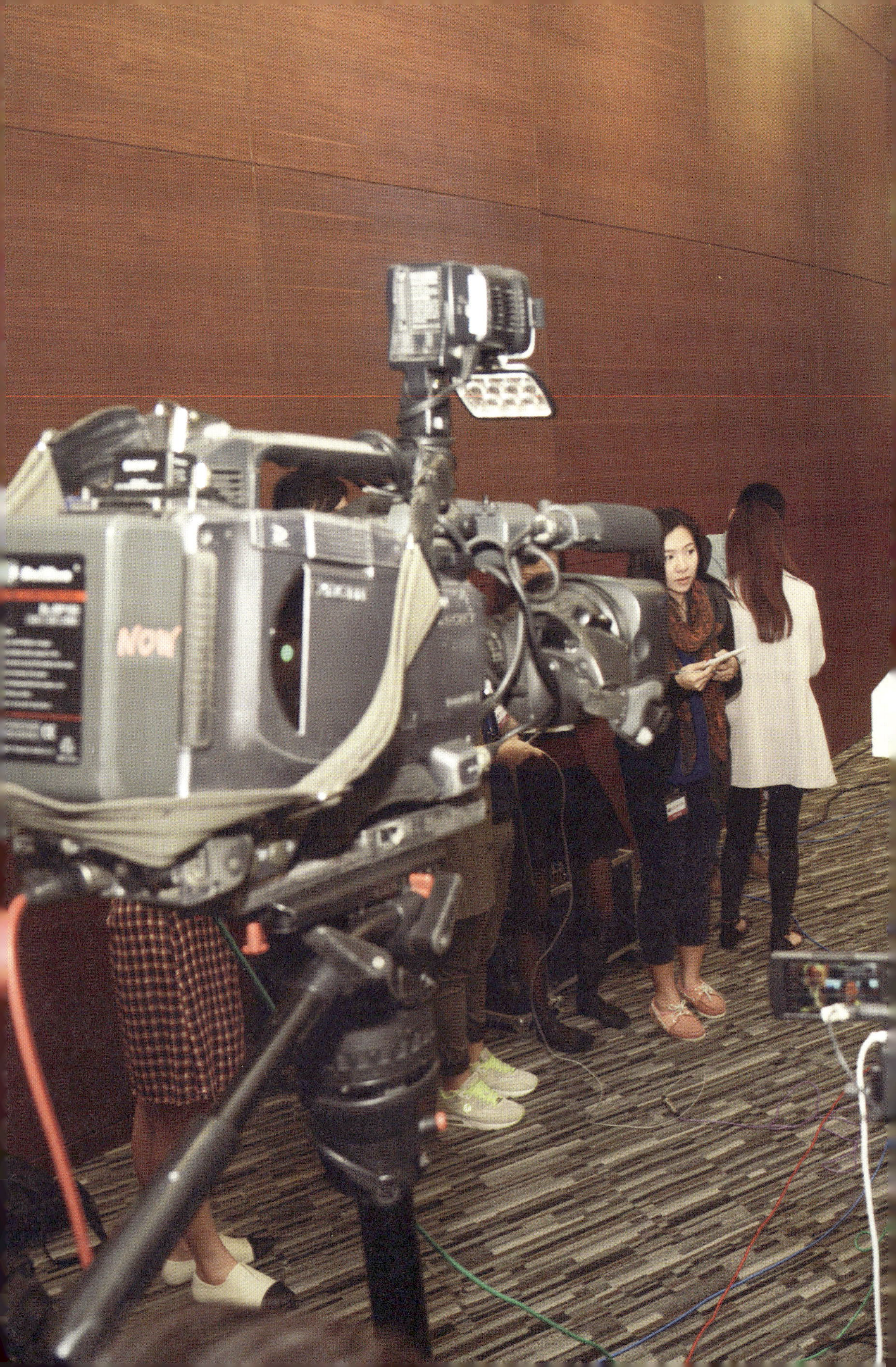
NOW

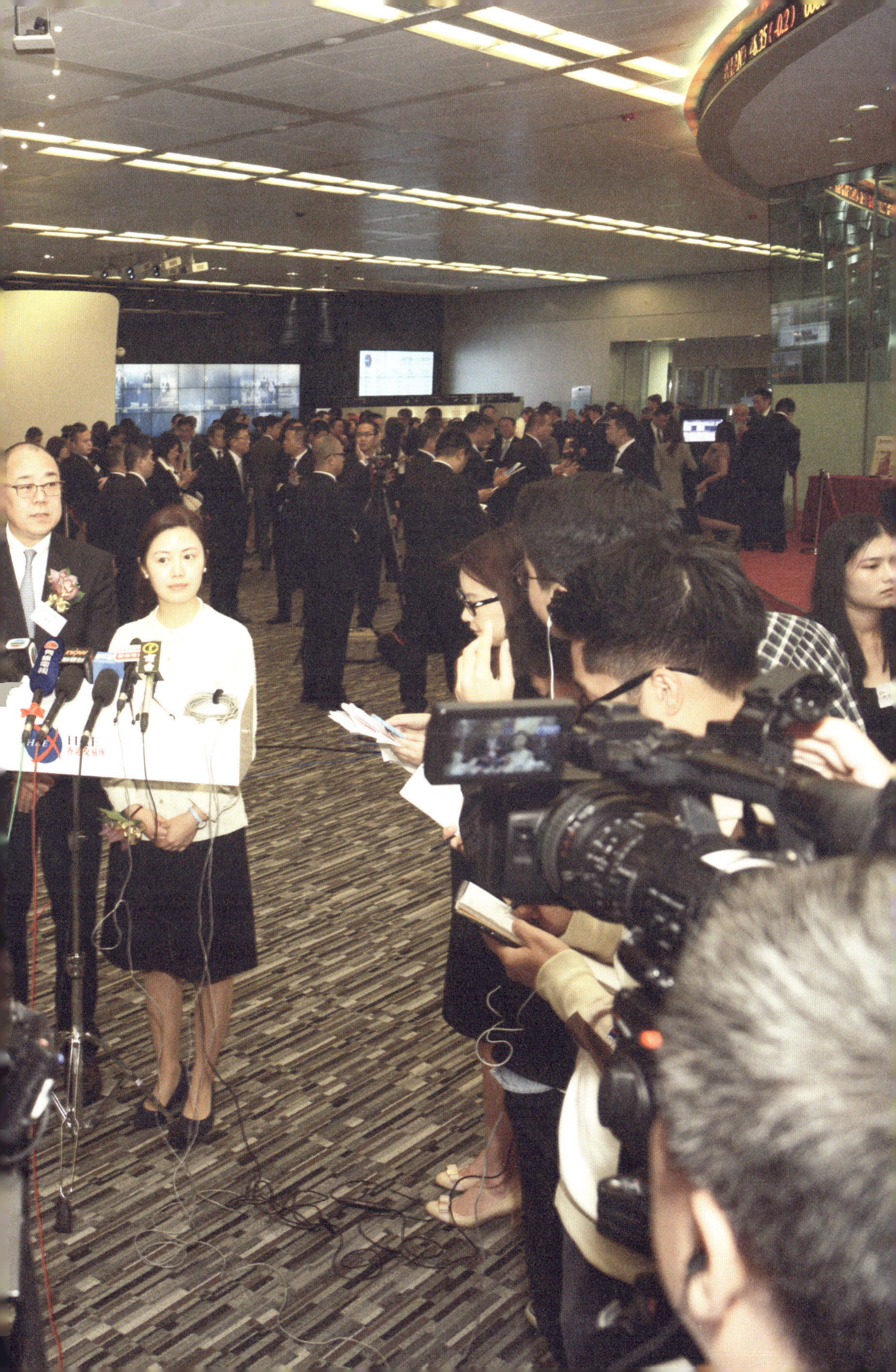

一、美丽的长沙妹子

陈卓绝对是位美女。

在她身上，除了有典型的南方姑娘的温婉和端庄，更多了一份职业女性的沉稳与干练。作为中奥物业的副总裁，她无疑是这个团队中的核心成员，一位有着卓越领导才能的创业者。

上世纪70年代末的某一天，美丽的星城长沙，一个普通的工人家迎来一个新生命的诞生。作为家庭的第一个孩子，父母寄予这位新成员很高的期望，希望她学习优秀，成就卓越，给了她一个非常中性的名字：陈卓。

从小聪颖乖巧的陈卓，在父母的百般宠爱中快乐地成长。她的记忆，是母亲用温柔的手牵着自己，在黄昏的橘子洲头随意漫步，父亲用宽厚的肩膀驮着自己，在清晨的岳麓山愉快穿行。清亮的湘江水，陪伴着陈卓度过愉快的童年。这个漂亮的长沙妹子，笑容总是那么纯真，一双美丽的大眼睛像清晨的露珠一样晶莹闪烁。

中国的社会进入20世纪80年代，国家将重心转移到经济建设中来，改革开放春风吹遍祖国大地，所到之处，万物复苏，百业兴旺，全国上下开始呈现勃勃生机。

小学毕业之后，陈卓进入长沙一中。这时已经是90年代，电视剧《渴望》全国热播，激发起人民对美好生活的无限向往。陈卓也同无数同龄少女一样，一边哼唱着《好人一生平安》，一边憧憬着自己的未来。与此同时，电视剧《外来妹》向陈卓展现了改革开放前沿的广东地区的生活画面，深深影响了她一生的职业选择。

正是出于对工作的向往，陈卓初中毕业后，进入长沙第十六中学，就读职业高中的酒店管理服务专业。这个专业在当时是非常新潮和热门的专业，因为学习两年毕业之后，很有可能进入星级宾馆，从事一份体面的工作，这对当时的人们来说，是梦寐以求的。陈卓外貌靓丽气质出众，再加上天资聪慧，性格开朗，老师们都认为，她非常适合这个专业，也都一致看好这个美丽女孩将有一个非常美好的前程。

二、你好，广州

　　陈卓永远也忘不了那一年的夏天。那年夏天，她高中毕业，自己一个人离开长沙，去往那个在电视里见过无数次、内心却依然陌生的城市——广州。

　　9月的长沙，依然展现着这座城市的热辣。长沙火车站上空那个标志性的火炬仿佛正熊熊燃烧，将热浪一阵一阵传递到广场上。

　　陈卓穿着她那条最好看的花裙子，在火车站的站台上，身后是父亲和母亲。

　　酷热的空气沿着远处的铁轨扑过来，让人有点儿窒息。陈卓看到母亲额头上汗珠正一颗颗地冒出来，温柔地伸出手来，将汗珠轻轻拭去。

　　"爸、妈，我走了。"陈卓将笑容留给了依依不舍的父母，拖着沉重的行李箱，转身钻进了绿色的车厢。

　　列车缓缓开动，靠着窗边的位置，陈卓看着站台上的父母，用力地挥了挥手。看着他们的身影在视野中渐渐变小，陈卓这才释放出自己复杂的情绪，眼泪渐渐模糊了视线。

　　接到老师通知的那一天，陈卓高兴得像一只小鸟：她的工作分配到了广州，白天鹅宾馆！

　　广州是无数少男少女心中向往的地方，对于陈卓来说是既熟悉又陌生：在电影电视中见过许多次，在流行歌曲中听过许多次，甚至在一些与广州同学的来信中读过许多次，但这一次，当她自己要一个人前往这座城市时，却感到了陌生和迷茫。

　　但这并不影响她内心的欣喜。心中那个神秘的城市，将是自己人生第一个工作和生活的地方，对于一个十七八岁的少女来说，能不感到兴奋么？

　　直到临行前的那几天，陈卓才感受到了离别的滋味。长这么大，父母都一直在自己身边，宠着自己，照顾着自己，马上就要离开他们，去一个陌生的环境，一个人工作一个人生活，陈卓感觉到了一丝不安。

　　但生性开朗的她并没有将这种情绪放大，而是把它埋进心里。直到登上火车，看着站台上的父母渐渐远去，才真正感到了一丝孤独：从此以后，自己将要独自面对工作，独自面对生活，所有的艰辛和困难，只有自己去承受，所有的人生百味，只有自己去品尝。

　　离开巢穴的雄鹰，无论多么眷恋，也只能选择飞翔。

　　"广州，我来了！"陈卓在心底默默地念道。

三、插上翅膀，就是为了飞翔

花城，白天鹅宾馆。

训练室里虽然开着冷气，可接受训练的年轻人们依然汗水湿透了衣裳。

这是陈卓接受培训的第十天。熬过了开头几天，对于形体各方面的训练她其实已经完全掌握，头几天腰酸背痛腿脚麻木的状况现在也慢慢得到缓解，不是恢复了，而是适应了。

白天鹅宾馆坐落在广州沙面白鹅潭，由香港爱国人士霍英东先生与广东省政府合作投资兴建而成，酒店于1983年开业，当年是全国第一家由中国人自己管理的五星级宾馆，在中国酒店行业是绝对的翘楚。在这样高规格的酒店里工作，其要求之严格可想而知。虽然陈卓在职业高中学习了酒店管理专业，有一定的知识和基础，但来到这里之后，还是感觉到了不适应。好在聪慧的她领悟力和行动力都不错，所以在短暂的调整之后，陈卓顺利完成了培训，进入了宾馆餐饮部工作。

白天鹅宾馆位于珠江之滨，每天要接待从全国乃至全世界各地的重要客人，他们中有国家领导人，有政商名流。在这里，所有的服务都是高标准高要求的。陈卓在餐饮部学习到了很多服务礼仪，也领悟到了许多服务业的真谛。时至今日，她优雅得体的言谈举止，真诚亲切的笑容，都像教科书一般体现着她的专业素养。她出色的能力也很快得到了酒店的认可，在众多同事中脱颖而出，获得优秀个人及技能综合奖，并被派到新加坡华新酒店管理集团接受培训。

陈卓从宾馆基层的服务工作中，体味到了工作的辛劳和生活的不易，从一个不谙世事的小女孩逐渐成长为职场中的佼佼者。当同龄的女孩还躲在父母的臂弯享受着家庭的呵护时，她已经用自己青春的肩膀扛起了生活的重担。此刻的她，少了一份同龄少女的懵懂与娇弱，多了一份同龄少女不具有的成熟和坚韧。

对于工作，她从来都对自己有更高的要求。每一次面对客人的仪态，每一次与客人的对话，每一个真诚的笑脸，她都力求完美。她深知，工作就是工作，不能带有任何个人情绪，不允许有任何不专业的言行。只有更加优秀，更加专业，才能不断进步，才能向上发展。

陈卓就是这样一个自我要求甚严的人。她有能力将眼前的工作做得很好，让上级满意，让客人满意。但随着工作经验的增长，她也开始认识到自己的不足，她开始问自己：到底以后要怎样去发展，要走一条什么样的人生道路？经过思考，她觉得自己的眼界和学识都不足以支撑自己更远大的目标和梦想，于是她决心寻找另一个人生起点。20岁那年，她离开了白天鹅宾馆，选择到大学深造，为自己充电。

离开，是为了更好的开始。想要天空，就要长出飞翔的翅膀。

四、像花儿一样绽放

越学习，越需要学习。陈卓对此深有体会。

离开白天鹅宾馆之后，陈卓花了一年的时间，去中山大学深造，系统学习了酒店管理专业知识。她清楚地知道，自己的人生目标不是在酒店餐饮部做一名员工或者主管，她想要更大的舞台，去发掘自己更大的潜力。

怀着这种信念，她进入广州奥林匹克花园物业管理公司，从此开始了她人生的新篇章。

这一年，是千禧 2000 年。

这是陈卓人生中第二份工作，也是她迄今为止的第二份工作。这也许是她将为之奋斗一生的事业。

陈卓与中奥物业之间，也许只能用缘分去解释。陈卓很幸运，能来到中奥物业，能遇到这个一起奋斗的团队，在这里实现她的梦想。而对于中奥物业来说，也很幸运能遇到像她这样一位杰出的管理者，能助力公司成长，实现上市的宏愿。

这一切，只能说是在对的时间，对的地点，遇到了对的人，都是最好的安排。陈卓加入了广州奥林匹克花园物业管理公司，有近 300 名员工，陈卓的职务是客服部主管。物业公司总经理刘建，慧眼识才，他看中了陈卓出众的能力，认为这位聪颖而又专业的女生，正是公司客服部门需要的人才。

广州奥林匹克花园作为热销的地产项目，其物业服务质量也一直很受关注和期待。陈卓一进公司，即被任命为客服部门主管，足见刘建总经理对她的重视和信任。

事实上刘建的决定是正确的。陈卓入职以后，凭借自己出色的沟通和服务能力，将手中的工作处理得井井有条，得到了客户的认可和称赞。

由于陈卓的工作业绩突出，很快就被提拔为物业管理部门经理，逐渐成为刘建身边的得力干将。公司的核心管理层——刘建、陈卓与梁兵（时任总经理助理）三人团队开始形成。

2001年，上海奥林匹克物业管理有限公司成立，陈卓和刘建前往上海。此时，她的身份已经是公司总经理助理兼副总经理。

从客服部主管到公司高管，陈卓只用了不到两年的时间。

命运总会垂青那些为目标付出努力的人们，机遇也会造访那些时刻做好准备的人。年轻的梦想，在这里找到了起飞的平台。陈卓的理想之花，在中奥物业的花园，开得蓬勃，开得绚丽。

五、我是女生，但我更是你们的拍档

随着中国房地产的高速发展，物业管理公司也在逐步发展。和许多物业公司一样，广州奥园物业公司也是依附于奥园集团地产公司。随着业务的发展和项目的扩大，2005年夏天，经过多方商讨与筹备，广东中奥物业管理有限公司成立，成为独立运作的第三方物业公司，不再依附广州奥园集团。

对于许多人来讲，一家公司的成立并不是什么惊天动地的大事，但对于刘建团队来说，这是极具深远意义的一步。

中国的地产开发商大多拥有自己的物业管理机构。这类机构名义上虽是公司，但实际上相当于地产开发商的一个部门。因此在开发商和业主之间产生矛盾时，物业公司的身份显得较为尴尬：由于它的出生天然偏向开发商，使业主对物业公司心存芥蒂，为物业公司的工作开展带来许多无法言说的不便。当然，物业公司附属于地产公司的优势也显而易见，最直接的一点，公司不会为收入和效益发愁，也不会为生存发展担忧。

广东中奥物业管理有限公司成为第三方物业管理企业，固然取得了独立的地位，同时也把自己置身于风险之中。在此种运营模式之下，公司的管理可以更规范，更阳光，不存在任何掣肘，但同时公司的生存和发展也将直接面对市场竞争，不再会有遮风避雨的庇护所。

俗话说，置之死地方能后生。刘建团队是经过深思熟虑才选择了这条独立之路的，这是对自己的信任，对团队的信任，同时也是对第三方物业的阳光之路的充满信心。

苦心人天不负。当命运掌握在刘建、陈卓等人自己手中时，他们铆足了劲儿，上天也没有忘记这群忘我创业的人。

2008年夏天，中奥物业突然接到来自宁波的投标邀请，当地的开发商邀请他们参与投标，接管楼盘的物业管理。接到邀请后，大家着实兴奋了好一阵子，但很快冷静下来：这是邀请投标，也就是说，还有其他竞争对手。一个外地公司远去宁波，会不会受到不公正待遇？会不会成为别人围标的牺牲品？刘建、陈卓、梁兵等人经过认真地思考，最后决定，去！只有走出去，才能获得更多的机会。哪怕机会渺茫，都要努力去争取。

说走就走，一行四人飞往了宁波。陈卓是这个团队中唯一的女性。

在宁波碰到的困难远远超出他们的想象。在经济发达的广东，物业管理的发展程度远超北方。在宁波，地方保护政策当时还很浓厚，地方的相关法规也对当地的企业有很强的偏向性。刚到宁波，陈卓等人就了解到，此次参与竞标的企业有八家之多，竞争可谓惨烈。作为外地企业的广东中奥物业管理有限公司，完全处于不利地位：环境不熟，规则不熟，人员也不熟。但面对不利处境，陈卓他们并没有灰心。他们觉得，既然来了，就要博一博，不求成功，只求无愧于心。

在接下来的半个月里，他们租下一个地方当作临时办公室，开始熟悉当地法规，学习当地的管理制度，研究标书的需求。对于他们来说，时间非常有限，也非常宝贵。他们要在短时间内完成大量的查阅和研究工作，并根据自身的实际情况，作出一份既符合甲方需求、又体现自身优势的应标文件，这是对能力和耐力的双重考验。为了查阅资料，陈卓和几个男同事在办公室里两天两夜没合眼。刘总见了，觉得过意不去，就让陈卓去休息一下，执拗的陈卓却不肯休息。"我是女生，但我更是你们的拍档！"陈卓这样对大家说。

凭着这样一股子牛劲儿，团队经过半个月的奋战，终于在投标当天交出了一份满意的答卷。这个来自广州的团队，在众多竞标企业的竞争中脱颖而出，竞标成功！

有人说，精诚所至，金石为开。也有人说，兄弟同心，其利断金。正因为有坚韧的精神，有团结的队伍，成功之门迟早会向他们敞开。

六、青春不负梦想

在静谧的灯光下，伴着轻柔的音乐，安静地读一本书，这是陈卓闲暇时最好的放松方式。

陈卓喜欢古典小说，喜欢古典音乐。开朗阳光的她，内心住着一位落花人独立的古典美人。她的内心世界细腻而丰富，但更多时候，她是一位果敢决断的职业女性，是一位优秀的企业家。

在公司员工的眼中，陈总既是真实而感性的同事，又是果断而理智的领导，与这样的领导人一起工作，既有协作的温暖，又有前进的方向。正是这样的工作氛围，让整个公司在独立发展后短短几年内，规模迅速扩大，业务遍及浙江、江苏、广东、广西、海南等省份，以及东北的沈阳、大连等城市，形势蒸蒸日上。

一切都是水到渠成。

2010年，公司领导团队开始有了上市的想法。通过一系列的培训和咨询，公司开始着手上市前的准备，并成立了专门团队来运作，陈卓是第一负责人。

专业的事就需要专业的团队来执行。陈卓首先找到了专业的咨询机构，听取有关公司上市的最专业的建议和方案。接下来，从公司财务、税收、法律、公司治理等方面有计划有条理地做好相应的准备工作，然后静静等待机会的来临。

机会总是留给那些有准备的人，陈卓就是这样的人。无论是在白天鹅宾馆的餐饮部，还是在广奥花园物业管理处的客服部，以至最后的中奥到家集团总裁部，她都是那个随时做好准备的人。树立目标，然后有计划有步骤地朝着目标努力，最后实现目标。每一场战役她都精心准备，百倍努力，然后一举成功。

在许多人眼中，陈卓是上帝垂青的幸运儿，但只有她自己知道，这份幸运的背后，其实是百倍的努力和付出。时至今日，在朋友的眼中，陈卓依然保留着多年前她初到广州时的那份纯真，但没有人知道，她这块质朴的石头，需要经过多少次磨炼，才能成为一块华丽的美玉。

青春，就是需要拼尽全力，如此才能不负明日，不负光阴。陈卓的故事，给了我们这样的启迪。

中奥到家

更好 更美 更满意

第三章

梁兵 ——开疆拓土的垦荒者

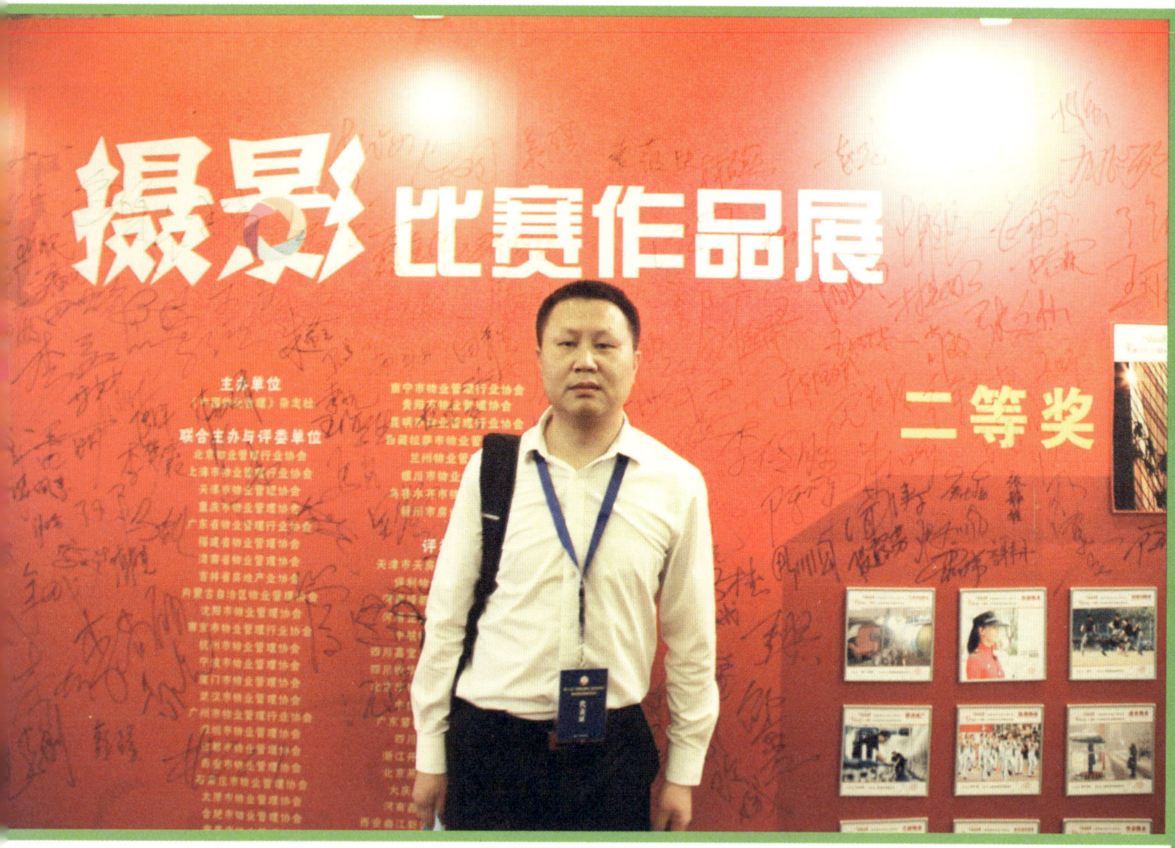
摄影比赛作品展
二等奖
主办单位
联合主办与评委单位

铭记风雨同行的日子 上部

53

一、物业行业的工科男

世上本没有路,走的人多了,便成了路。梁兵是个实实在在的践行者,从他喜欢鲁迅的这句话就可以看出来。

朴实、严谨、思路清晰、博闻强识,梁兵在任何公开场合的发言,都给人这种印象。

上世纪70年代初,梁兵出生于古城西安。

因为母亲是长沙人的缘故,高中毕业后,梁兵报考了湖南大学,进入一个地地道道的工科专业——供热通风与空调工程读书。这个专业与后来他从事的物业管理的工作多少有些关联,也让他毕业后被分配到了广东省妇联的下属房地产公司——大家庭集团的房地产工程部,任职助理工程师。

也许是注定的缘分,半年后梁兵就转岗到物业管理部门,开始从事物业管理工作。

有时候一个不经意的转折,也就成了一生的重要标点。

在国企属性的大家庭集团工作了一段时间,梁兵开始思考职业的方向和发展空间。1997年1月,他进入鹏达集团的珠岛花园物业公司,真正开始了他作为物业人的工作历程。

只是,这一次的起点真的低到不能再低——他的工作是物业公司的楼层管理员。1997年的当时,大学本科毕业生还享受国家分配。作为国家重点大学的本科毕业生,带着天之骄子的光环,梁兵从事的是楼层管理员这样最基层的工作,在当时的物业行业,是绝无仅有的存在。

金子就是金子，即使是在土里。这份楼层管理员的工作做了不到三个月，梁兵就被任命为工程维修部的副经理。对于这一切，梁兵处之泰然，因为在他的人生中，基层做起，稳步发展，本就是他已经规划好的。把握好当下，一切自当水到渠成。

正是抱着这样的心态，梁兵在物业管理的职业道路上渐入佳境。由于他的先天专业优势，再加上后天极强的学习能力和领悟能力，梁兵在自己的工作岗位上得心应手，很快熟悉了物业管理的相关工作环节，也将各种工作要领了然于胸。

上世纪90年代，中国的物业管理水平还处于起步阶段，行业的整体水平相对较低，从业人员的整体素质也低于其他行业。梁兵作为拥有较高文化水平的从业者，很快在工作中脱颖而出，成为行业的优秀代表。此时更高更大的发展空间，在等着梁兵去开拓。

1997年8月，梁兵进入恒大集团，担任广州金碧物业工程维修部经理。正是在这里，梁兵系统地接触了物业管理知识，并将自己的工作实践和理论知识很好地结合起来。作为核心团队成员之一，梁兵和同事们建立了恒大集团的基础物业管理体系，这也为多年后恒大集团叱咤房地产市场贡献了一份绵力。

二、三人行，必有我师

走的路长了，自然能碰到更多同路的人。

梁兵来到广州奥林匹克花园，就是这样的自然而然。离开恒大，进入广奥，就是这样简单。

当一个清楚自己方向的人，在前进的路上，会碰到志同道合的朋友，就像朝圣的路上，永远不缺同行者一样。

这一次，梁兵的职务变成了总经理助理。经过了三年的基层锻炼，梁兵已经完成了由一个部门管理者到一家公司管理者的蜕变。位置不同了，责任也不同，对能力的要求就更不同了。

梁兵记得，当年他在做楼层管理员的时候，每天可以很轻易地将自己的工作安排好：熟悉辖区楼宇的结构、单元户数、管道线路的走向、各种设备开关的位置，了解住户、业主的数量、家庭成员等基本情况，对公共设备、设施的养护进行日常检查验证，与业主进行友好沟通等。每项工作梁兵可以完成得井井有条。后来担任工程维修部经理的时候，梁兵的工作面宽了，但这也仅仅限于物业中的施工和维修的相关工作，管理的是施工人员和维修人员，只要做好自己部门的工作就算完成了任务。进入广州奥林匹克花园后，得到了总经理的认可，梁兵担任了总经理助理。这个职务其实就是总经理的助手，代表总经理执行和实施相关工作安排。无论是从工作的性质和工作的繁杂来说，都和之前有较大的不同，需要高屋建瓴的眼光和四方协调的能力，这对梁兵来说也是极大的挑战和考验。

有着丰富基层经验，同时又善于思考和学习的梁兵，在新的工作岗位上学习和成长得很快，迅速成为了总经理刘建身边最值得信任的人。每当工作中出现一些棘手的问题，刘建都习惯于让梁兵先去处理。梁兵的成熟和稳健的处事风格，使他往往能在复杂的事情中一眼看出关键点所在，然后大巧若拙地将事情处理到位。久而久之，总经理刘建对梁兵信任有加，对其委以更多的重任。

对于肩上的担子，梁兵不敢怠慢，也心怀感恩：职场上不是每个人都能遇到赏识自己的伯乐，也不是每次努力就刚好能给你施展的平台。所以他像公司的劳模一样工作，深得同事们的信任和称赞。

孔子云：三人行，必有我师焉。梁兵深知其含义，所以通过努力工作得到公司认同的同时，依旧保持着谦逊低调的风格。这时，梁兵与陈卓已经成为总经理刘建身边得力的左膀右臂。梁兵从自己的上司刘建身上学习到很多东西，如刘建豪爽大气，有眼光和格局，做事干练果断，善于辨人识人等等，这些优点都对梁兵的职业生涯产生了重要的影响。对于自己的拍档陈卓，梁兵学习她面对客户时的教科书式的服务，欣赏她对待工作时认真负责的态度，佩服她一起开拓市场时不让须眉的干劲儿。

优秀的团队是一加一大于二的，梁兵觉得，与刘总和陈卓搭档工作时，他们之间一定具有良好的化学反应。

三、方向比努力更重要

命运是一个可爱的使者，因为有时候他喜欢和人们开一些小玩笑。

2002年，刘建接到了房产集团公司新的工作安排，前往上海接收管理项目，陈卓一同前往，而梁兵由于种种原因，选择了留在广州，去新世界地产发展，默契的三人组合至此中断。2003年刘建回到广州后，梁兵还是继续在新世界地产公司干着物业经理的工作。

生活之路总是存在许多分岔，只有你走过了，才知道哪一条是主干，哪一条是岔路，身处其中的人则往往判断不清。

2004年，梁兵离开他从事的物业行业，开了一家酒楼。广州是一座美食之都，餐饮业在这座城市异常火爆，许多人开餐厅和酒楼都淘到了金，梁兵觉得自己应该也可以在这个行业成功一把。

酒楼开张，1400平方米，300多个席位，豪华气派。前来捧场的朋友很多，包括以前的上司刘建，还有搭档陈卓。

全新的行业，梁兵在酒楼接待来自各方的客人，每天在后厨、采购、楼面等各个部门穿梭，忙得连轴转，有时候一天忙下来，连顿安稳的饭都顾不上吃，有时候等到酒楼打烊，已经是凌晨时分。

餐饮行业的辛苦，远远超出梁兵之前的估计，但更超出他预期的是酒楼的经营情况。梁兵看着别家的酒楼都宾客云集，生意兴隆，可自己的酒楼却是"门前冷落车马稀"。虽然身边的许多朋友经常光顾，但仅仅靠朋友的帮衬远远无法带旺酒楼的生意。

就这样,梁兵磕磕绊绊地将酒楼经营了将近一年。眼看着亏空在一天一天增加,他日益感觉到苦恼和迷茫。难道自己的经营思路不对?还是自己的管理出现了问题?他反复问自己,但始终没找到满意的答案。

坚持还是放弃,梁兵的内心在纠结。放弃吧,自己投入这么多,却一无所获,实在于心不甘;坚持吧,这一天一天的亏空像个无底洞,已经将梁兵多年的积蓄耗光了。

这天中午,刘建又来到酒楼,像往常一样点了几个小菜,要了一瓶啤酒坐下,梁兵也在旁边坐了下来。刘建每次来,梁兵都会陪他聊聊天,喝上几杯。

刘建望了望四周,偌大的大厅,空空荡荡,只有三两桌客人在用餐。入夏的太阳热辣辣地烤着外面的街道,大厅里开足了冷气,让人感到凉飕飕的。

刘建收回目光,看着梁兵,刚好遇到梁兵的目光。梁兵露出一丝苦笑,生意不好,人也显得很颓废。

"别折腾这个了,兄弟。"刘建对他说,"关掉酒楼,到我公司来一起干吧!"

见梁兵低头不语,刘建又说了一句:"方向比努力更重要啊!"

那天刘建走后,梁兵陷入了沉思。

第二天,梁兵就贴出了转让酒楼的告示。

这次投资餐饮行业,梁兵将前几年积蓄的170多万元全部亏空,铩羽而归。

2005年6月,当刘建筹备成立独立的物业公司时,梁兵又一次回到了他的身边。

四、历尽千帆，归来仍是当年

此生本是中奥人，重来犹如归故里。

命运和梁兵开了个小玩笑，让他在前进的路上绕了个弯，然后又回到了物业管理的路上。

根本不需要适应，梁兵对这里的一切都太熟悉了。

入职第二天，梁兵就跟着刘建出差了，匆忙得连一件衣服都没有带。那时广州的酒楼还在转让中，各种账务还在清算，但梁兵就已经以一个物业人的身份投入到工作中去了。

梁兵的特点是，考虑好了就立即行动。就像当初计划进入餐饮业，梁兵毫不犹豫就去做了，如今他想好了重返物业行业，也自当马上全情投入。梁兵就是这样一个执行力超强的行动派。

从此，公司开疆辟土的重任，就落到了梁兵肩上。

拍档还是那几个拍档，刘建是带头人，好拍档陈卓，而梁兵的回归使得铁三角再次形成，依然犀利无比。2007年，龙为民应邀加入团队，负责中奥物业的内部管控工作，从此，上有总揽全局、运筹帷幄的领导者，中有持筹握算、明察秋毫的财政大臣，外有披荆斩棘、开疆拓域的市场先锋，内有身经百战、经验丰富的内政管理者。核心团队的人员构成堪称完美，也为后期公司的快速发展打下了坚实的基础。这样的职责分工，一直到公司上市，都没有丝毫改变。

"这是一个有感情、有战斗力的团队。"梁兵说，"每个人都相互配合,不仅把自己职责范围内的事情做好,还会相互提醒,自觉配合其他同伴的工作"。多年积累下来的战斗友情,不是每个人都能理解的。梁兵说,这么多年里大家在业务方向和思路问题上不知争吵过多少次,但从没有为了个人利益而红过一次脸。

每个人都有自己的经历和故事,每个人都有自己的人生轨迹,但当他们每个人的轨迹彼此相交的那一刻,生命出现了新的意义,他们不再是一个个个体,而是代表了公司和事业,代表了员工的希望。

转眼十多年过去,广东中奥园物业管理有限公司已经完成了华丽蜕变,业务规模逐年扩大,由当初偏守广州一隅的小规模公司变成了物业行业的翘楚。事业的成功并未让梁兵感到自满与放松,反而他觉得自己肩上的担子更重了,将要面对更多的挑战和困难。过去的十年,梁兵觉得是努力加幸运的十年,因为许多同行并没有进入这个领域,但从今往后十年,物业管理行业将是一片红海,单凭努力已经不够了,需要讲究方法和策略了。

无论怎样,在路上,梁兵还是当年年少时的模样。

中奥到家
更好　更美　更满意

第四章

龙为民
——举重若轻的舞龙人

64

铭记风雨同行的日子　上部

一、兰州以南

兰州，黄河穿城而过的城市，近代以前是实实在在的边地。它是西域人眼中的中原，也是中原人眼中的西域。在这个文人笔下"离哪都不远，又到哪都不近"的城市，天然地具有一种复杂的气质：简单直接、率性而为，土地贫瘠而荒凉，人们热血而文艺，整个城市充满迷人的边城气质，如同上游的黄河水，看上去波澜不惊，实则暗流涌动。一捧黄河水，一首《董小姐》，五味杂陈。兰州就是一个充满张力的地方，住在这里的人，轻视它，厌恶它，避之不及；异乡的兰州人，回忆它，怀念它，痛彻心扉。

笔者为何要描述兰州？因为这章的主人公龙为民1963年生于兰州。这位龙先生骨子里豪爽侠义而又细腻理性的气质，恰恰印证了这座城市的特点。他的父亲是一名兰州军区军人，母亲是一名中学教师，从小接受的正统的家庭教育，让龙为民成为一名一生都让人信任、受人尊敬，值得托付的人。

兰州的气质已融进了血液里，关于兰州的记忆却已渐渐随岁月淡去。因为龙为民随父母离开兰州的时候，才6岁。母亲出生于山清水秀的桂林，所以他父母回到南方这座山水城市，也开启了他人生的另一段生活。

苍凉雄浑的兰州城与山清水秀的桂林市风格迥异。桂林的秀美带有南方城市特有的温柔，在这里，龙为民从小学到高中，成为一个地地道道的桂林人。时隔多年，当我们面对头发已经花白的龙为民时，他身上的豪气隐褪，更多地体现出清风徐来般的和善和如沐春风般的温暖，这也许是南方城市桂林带给他的一生烙印吧。

1979年,在父母的影响和教育下,龙为民以优异的成绩考上了桂林电子工业学校。这是一所中等专业院校,他学习的是无线电专业。这一上学,龙为民就上了整整六年,因为三年中专毕业之后,他又上三年大专。直到1985年,学业期满的他走出校门,开始了自己的工作生涯。离开故乡兰州,龙为民的工作轨迹再也没有回到过兰州,在兰州以南的许多城市,都留下了他曾经的青春热血,曾经的壮怀梦想。

二、龙行四方

  1985年，这位学习无线电专业的大学专科毕业生，毕业之后进入了桂林一家外资酒店——漓苑宾馆工作。他的一生，从此与酒店结下了不解之缘。在当时的环境下，国民文化水平普遍不高，高等专业人才极度缺乏，象牙塔里面刚刚走出来的龙为民，无疑是属于各类用人机构争的"香饽饽"。进入漓苑宾馆的第二年，他已经被宾馆委以副经理的重任，并获得了超过周围人们收入几倍的薪水。也正是那个时候，他与后来事业上并肩作战的战友刘建、陈刚（后文有专门章节介绍）先后认识，并成为了挚友。

  漓苑宾馆是龙为民一生中极为重要的记忆，不仅因为这里是龙为民第一个工作的地方，也是因为这里是他结识今后事业中的伙伴的地方。只是当时的他，还不知道未来的自己会在中国的哪个城市落地生根，在很长一段时间，居无定所的漂泊，是他生活的主要形态。

  "好男儿志在四方。"他在心中对自己说。

  两年以后，龙为民离开漓苑宾馆，去桂林的一家国营宾馆任客房部经理。出于对朋友的信任，当时在漓苑宾馆担任主管职务的刘建也同他一起去了这家国营宾馆——松园度假村。在松园度假村酒店，龙为民和刘建合作了相当长一段时间：从1988年直到1992年。四年的共事，他俩建立了非常深厚的感情，以致后来的工作变动，两人都是行动统一、步调一致的。

  1992年，二人一起就职于日资企业日航帝苑酒店，龙为民担任客房部经理，这也是他在桂林工作的最后一家酒店。一年之后，龙为民离开桂林，去南宁发展，这一次，刘建没有同行。

龙为民正直、坦诚、豪爽的性格，令他在每一个工作过的地方都拥有很好的人缘，不仅同事喜欢他，领导也很赏识他。多年来他辗转各地，几乎每一次的更换工作，都是由于追随领导或者受朋友举荐。当他总结自己多年来稳步发展的经验时，他认为，一个职业经理人，最为关键的一点就是操守和品质，能想为领导所想，急为领导所急，帮领导节约成本，提高效率，真诚地面对他们，做事无愧于心，就能树立业界口碑，最后达到帮助他人、成就自己的目标。

龙为民前半生，似乎逃不开劳碌奔波的命运。20多年中，他先后工作过的酒店有十多家，多到有些酒店的名字自己都已经想不起来了。桂林、南宁、长沙、洛阳、广州等地方都留下他工作的足迹，走过许多城市，认识许多人，见识许多风景，获得许多体会。正是在这众多的工作中，龙为民拥有了最宝贵的财富——丰富的工作经验。他在工作中不断学习和总结，最终得出一套适合于自己的工作方法。

实践出真知，凭借丰富的阅历和工作经验，2008年他加入中奥物业的队伍后，很快迎来了事业的丰收。

三、友谊与事业

龙为民,又一次因为朋友的邀请,在广州安身。这一次,他一待就是十年。

龙为民是一个非常看重朋友的人,在他的一生中,往往朋友的一句话,就能让他放下条件优越的工作,为朋友分忧解难。他就是这样一个把友谊看得像生命一样重的人。他一生的事业都与朋友的情谊有着紧密的联系。"看我朋友遍天下,走到哪里都不怕。"这句话对龙为民来说,就像量身定做的一样。

2008年3月,龙为民从洛阳来到广州。他辞掉洛阳星级酒店的工作,来履行一年前对刘建的承诺。一年前,刘建找到龙为民,盛情邀请他来广州奥园公司一起干一番事业。由于当时他刚刚到洛阳,不方便离开,龙为民就许下了这一年之约。当时刘建的广东中奥园物业管理有限公司已经成立,以刘建、陈卓、梁兵三人为核心的公司领导层正在如火如荼地进行着全国的市场拓展业务,形势一片大好,正是用人之际。对于刘建来说,作为老同事、老朋友、老大哥的龙为民,自然是事业伙伴的最佳人选,龙为民的个人品质和工作多年来的经验,都是一笔宝贵的财富。

面对刘建的盛情邀请,龙为民爽快地答应下来。他和刘建共事的时间最长,非常了解刘建这位好朋友:刘建和自己一样,也是个豪爽大气的人。刘建为人坦诚,做事有眼光和魄力,认定的事情能一直坚持,这是龙为民最为欣赏的地方,也就认定了这是个值得信赖和依靠的朋友。

龙为民的加入,让这个团队如虎添翼。随着业务的增长和公司规模的扩大，对于公司的内部管控要求也越来越高。只有大后方的安定，才能全力以赴开疆拓土，冲锋陷阵。龙为民有20多年的酒店管理经验，对于公司管理的精要了如指掌。他的加入，补齐了刘建团队最后一块短板。在四个核心领导层的分工中，刘建总揽全局，陈卓掌管财务，梁兵负责市场，龙为民管理公司。四人各司其职又互相支持，建立起了稳固的公司领导架构。事实证明，这个分工结合了每个人的优势，符合每个人的特点。时至今日，公司已经完成上市，但依然沿用着十年前的分工，足见其正确与稳定。

在四人中，龙为民年龄最大，大家都尊敬他，叫一声大哥。龙为民也深知，自己年长，就应该多担待一点，多照顾团队成员一些。在利益面前，他从不计较得失。他说自己已经年过半百，追求的已经不是纯粹的金钱和物质的东西，更多的是事业的成就感和精神的满足感。正是这种不计名利、云淡风轻的心态，让他能够更好地处理员工的关系，也能在团队中起到很好的调解和润滑作用。

龙为民刚来公司的时候，做了一件最重要的事情，那就是帮公司请到了白金级的专业管理人才——陈刚。没错，就是前文中与龙为民、刘建在漓江畔畅饮三花酒的香港籍专业管理人才、时任漓苑宾馆经理的陈刚。陈刚与龙为民、刘建三人之前是同事，龙为民和陈刚是工作搭档，两人分别之后，虽各自发展，少有联系，但彼此的友情一直在心里。

由于疏于联系，龙为民费了好大的周折才找到了陈刚的电话。那时的陈刚已过花甲之年，退休在香港家中，准备颐养天年。龙为民力邀陈刚来广州再创一番事业，陈刚经过简短的思考后就爽快地答应了。都是一样的人，都具有一份火热的事业心，跟对的人打交道，三言两语，却胜过万语千言。

2008年的夏天，这位头发花白的长者来到了广州，为广东中奥物业管理有限公司带来了白金般宝贵的管理理念。

友谊，在事业中建立；事业，在友谊中延续。

四、举重若轻的舞龙人

龙为民一进入中奥公司,便被刘建委以管理公司内务的重任。他负责公司的制度完善、团队建设等,是实实在在的内务大臣。刚接手工作时,龙为民也进行了一番思考:自己多年来一直从事的是酒店行业,各种管理模式和经验都是适用于那个行业的,如今眼前的工作是物业管理,在工作的精细化程度、效率管控、成本控制等方面存在差异,因此不能完全生硬地照搬照抄酒店行业的经验。但同时,酒店和物业也存在很大的相似之处,比如保安、保洁、工程、绿化等都基本相同,而酒店的标准还相对更高。

"取法乎上得乎其中。"既然酒店行业的要求比物业管理行业更高,那么用酒店行业的管理方式进行物业管理总是没有错的。龙为民果断决定用酒店管理体系的工作思路和方法进行物业管理。同时,自己抓紧时间熟悉和了解物业行业的特点,在人员培训、成本控制等方面进行不断优化和提升。很快,这种尝试取得了很好的效果,用更高的标准去治理公司,不仅没有让员工不适应,反而提升了服务质量和水平,提高了工作效率。

融会贯通,才能举一反三。龙为民凭着自己多年的服务行业管理经验,大胆改革,在尝试中摸索出了一套自己独特的工作方法,很快完成了酒店管理者到物业管理者的华丽转身。

在许多人的印象中,但凡公司内务总管,必是满脸严肃、一本正经、目光如炬、一脸杀气的样子,可龙为民是个例外。在众多中奥人眼中,他是一个和善的人:花白的短发,红润的脸上始终充满笑意,在平时的工作中,大家也很难见到他发一次脾气，红一次脸。在龙为民的处世哲学里，保持状态和控制情绪一直放在首要位置，多年的服务行业工作生涯，已练就了他不喜形于色、不怒上于颜的本领，龙为民将此归结为个人修养。他说，一个从事服务行业的工作者，时刻都应该保持冷静的心态，不要被自己的情绪左右。我们可能在工作中会碰到许多影响情绪的因素，如果不能很好地控制情绪，就不能保证工作的状态，不能保证服务的专业和质量。

当然，简单的服务岗位，只要控制好自己的情绪就行，而作为大管家的龙为民，不仅需要良好的个人修养，还需要有看问题的格局。仅仅控制工作情绪、保持工作状态，这对于他来说只是基础层面的要求，因为问题的最终处理方式和取得的效果，才是考量他能力的最终标准，也就是我们通常说的格局。

龙为民不仅能微笑着面对工作，也能微笑着处理问题。这缘于他的能力和才干。对于公司的管理，他崇尚大道至简，采用扁平化管理的方式，充分授权给可信任的员工，调动员工的积极性，并在管理手段上不断优化调整。他认为，公司不是用人去管人，这种建立在人治基础上的公司，是无法自主运转和自我造血的。这对于管理者来说是劳心劳力的一件事情，一旦有一天，这个人因任何问题缺席了管理岗位，那被管理的人就会觉得失去了方向，完全不能运转。而反过来，如果用制度管理人，每个人都在制度下各司其职、自动运转，那么管理者其实就成了监督者，可以有更多的精力去优化制度。这样即使有一天这个管理者缺席了工作岗位，制度依然能够使公司的各个岗位正常运转。

所以龙为民认为，治理公司，最核心的就是"制治"。这么多年来他一直在做好一件事情，那就是不断完善公司的各项制度，以适应不同时期公司的发展需要，公司的发展期有发展期的制度，到了公司上市之后，又需要有新的体制去适用扩大的规模和增长的团队。

这些年来，公司的发展一直顺风顺水。在科学技术飞速发展的今天，任何停滞不前和故步自封都意味着失败。这份使命感和责任感，推动着龙为民不断思考新环境下的新的管理模式。担子很重，但这位舞龙人举重若轻。

道阻且长，行则将至。龙为民深信。

中奥到家

更好 更美 更满意

第五章

陈刚——"白金管家"老弥坚

中奥到家

铭记风雨同行的日子 上部

一、中奥的"老白金"

家有一老,如有一宝。对于公司来说,这句话同样适用。一个资历丰富、身经百战的老臣,胜过多名优秀员工。

在中奥物业的大家庭中,也有这么一位骨灰级的"宝贝人物",他的存在,就代表了公司的服务质量和水平,他既是公司的标志性人物,也是公司业务的定海神针,他就是陈刚。

了解过中奥到家集团的人,或许不熟悉公司的总裁,不了解公司的高管,但是绝不会没见过这位老者。因为无论是公司的官网、公司的宣传画册以及公司的企业形象展示专栏等地方,都会有这位老者的形象出现。满头银发,精神矍铄,一身正装,满脸笑容,是这位经常出现在公众视野里的老人的标准形象。

陈刚绝对是公司里年龄最大的那一位。公司上上下下每个员工都非常尊敬他,这一方面是因为他的资历深厚,让人佩服;另一方面也因为他为人和善,与员工打成一片。如果不是因为我们知道他的年龄,绝对不会相信眼前这位说话声音响亮、走路健步如飞、做事干脆麻利的老人,已经年过七旬。人生七十古来稀。许多这个年纪的老人已经在家安享幸福晚年,可陈刚却依然活跃在他的工作岗位上,在他的身上,看不到太多岁月留下的痕迹和年龄刻下的印记。

这就是陈刚,中奥到家集团副总裁及首席管家、白金管家学院院长。陈刚一手开创了中奥到家的标志性服务项目——"白金管家"将中奥物业的服务引领到新的高度，为公司在行业竞争中抢占先机打下了良好的基础。"白金管家"的服务理念，代表了中奥物业服务的最高水平，也成为了整个物业行业服务的典范，而陈刚，就是"白金管家"的灵魂人物。因此，他的存在，对整个公司来说，意义非比寻常。

作为物业管理服务企业，服务质量是企业的根本，中奥物业通过对中国物业市场的分析与研究，推出了"白金管家"服务，并建立"白金管家"服务标准及专业培训教程，把管家服务理念与品牌服务相结合，提升服务水准，树立服务品牌，造就了服务口碑。

好钢要用在刀刃上。陈刚这个中奥的"老白金"当然就要用在"白金管家"业务的管理和推行工作上。

二、九龙城的小文书

1946年，陈刚生于广东番禺。关于出生地的记忆，陈刚已几乎全部淡忘，因为在他出生不久，就随着父母一起移居香港了。60年过去了，他没想到自己会回到故乡番禺工作（中奥物业总部就在番禺），也许这是冥冥之中对故乡的眷恋吧！

1949年，陈刚随着父母以及整个家族几十口人全部迁到香港九龙，那时他才3岁。由于解放军的南下，国民政府混乱的统治，许多广东人像逃难一样涌入香港，希望在那里觅得一份稳定的生活。当时的香港，人口只有几十万，远远未达到20世纪中后期的发达程度，英国殖民统治下的百姓过着穷苦的生活，普通老百姓连找一份工作养家糊口都非常不容易，对于刚入香港的陈刚家人来说，生活并没有想象中的那么美好。

所幸陈刚的父母给了他一个稳定的读书环境，让他能够从小学一直读到高中毕业。要知道，在那个时候，老百姓的知识水平都普遍不高，一个小学毕业的人，就有资格去从事一份警察的工作。对于陈刚来说，能坚持完成高中学业，是非常不容易的了。

陈刚是个勤奋、吃得苦的人，以优异的成绩完成了高中学业。1967年毕业之后，陈刚就去报考了香港电信局的工作。当时要获得这样一份算得上体面的工作是非常困难的，许多人去考试，最后只录取寥寥数人。陈刚成了最后的幸运儿，进入香港电信局做了一名小文书，那年他21岁。

当时陈刚的家庭条件还算殷实，所以他并没有承担太大的生活压力，但生性勤劳好学的他仍然将一份文书工作干得有声有色。工作间隙他还承担电话维修工作，学会了修理各种各样的电话机。时隔多年的今天，他回忆起这件事来，还能如数家珍地说出那些电话座机的品牌和国籍，有英国的、德国的，还有西班牙的……

  陈刚在电信局工作了一年，就随着全家一起移民到了台湾，全家人都住在台湾基隆的朋友家里。在台湾，陈刚待了整整一年，也玩了整整一年。由于家境不错，全家到了台湾都没有急着找工作，趁机给自己放了一个长假。陈刚用这一年的时间，走遍了台湾大大小小的地方。他带着轻松的心情，一路游山玩水，饱览自然风光，领略风土人情。生活可以过得惬意而轻松，但这并不是生活的全部。日子久了，陈刚就感觉到说不出的不自在。他本就不是一个贪图享乐的人，闲下来之后总觉得日子少了点儿什么。于是在一年之后，他不顾全家的挽留，只身一个人返回了香港，去追寻自己想要的生活。

三、40 年的酒店人

陈刚没有想到，自己回香港后找的这份工作，差点儿成为他一辈子都从事的工作。

如前文所述，当时香港人文化水平普遍不高，社会对人才也非常渴求，高中毕业的陈刚已经算是文化水平较高的人，与周围的人相比，他还具有一个非常明显的优势，那就是能够说一口非常流利的英语，所以他在当时老外众多的香港社会，恰好有用武之地。

凭借个人的能力，他在一家三星级宾馆找到了第一份工作。虽然是宾馆里面最底层的员工——楼层服务员，但他并不介意，他相信凭自己的勤奋努力，一定能闯出一片天地。刚刚 20 岁出头的陈刚，就这样进入了酒店行业，从此一步一个脚印，一干就是 40 个春秋。

回想起当年的自己，陈刚依然心生感慨。刚回香港的日子，他一个人住在几平方米的小房间里，每天工作十多个小时。为了给宾馆客人提供最好的服务，他得在门口笔直站立，时刻保持微笑，同时要前前后后为客人搬运行李，一天下来累得腰酸腿疼，有时候忙起来连饭也顾不上吃。就这样勤勤恳恳工作了一年以后，陈刚的表现得到了老板的认可，给了他领班的职位，负责两家宾馆的行李部门的工作，手下管理 30 多人。从那时起，陈刚渐渐接触管理工作，从干好自己的份内事务慢慢发展到管理团队，调动每个人的积极性，让整个部门的工作更加积极高效。

也正是了解了团队工作的重要性，陈刚非常注重对下属的关心和照顾。

那时候陈刚月收入已经达到800多港币，这在上世纪60年代的香港来说，是非常丰厚的收入。但那次陈刚为了保护下属，一怒辞职，离开了他做得顺风顺水的宾馆。50多年过去了，如今陈刚回忆起这段往事，也没有丝毫后悔。他觉得为团队、为下属，有时候就需要有仗义执言的勇气和拔刀相助的血性，这种性格也贯穿他一生的职业生涯。

离开这家酒店之后，他进入了另一家三星级宾馆工作，收入只有原来的十分之一，一切又得重新开始。但工作能力出色的陈刚，并不在意重新从基层做起。他知道凭自己的努力，向上发展只是时间问题。果然不久后他考入了五星级饭店——希尔顿酒店。在这个国际顶级酒店的平台上，他又从底层员工做起，这一次只用了一年的时间，他就从几百名员工中脱颖而出，成为领班。

五星级国际酒店有更专业的服务和更高的服务标准，陈刚在这里学习到了国外的先进管理理念。希尔顿酒店是美国人创建的宾馆，当年尼克松来香港就住在这里。陈刚当时就负责总统套房的服务工作。服务生在这里被称之为"管家"，这也成了多年以后中奥到家"白金管家"创意的渊源。

陈刚在工作上拼劲十足。当年在希尔顿酒店工作的时候，晚上下班后，他还去赛马场的餐厅做领班，一人做两份工作，从早晨5点起床，工作开始，一直干到晚上餐厅打烊，这样的工作，陈刚坚持了整整8年。这8年的时间，陈刚干完了人家16年的工作，在他的人生履历中，也写下了浓墨重彩的一笔。

1986年，陈刚受人邀请，到广西桂林漓苑宾馆担任客房部经理。作为香港五星级酒店的高级管理人才，陈刚头顶着光环来到内地。他将香港最先进的管理经验带到内地，不仅获得了三倍于香港的报酬，还熟悉了内地的酒店管理情况，也为他人生的后一份事业打下了基础。就是在这家漓苑宾馆，他结识了两位好朋友，也是后半生事业的伙伴——刘建与龙为民。

人如其名，陈刚豪爽刚直，勤奋踏实，工作敬业，严谨细致。他的工作能力和个人品质被很多人称道，也得到了许多酒店老板的青睐。离开漓苑宾馆后，又被重金聘请筹建桂林环球宾馆。在环球宾馆任职期间，陈刚作为客房部经理，肩负整个酒店两百多名员工的入职培训工作。也就是从那时候起,他开始着手编写培训教材,将多个部门的服务流程、操作规范汇编成了操作手册,作为公司的培训材料。由此,陈刚将多年星级宾馆工作的实践经验变成了理论知识,成为中奥白金管家重要的理论依据。

陈刚将自己最宝贵的青春年华和最睿智的中年时期都献给了酒店事业。从他走上酒店工作岗位的那一天起,他在香港工作了17个年头,到内地桂林后又工作了13个年头。1997年他又被公司派往澳门,从事酒店管理工作。后来辗转在桂林、西安、东莞、深圳各地工作,直到2003年。这一年陈刚回到了香港,准备结束自己近40年的酒店管理生涯,安享晚年生活。

那一年,他57岁。

四、愿守物业 20 年

即使在陈刚的生命中抹去 2008 年以后的工作经历，他的人生一样是精彩的。从九龙一个籍籍无名的文书，到辗转多家星级酒店的高级管理者，陈刚凭着自己的品质和才干，得到了行业的认可，也为自己积累了丰厚的财富。2003 年，他功成身退，本可不问世事，快意逍遥地安度晚年，但也许是一份老而弥坚的事业心，也许是一份历久弥新的朋友情，陈刚接受了好友刘建和龙为民的盛情邀请，又一次站到了事业的起跑线上。这年，他 62 岁。

陈刚回到香港，卸去一切事务之后，感觉到前所未有的放松。自己的一生都在匆忙的工作中度过，是时候放松下来，看看周围的生活，看看远方的世界。此时的香港，早已回归祖国的怀抱，紫荆花与五星红旗辉映着维多利亚港湾的天空，香港在祖国的怀抱中依然繁荣。陈刚这才觉得自己生活了几十年的城市，自己竟然没有好好地去看上几眼，尖沙咀的购物天堂，旺角的特色美食，兰桂坊的夜生活，维多利亚的迷人夜色，这一切既熟悉又陌生。如今终于有时间来享受身边的生活，陈刚决定让忙碌一生的自己好好地放松下来，过一段悠闲自在的日子。

在接下来的时间里，陈刚花了五年的时间去享受生活，过着闲云野鹤般的日子。这样的平静悠闲，在 2008 年春节后的某一天被打破了。

这天，陈刚旅游回到香港，发现家里的电话上显示一个来自内地的未接电话。自己退休多年，很少与内地朋友有电话联络，陈刚觉得好奇，就回拨了电话。也就是这一回拨，连起了他与中奥到家的不解之缘。

电话那头正是自己多年前桂林漓苑宾馆的好友龙为民。放下电话，陈刚就匆匆赶往广州，赴两位老友之约。

记得那一天，新年的气息还未在城市街道中散去，初春的广州已经日渐暖和，大大小小的道路旁开满了五颜六色的鲜花，四处充满了春天的气息。在广州番禺的一家西餐厅里，陈刚见到了久未谋面的好友——刘建和龙为民，几双结实有力的大手，紧紧握在了一起。

一阵寒暄之后，刘建向陈刚发出了邀请，希望他能出山为自己的高端物业项目做白金管家。出于对老友的信任，也出于陈刚自己那颗不愿平淡的心，陈刚爽快地答应了刘建的请求。

为了这份承诺，陈刚暂别了自己安逸悠闲的退休生活，重新投入到了工作中，而这一次，还是全新的物业行业。

当谈到陈刚为什么愿意放弃舒适的退休生活，再次进入工作状态时，陈刚说是为了好友的嘱托和一份美好的事业。其实，他还有重要的一点没有讲出来，那就是，他自己本来就拥有一颗永不停歇的心。

如今的陈刚已经在中奥工作了十年。当年的花白头发现在已经全白，但精神矍铄的他依然声如洪钟、健步如飞。十年的努力换来了公司的上市和业绩的增长，公司品牌的传播和服务质量的提升，陈刚功不可没。

功成名就之后，有人问陈刚何时真正退休，他说公司如果需要，自己就会一直做下去。"至少服务二十年吧！"他这样说。

五、不得不说的"白金管家"

"白金管家"这个词语,并不是第一次出现在人们的视野。

管家文化最早出现在中世纪欧洲的法国王室,后来流传至英国王室,专门为白金汉宫的英国王室服务,所以被称之为"白金管家"。老派的英国宫廷更加讲究礼仪与细节,将管家的职业理念和职责范围按照宫廷的礼仪进行了严格地规范,渐渐成为行业标准,英式管家服务也由此成为了服务的经典。

英国管家行会是由英国皇室、贵族的资深职业管家团队发起,联合英国以及全球职业管家自发组成的行业交流平台。上世纪中后期,亚洲高端客户群体逐渐壮大,到80年代末,英国管家行会设立的"国际白金管家服务联盟"机构登陆大中华区,并在香港设立常设机构,致力于为亚洲经济高增长国家和地区引入管家领域的专业服务产品,并进行适应性调整。时至今日,国际白金管家服务联盟大中华区已在大陆地区培养并授权2000多名国际管家,在国内授牌、认证了50多个房地产项目,使其成为"国际白金管家服务联盟"成员,提供管家式的标准服务。

2007年,中奥物业同英国管家行业协会、国际白金管家服务联盟签署战略合作协议,在物业行业内首开先河,推出"白金管家"服务,率先实践世界级"国际白金管家"物业服务模式,让中国业主尽享英式管家服务。中奥物业结合英式管家百年历练的服务品质与国内现状,通过实践不断摸索总结,建立了一套适合中国高端物业的管家服务标准与模式,从而也带动了中奥物业服务品牌的飞跃发展。

陈刚有着近 40 年的酒店管理经验，特别对外国酒店的先进管理经验有非常深刻的认识。因此，在中奥物业与英国管家行业协会、国际白金管家服务联盟达成战略合作之后，将"白金管家"的服务理念充分应用到物业管理体系中去，陈刚是最适合的人选。在近十年的工作中，陈刚利用自己丰富的实践经验和先天的语言优势，通过不断学习和摸索，建立了适合于中奥物业自身特点的"白金管家"管理体系。每一个上岗的员工都经过陈刚的亲自培训。数年来，他为公司培训的合格上岗员工多达数千人，为公司服务品质的提升立下汗马功劳。

2016 年 4 月，中奥到家集团与国家开放大学番禺学院合作创办"白金管家学院"，培养"国际白金管家"模式下的服务专业人才，把管家服务理念与品牌服务相结合，树立特有的白金管家至尊服务形象，引领中国物业行业迈进高端服务时代。这是中奥物业在公司发展中肩负的使命，也是陈刚在年过花甲之后从事白金管家管理工作的重要责任。

有人说：一流企业定标准，二流企业做品牌。陈刚所从事的物业行业白金管家管理工作，正是在完成物业行业的标准制定工作，现代物业的进步，一定是在服务规范和服务质量上面均有发展，才能真正让业户感受到服务变化。

让更多人了解和接受"白金管家"的服务，这是中奥物业的宏愿，也是白发老者陈刚的夙愿。

中奥到家

更好 更美 更满意

中奥到家

中部　机会留给有准备的人

中奥到家

更好 更美 更满意

第一章

缝隙，光照进来的地方

中奥到家

机会留给有准备的人 中部

一、中国物业管理的过去与现在

"物业"一词译自英语 property 或 estate，20 世纪 80 年代由香港传入内地，其含义为财产、资产、地产、房地产、产业等。目前对其的定义为：物业是指已经建成并投入使用的各类房屋及与之相配套的设备、设施和场地。物业的范围可大可小，一个单元住宅是物业，一座大厦也可以作为一项物业；同一建筑物还可按权属的不同分割为若干物业。物业含有多种业态，如办公楼宇、商业大厦、住宅小区、别墅、工业园区、酒店、厂房仓库等。

物业管理（property management）是指业主对所有建筑物共有部分以及建筑区划内建筑物、场所、设施的共同管理或者委托物业服务企业、其他管理人对业主共有的建筑物、设施、设备、场所、场地进行管理的活动。

我国的物权法规定，业主可以自行管理物业，也可以委托物业服务企业或者其他管理者进行管理。物业管理有狭义和广义之分，狭义的物业管理是指业主委托物业服务企业依据委托合同进行的房屋建筑及其设备，市政公用设施、绿化、卫生、交通、生活秩序和环境容貌等管理项目的维护、修缮活动；广义的物业管理包括业主和委托物业服务企业或者其他管理人进行的共同管理过程。

我国物业管理行业的发展与房地产市场的发展有着密不可分的联系。自 1978 年土地相关法规的调整算起，中国的房地产业伴随着改革开放，经历了近 40 年的发展。以广州为例，自 1990 年广州第一个大型住宅小区淘金花园（楼盘）开发以来，广州市场化的房地产业已有 28 年历史。经历了泡沫与复兴，在理论突破和制度成熟之后的近20多年，是中国房地产行业的高速发展时期。

从20世纪80年代初开始的改革开放初期，中国逐步废除公有制经济体制下的住房政策，开始建立适应市场经济体制的房地产政策。在这个发展过程中，从1978—1991年住房改革和房地产市场的区域性试点，到1991—1998年住房改革和房地产市场在全国推展开，再到1998年后房地产市场基本成熟、公有制体制下的福利分房终止、全部城镇住宅强制商品化，经过将近20年，在政府的主导下，适应中国市场经济制度的房地产市场最终得以建立。中国的房地产市场正在日趋成熟、稳定、理性地发展。房地产市场作为中国经济、金融、民生工程等国计民生重要问题的交汇点，得到国家的重视和扶持。多年来，政府通过市场手段和政策调控等方面的措施，使房地产市场的发展一直走在正确的道路上。过去的40年，我国的房地产业经历了萌芽、泡沫、萧条等阶段，最终在正确的道路上完善和发展，为国计民生提供重要的保障。房地产市场的健康发展，培育了一大批优秀的房地产企业，其活跃和发展，也成为中国经济发展的重要标杆。

19世纪60年代的英国工业革命时期，因为工业的需求城市人口增加，导致对城市房屋需求的增加，同时诞生了对住房进行管理的行业，这就是现代物业管理的雏形。而有关中国内地物业管理起源，人们一般认为，19世纪中叶到20世纪20年代，国内的大城市，如上海、天津、武汉、广州、沈阳、哈尔滨等，建立了许多八九层高的建筑，特别是上海，出现了28座10层以上的高层建筑。当时的房地产市场上出现了以代理租赁、清洁卫生、保安服务等为主的专业性经营公司，这些正是我国物业管理的早期形式。

20世纪80年代初，随着我国改革开放的开始，现代意义上的物业管理从香港被引入。1981年3月，深圳市第一家涉外商品房管理的专业公司——深圳物业管理公司成立，该公司以管理商品房为主，在经济上独立核算、自负盈亏。他们借鉴香港先进的管理方法和经验，并结合特区的实际情况，对旧体制进行改革，由单纯的管理型公司向服务经营型企业转变，按照商品化、企业化管理房产的原则，建立起"综合收费，全面管理服务，独立核算，靠企业自身经营运转"的商品化房管体制，正式开始对深圳经济特区的涉外商品房实行统一的物业管理。这是我国内地物业管理迈出的第一步,标志着物业管理这一新兴行业的诞生。1985年底,深圳市房管局成立,开始对全市住宅区进行调查研究,肯定了深圳物业管理公司专业化、社会化、企业化的管理经验,并在全市推广这种做法。同时深圳市房管局还进一步从财务管理、监督、专业队伍的组织、目标承包管理责任制的推行等方面予以调控,以加快住宅区管理向规范化、制度化、专业化方向发展。到1988年,由企业实施管理、房管局进行监管的住宅区管理体制在深圳市已基本形成,也标志着我国现代物业管理开始起步。

1993年6月,深圳市物业管理协会正式成立,它标志着我国物业开始进入了一个新的发展时期。1994年4月,建设部《城市新建住宅小区管理办法》明确指出:"住宅小区应当逐步推行社会化、专业化的管理模式,由物业管理公司统一实施专业化管理。"上海、广州、深圳等地物业管理市场已初步形成。1996年2月,国家《关于深入住房制度改革的决定》出台,提出"加强售出房维修管理服务,发展社会化的房屋维修市场……改革现行的城镇住房管理体制,发展多种所有制形式的物业管理和社会化的房屋维修、管理服务"。1996年9月,建设部发布《关于实行物业管理企业经理、部门经理、管理员岗位培训持证上岗制度的通知》,规定物业管理企业管理、服务人员实行培训持证上岗。1998年,以中央文件形式规定"取消各种不合理税费,降低住宅造价,提高建房质量,并加强物业管理……"1998年7月,国务院《关于进一步深化城镇住房制度改革、加快住房建设的通知》中明确指出:"加快改革现行的住房维修、管理体制,建立业主自治和物业管理企业相结合的社会化、专业化、市场化的物业管理体制。"在这一时期,我国的房地产开发出现热潮,相对规范的物业管理服务企业开始出现,物业从业管理人员开始增多。1998年底,全国物业管理企业有12000余家,从业人员近200万。与此同时,关于物业管理的立法进程明显加快,标志着我国的物业管理进入快速发展时期。

随着房地产市场的兴盛,物业管理企业的增多,物业管理行业受到政府的重视。2003年9月,国务院常务会议通过《物业管理条例》。该条例正式提出,国家提倡业主通过公开、公平、公正的市场竞争机制选择物业管理企业，鼓励物业管理采用新技术、新方法，依靠科技进步提高管理和服务水平。该条例的颁布实施，是新时期物业管理行业的纲领性文件，使物业管理的法制建设更加完善，行业发展的方向更加明确。《物业管理条例》的出台，标志着我国的物业管理进入规范发展时期。截至2013年底，我国物业管理企业总数超过10.5万家，从业人员411.6万，物业管理面积约为164.5亿平方米，城镇物业管理覆盖率达到50%以上，北京、上海、广州、深圳则达到70%，甚至90%，物业管理行业正逐渐成为推动国民经济增长、增加就业的新兴行业。

我国物业管理行业的发展反映了国家的房改和住房商品化政策的演变历程，正是住房制度的改革，为房地产业及物业管理行业的发展创造了条件。商品住房制度的改革，使得房地产开发市场得以形成，并不断发展；商品住房制度的变革，也带来房屋所有权主体多元化，这就要求管理制度的根本变革，改变计划经济体制下旧的房管制度，原有的住房管理模式被更为专业高级的管理方式所取代。而物业服务企业正是适应这个需求的必然产物。

自1998年国家实行住房改革以来，中国的房地产业在20年间得到了充分的发育，行业经历了轰轰烈烈的"黄金时期"，逐步成为国家重要的支柱产业，更成为GDP稳定增长的调节器。"吹尽狂沙始到金。"经历十多年的市场淘汰，一大批房地产龙头企业涌现，万科、恒大、万达、绿地、保利、奥园等知名企业逐渐主导了房地产业。房地产市场的发展逐步回归理性，国家的宏观经济调控和市场的自我调节让房地产市场的发展更加平稳。就目前而言，我国的房地产市场还存在不小的上升空间。国家住房和城乡建设部政策研究中心则预测，未来十年，我国城镇将新建7000-8000万套住房。住宅总量的持续增长及房地产行业的发展，将势必推动物业管理行业的持续发展，万科物业、绿城服务、中奥物业、中海物业、深圳彩生活等知名物业管理企业成为行业龙头，带动行业向规模化、专业化的方向发展。

二、第三方物业企业的生存和发展

时代的变迁，既为物业管理企业创造了发展的机遇，也使物业管理企业面临着挑战。随着物业管理行业竞争的不断加剧，物业管理企业愈来愈需要把握瞬息万变的市场变化，认清市场形势，在竞争中把握发展方向。当前的物业管理市场，普遍存在以下几个方面的问题：

1、行业理论体系需要健全，法制建设需要完善

物业管理在我国是新兴行业，国家与地方各级的法律和法规都欠完善，开发商、业主、物业管理企业之间的权力、义务、责任的界定还不够明确。一方面，服务不到位，对物业服务企业缺乏约束；另一方面，物业服务企业的某些权益，得不到保障，管理难收成效。因此，物业管理法律法规体系的完善，已成为物业管理发展的迫切要求。近年来，国家相继出台相关法规和政策，以规范和促进物业管理行业的发展，但往往局限于对某些成功经验的模仿或就事论事的解决方案上，存在许多不足之处。总的来看，物业管理行业理论体系的健全和法律法规的建设都还有很长的路要走。

2、行业水平存在区域差异

物业管理行业萌芽于深圳特区，兴盛于南方经济发达城市，虽经历了近30年的发展，目前仍然存在地区间发展不平衡的情况。在南方经济发达地区、沿海城市以及各省会大城市，由于经济较发达，物业管理起步早、发展迅速，物业管理的水平和服务质量都较好。而在我国的中西部、北方等经济欠发达地区、内陆城市和三四线城市，物业管理起步晚发展较为缓慢，服务水平相对较低。最明显的是，我国知名的物业服务企业大多集中在经济发达城市和地区，而经济欠发达地区的物业服务企业经营规模小，市场份额少，多是缺乏市场竞争力的小型企业。区域间存在的水平差异，影响了我国物业整体水平的发展速度，也影响到了人们思维观念的更新。

3、物业管理队伍素质偏低，人才短缺

物业管理是一个新兴行业，目前尚未建立起完善的行业管理标准和从业人员行为规范，导致物业从业人员良莠不齐。目前，有相当数量的物业管理企业，人力资源队伍在专业结构和知识结构方面与企业发展的要求存在相当大的差距，非专业人员混迹于物业管理队伍的现象并不鲜见。一些物业管理企业忽视从业人员的资质建设，既不做职业道德教育和专业技术培训，又没有建立严格的岗位责任、工作标准和考核标准，使得管理与服务的观念、内容、质量很难到位，管理水平不高，服务质量不好。从事物业服务工作的人员，没有得到专业的物业服务、岗位责任培训，是影响物业服务企业朝着高水平的方向发展的主要原因。

4、物业服务企业市场化程度不高

物业管理是借房地产市场发展的东风发展起来的行业，因此与房地产企业有着千丝万缕的联系。从体制上考察，我国物业服务企业几乎80%以上是国有体制。从企业的出生来分析，全国有70%以上的物业服务企业属于房地产开发商自办，20%属于房管所或后勤单位改制，只有10%属于产权自主型的物业管理企业。房地产开发商"自建自管"，一方面属于肥水不流外人田，同时也便于开发商开展工作。

在这样的条件下产生的物业服务企业，与建设单位、房管单位之间仍存在或多或少的经济上的依赖关系，"谁开发、谁服务"的地方保护、垄断管理、建管不分、责任不清的局面还没有完全改变，物业服务还没有形成有利于竞争的统一的市场。一些物业服务企业在物业服务管理专业方面

不很在行，因为是某个开发公司的下属企业，或者是某几个开发公司合资组成的股份企业，所以不愁没有管理项目。这样的局面谈不上市场化。

物业服务企业市场化程度不高，还表现在物业服务的价格管理体制与运行机制上，缺乏市场调节机制，基本都是政府定价或制定指导价、建设单位补贴，多种经营、以副补主。物业服务费标准偏低、收缴率偏低，导致物业服务企业长期亏损经营、无发展后劲儿。物业服务长期低成本运作，使服务质量难以有本质提高，反过来又制约物业服务企业发展，从而形成恶性循环。

物业服务行业的良性发展，需要一个阳光、健康的市场环境，绝不是躲在房地产企业或相关职能部门的庇荫下面就能够发展壮大的。市场需要新生力量，市场呼唤新的业态。在这样的背景下，一个新的市场主体悄悄诞生，这就是独立第三方物业服务企业。

面对物业服务行业的发展困局，局中之人想要破局，却无从入手。此时独立第三方物业服务企业恰如一股清流，在僵化的市场中硬浇灌出一片芳草地。

独立第三方物业服务企业，是指具备独立法人资格的独立存在于业主和房地产企业之间的独立经营、自主发展的企业。它以物业管理服务为主要经营范围，既不依附于房地产开发企业，与业主之间也不存在从属关系。它接受房地产开发企业委托，为业主提供专业的物业管理服务，从此获取服务报酬。

独立第三方物业管理企业与传统型物业管理企业相比较，具有如下特点：

1、起步较晚，发展规模偏小

如果将我国的物业服务企业比作稚气未脱的少年，那么独立第三方物业管理企业无疑还像是蹒跚学步的幼儿。独立第三方物业管理企业是在传统物业管理企业基础上产生的，但其存在形式有别于房地产开发商附属物业管理企业。从其产生开始，它的独立性和专业化程度就相对比较高。独立第三方物业管理企业的出现，为物业管理行业注入了新鲜的血液，让这个行业能够彻底摆脱房地产附庸的尴尬位置，进入市场竞争的正确发展轨道。

此处所说的独立第三方物业管理企业，更准确的表述不仅仅是指企业拥有独立法人资质，而是指其在经营发展上和房地产企业不存在任何关联和瓜葛，是完全通过市场行为去获取项目，再通过自身的专业能力去管理项目，以获得持续发展的能力，最终扩大市场占有份额，做大经营规模。今天许多房地产企业都将下属物业管理部门进行独立公司化运作，但从根本上讲，这类企业还不能称之为完全的独立第三方物业管理企业，它们与房地产企业之间还存在着千丝万缕的关联，这种形式上的独立并不能完全与我们所说的独立第三方企业划等号。独立第三方物业管理企业从一出生，就是口里不含金钥匙的"寒门弃子"，一开始就要面对残酷的市场竞争，就懂得天上没有馅饼可掉，这也是它真正难能可贵的地方。

"草根出生"的独立第三方物业管理企业，起步远远晚于传统物业管理企业。目前全国大部分市场仍然被一些龙头房地产企业的下属物业管理企业占据。据资料显示，具有开发商背景的物业管理企业占物业管理企业总数的85%，而独立第三方物业管理企业比例仅占15%左右。从本世纪初诞生，发展到现在，全国范围内具备一定规模和实力的独立第三方物业企业屈指可数。在地域分布上来看，这一类型的企业主要集中在北京、上海、广州等一些市场化程度高、市场氛围成熟的一二线城市。

2、经营灵活，市场化程度高

中国的物业管理普遍存在着"谁开发，谁管理"的现状，大部分物业公司与开发商是隶属关系，在开发商企业的管理下进行物业管理。随着物业管理市场的逐步发展，独立的物业管理企业和大批民营改制企业的出现，才形成了开发商加物业管理企业模式和独立物业管理企业模式并行的现状。

房地产开发企业多是为了解决物业开发后的修缮维护等问题，而成立了自己的物业部门，甚至是物业管理企业。这样的企业从出生开始就是一个附属企业，他们不需要通过市场竞争去获取项目，也不需要为生存而伤脑筋，因为房地产开发公司这棵大树将会一直为它们遮风挡雨。这样的企业，在经营上全部执行上级公司的战略意图，在管理上服从于房地产开发公司的各项指令，在人事上执行上级公司的人事安排，整个企业相当于房地产开发企业的一个部门，机制单一，缺乏创新。少数具备市场意识的企业，也希望运用市场化手段去实施物业管理服务，但在遇到开发商与业主间的直接利益纠葛时，尴尬的身份就显露无遗，与开发商的利益共同体身份，注定了它们无法真正站在市场的角度去实施公正公平的服务，也无法通过市场手段去调整物业管理收费政策，引进人才，改善服务水平。只能机械地执行房地产开发企业的各项规定，极大地限制了这类公司的良性发展。

而独立第三方物业管理企业的服务对象是非常明确的。它完全站在市场的立场，为向它付费的一方提供专业的物业管理服务。它没有夹在两个可能会发生矛盾的服务主体或者利益关系主体中间左右为难的困惑。它的立场是公允的，不用去考虑开发商的感受，也不用看别人的脸色行事，所以在管理上，它敢于放开手脚，依据市场规律去灵活处理各类问题。比如物业质量出现问题，它可以代表业主向开发商提出修缮要求；在物业管理费用收入无法实现公司盈利时，它可以根据市场法则去调整收费标准；它所要面对的只有业主能否接受的问题，而不用考虑开发商的意愿。"谁付费就为谁服务"，完全符合商品经济的本质，也是商品经济社会最起码的商业逻辑。

3、前景可观，引领发展趋势

中国的物业管理企业是从房地产开发企业附属企业发展起来的，其存在有客观上的合理性。房地产开发配套的物业管理最初是作为房地产开发项目的配套输出，理所应当由房地产开发商去组建团队，提供服务。这种现象必定是具有阶段性特征的，或者说它是特定历史时期的产物，必定会随着社会分工越来越细而被独立的物业企业取代。即使是开发商的下属物业管理企业，也会随着市场的明晰而慢慢过渡到社会化、专业化经营的独立第三方物业管理企业。

因此，独立第三方物业管理企业有很可观的前景，它代表了未来物业管理市场的方向。首先，它面对市场的时候是开放的，面向市场上所有的房地产开发商，将企业完全置身于市场竞争的大环境中；其次，它的业务面是持续且稳定的，不会受到房地产开发商等外界因素的影响，可以保证企业按照自己的经营理念持续发展下去；最后它的企业员工素质整体均衡，团队比较稳定，有利于企业做大做强。

虽然在现阶段，独立第三方物业管理企业的市场份额还远远低于开发商附属物业管理企业，但在市场经济大环境中，只有顺应市场发展、以市场为导向的企业才是健康的，才代表未来的趋势。从这个方面来讲，独立第三方物业管理企业的出现，也是市场发展的必然结果。

三、中奥到家集团的成长之路

在20世纪90年代末，中体产业和奥园集团合作，在广州番禺区洛溪桥南，以房地产业与体育产业有效嫁接的复合地产新理念，开发了广州奥林匹克花园。广州奥林匹克花园成为名噪一时的优质房地产开发项目，广州奥园物业管理公司也随之成立，为广州奥林匹克花园业主提供优质的物业管理服务。彼时，该公司的身份还与众多房地产开发商附属物业管理公司一样，属于奥园集团的下属物业管理公司，公司的职责就是为奥园集团下属房地产项目——广州奥林匹克花园提供物业管理服务。

公司成立伊始，整个团队都是全新组建，包括出任总经理的刘建也是从沈阳聘请来的。由房地产开发公司组建起来的物业管理公司，经过几年的发展和摸索，逐渐由生手变成了行业专家，队伍打磨也日趋成熟。

与众多房地产开发企业的附属物业管理公司一样，中奥到家在工作中也会遇到同样的问题，如制度僵化、位置尴尬等，令管理者感到改变的必要。逐渐成熟稳定的管理团队与蓬勃发展的房地产市场，更给了管理者极大的信心去实施改革。

2005年9月初，经过反复论证和充分沟通，以刘建为领头人的广州奥园物业管理公司正式脱离奥园集团，9月26日，成立广东中奥物业管理有限公司，开始自主经营，自负盈亏。从此独立第三方物业管理企业阵营多了一支生力军。此后，奥园集团不再为广东中奥物业管理有限公司的经营发展买单，后者也不必将盈利上交集团公司，或者向集团公司申领经费补贴亏空。广东中奥物业管理有限公司的经营和发展，与奥园集团完全脱钩。

如前所述广东中奥物业管理有限公司成立时，核心管理层只有刘建、陈卓、梁兵三人，后来龙为民、陈刚加入使公司的管理层架构趋于完整。就是这样一个团队，带领着广州奥园物业管理公司时期培养和锻炼出来的物业管理队伍，从广州奥林匹克花园出发，一步一步走向全国其他城市。经过多年的不懈努力，其服务管理规模由最初的广州奥林匹克花园2500多户、20多万平方米，发展到2017年12月底的全国各地500个物业项目、总合约管理建筑面积6670万平方米。

中奥到家集团，继深圳彩生活、中海物业后，于2015年成为第三家登陆港交所的物业企业，国内独立第三方物业管理企业中第一家登陆港交所的上市公司。由当初一个弱小的独立第三方物业管理企业发展成为行业领先的上市企业，中奥到家的发展历程无疑是值得学习和借鉴的。下面我们一起来回顾一下中奥到家的成长之路，看看是什么关键因素引领他们走向了成功。

（一）成立初期的转型之痛

成立初期，广东中奥物业管理有限公司（以下简称中奥物业）仍属于房地产开发商的附庸。没有当初的奥园集团，也就没有现在的这家物业管理企业。但如果没有2005年的另立门户，中奥物业也永远不会有今天的成就，有可能还在开发商的保护下度日，也有可能早已不复存在。

中奥物业的转型之路，远没有现在描述的那样轻松。对于个人来说，最痛苦的事情就是改变。企业也一样，当企业的发展在一个相对平稳的轨道上运行时，心理上的惰性会让人安于现状，而不愿意去尝试改变。改变是需要足够的勇气的。

广州奥园物业管理公司在奥园集团旗下，享受着集团公司天然的保护，唯一需要做的就是尽力服务好自己的客户，耕作好这一亩三分地的业务。企业的生存与发展不需要他们去考虑，因为只要地产商有新的开发项目，他们就可以获取物业管理的业务，不需要去投标，也不需要去竞争，就可以得到别人挤破头都未必能获得的东西。

但中奥物业的管理者明白这种业态违背市场规律，也感受到了夹缝中生存的尴尬，他们希望改变，让公司真正到市场上去打拼一场，让这些年轻的物业人在市场中接受历练。他们也明白，一旦走上了这条路，就不再会有地产开发商做后盾，就不再有保护伞遮风挡雨，冻着饿着都得自己承受。但他们还是做出了决定：脱离原有运营模式，开始独立经营，自主发展。

走出了第一步，立即需要面对的就是业务问题。公司成立了，单靠一个广州奥林匹克花园，养活自己都成问题，更不用说发展了。因此，必须要从安逸的状态跳出来，让自己的神经紧绷起来。生存与发展，就是得先让自己生存下来，再谋今后的发展。公司的管理者清醒地认识到了这一点，于是，他们将目光移向了广州之外的区域。新世纪伊始，广州的物业管理水准无疑是全国领先的。带着先进的管理方法和理念，到长三角拓展市场，是团队的第一步棋，他们希望在广州之外的城市打开局面，获得市场。

初期的市场拓展是艰难的。在公司有限的人力资源条件下，他们顶着生存的压力，奔波于各个城市之间，去拓展业务。没有开发商做后盾，不具备知名度，缺乏资金支撑，缺乏可调配的人力，这些困难每一项都充满挑战，可他们硬是靠着一股拼劲儿扛了过来，打开了局面，占住了市场。究其原因，这大概就是独立企业的处境使然：没有后路，唯有去拼，充分调动人的主动性，将人的潜能极大地激发出来。

就这样，2005年9月公司成立，中奥物业开始制定拓展全国市场的计划，凭借着对市场热点的敏锐把握，当年年底，公司就成功签约了10个楼盘的物业项目。到2006年，中奥物业开始在广州以外地区设立中奥物业分公司，在杭州、江苏等地有了属于公司自己的物业管理服务项目。在经历了成立初期的转型之痛后，公司开始逐步走上正轨。

（二）规模化发展开拓之勇

中奥物业有了广州奥林匹克花园物业之外的10个项目，完成了由转型起步阶段到发展阶段的过渡。在公司具备起码的生存基础之后，创业团队开始思考公司如何发展，如何做大做强。俗话说，谋定而后动。制定了公司的发展方向和远景规划，大家便同心协力去朝着目标努力。

在此阶段，公司的核心管理层围绕"先做大还是先做强"的问题展开过激烈的争论。这关乎到公司发展方向，意义不亚于当初公司的独立门户。经过反复的讨论，最终公司做出"先迅速做大，再考虑深耕细作，内部调整"的决定。这就是公司的战略。

怀着公司"一定要做大"的坚定信念和必胜的勇气，中奥物业举全公司之力开拓市场。到2009年底，公司签约项目由最初的10个，增长到100个。2013年，公司的签约项目突破200个。2017年，公司管理项目已经超过500个。经过十三个年头，公司仍然保持着高速发展的态势，如今公司的业务广布于华南、华东、华北和西南地区，截止到2017年12月底，业务面积已经达到6670万平方米。由最初的年营业额不过300万的微型企业变为中国最大的独立第三方物业管理企业。

中奥物业公司领导层在公司初创时做出的战略决策无疑是正确的。正是在房地产发展的黄金时期，看准市场需求，把握市场热点，迅速扩大经营规模，占据市场份额，才为公司后期的提高服务质量和管理水平奠定了基础。

在公司业务做大之后，公司也没有忘记"做强"。2008年，高速发展中的中奥物业逐渐感受到业务发展太快，而基层管理服务跟不上的压力。一些合作企业开始投诉服务质量问题，迅速增长的业务规模则令少数管理者开始不思进取。公司核心管理层及时发现了这些不好的苗头，组织进行了长达三个月的"闭门思过"。通过反复探讨，并借助业界专家的指导，公司终于理清了内部存在的问题，重新制定了中长期的发展战略和工作目标。2013年，公司经过仔细分析市场，提出了"向服务资源整合型企业发展"的新思路，把服务质量管控提升到战略高度，提升到企业核心文化理念的层面，谋求将企业由"做大"逐渐转移到"做强"上来，并最终实现"做大做强"。

中奥物业在规模化发展过程中，勇于朝着自己的既定目标努力拼搏，遇到瓶颈，敢于自我剖析，积极寻找解决办法，不保守，不激进，不盲目，不膨胀，十几年如一日，在创业和发展道路上砥砺前行。

（三）资本注入的上市之势

在中奥物业内部，有这样一个故事：

2013年，在一次面向企业家的外训会议上，培训导师郭凡生问："在座的企业创始人中，至今还敢说对自己企业中的大小事情比较了解的请起立。"中奥物业参加培训的4位核心成员不约而同地站了起来。当培训导师又接着问："至今还能坚持每天早上同员工一起正点上班的请起立。"这时，老师发现站起来的又有来自中奥物业的4名学员。此时600多人的会场响起了经久不息的掌声。

从创业初期到公司发展规模进入全国前列，无论外界条件如何变化，难能可贵的是，公司的管理层一直保持着一颗创业的初心。就像上面的故事所讲，十几年如一日，不仅是一种坚持，更是一种习惯，这也成为了中奥物业多年来快速发展的内部根源。

中奥物业在发展中一直能保持良好态势实现弯道超车的原因，还在于公司非常善于利用外部关系来完成业务的拓展。统计多年的业务拓展情况，中奥物业的服务项目约75%来源于合作伙伴，15%来自合作过的配套商。长期以来，公司先后与奥园地产、保利地产、路劲地产、恒基兆业、美的地产、首创置业、鲁能地产、迪赛集团、兆辉地产、银泰集团等100多家房地产开发企业结成战略伙伴关系，并在全国一些具备市场潜力的地区与海信地产、钜隆房产、长信地产等地方性龙头企业建立长期稳定的合作关系，这为公司持续获取项目打下了良好的基础。在进入某一区域拓展业务之前，公司会对这个区域进行充分调研，充分调查了解消费水平、房地产政策现状、物业价格水平、招投标环境、人力资源状况等诸多市场要素。在做出判断，决心进入这一城市市场之后，公司会集中资源，树立标杆性项目，并与合作伙伴以及配套商家等建立良好的合作关系，迅速拓展其他项目，以摊薄区域运营成本，形成项目集群，最终占领这一市场，实现经营版图的扩张。中奥物业正是按照自己的步骤，有计划有节奏地开疆拓土，一步一步地实现扩大经营规模的目标。

2010年，公司领导人受到清华大学"企业资本化运作"培训课程的启发，开始萌生上市的念头，同年即展开咨询和筹备工作。当时公司已经在广东、浙江、江苏、广西、海南、沈阳、大连等地区和城市建立了分支机构，有100多个物业管理项目。公司按上市要求开始在内部进行规范化治理，在财务、组织架构等方面进行规范化操作。随着公司业务的增长，上市计划也在一天天完善，2015年1月5日成立中奥到家集团有限公司，为集团公司在港上市做好了铺垫。

中奥物业经营规模的迅速扩大，受到国内金融投资机构的关注。经过详细考察和充分沟通，公司于2015年5月12日选择接受具有电子商务领域丰富经验的嘉御基金和在房地产领域有极大资源优势的易居中国高达数亿元的战略投资。两大投资机构的进入，不仅加强了公司市场开拓方面的能力，也增强了公司进军电子商务领域、发力线上业务的战略布局能力。

2015年11月25日，中奥到家（股票代码：HK01538）在香港成功上市，成为国内第一家港交所上市的独立第三方物业管理企业。得势者得天下。中奥到家集团顺利上市，在创建中国最大的第三方物业管理企业的征程中，迈出了具有里程碑意义的一步。

（四）IPO之后的创新之道

中奥物业终于站到了国内第三方独立物业企业的巅峰，引领着行业的发展，成为业界的楷模。相对于国内成千上万的物业管理企业来说，中奥物业无疑是成功的。他们得到资本的青睐，登陆港交所，完成了许多企业梦寐以求的目标。中奥物业从成立到上市，仅仅用了十年的时间。在这十年的时间里，中奥物业走得稳健踏实。企业领导者带领大家攻城略地，将自己的版图一步一步扩大。与登陆港交所的其他物业管理企业相比，中奥物业的经营规模和业务收入都不占优势，但中奥物业的盈利能力和成本控制能力远远优于另两家企业，这也恰恰从另一个侧面印证了中奥物业迅速崛起的真实原因。

2018年，中国迎来改革开放40周年，也将进入全面建设小康社会的关键时期。在中国特色的社会主义建设取得巨大成就的新时期，"互联网+"时代来临，物业管理企业也顺应时代，与互联网充分融合，不少物业企业积极创新服务模式，提升了物业行业的服务品质。中奥物业成功上市之后并没有松懈下来，同样在历史发展的大趋势下积极寻求着创新途径。

1、寻求差异化竞争，引进白金管家经营模式

2007年，中奥物业同英国管家行业协会、国际白金管家服务联盟签署战略合作协议，在物业行业首开先河，推出"白金管家"服务，率先实践世界级"国际白金管家"物业服务模式，让中国业主可以享受到英式管家服务。中奥物业一直希望在经营发展中能够找到自己企业特有的属性，有特色和差异化，才能在竞争中占得先机。中奥物业结合英式管家百年历练的服务品质与国内物业管理现状，通过多年实践，不断摸索改进，创建了一套适合中国高端物业的管家服务标准与模式。正是这一套"白金管家"模式，让中奥物业服务品牌有了质的提升。

2、重新定义用户价值，打造社区O2O生态圈

随着互联网的迅猛发展，以网络为依托的社区O2O区域经济大行其道。中奥物业借助物业服务于业主的天然紧密关系和物业管理的天然社区经济圈，携手投资方，共同打造O2O社区增值服务平台，开启了在互联网经济中物业管理发展方向的大胆创新。结合企业独有的"管家模式"，精准了解和满足客户需求，激发管家提供更多服务，创造更多价值增量。公司在物业领域O2O经济的发展方面进行了有益的尝试，并取得了预期成效。

3、充分利用互联网技术，开启"共享物管"经济圈

作为内地赴港上市物业公司中唯一的独立第三方物业公司，没有房地产开发企业做后盾，中奥物业却没有错过业内每一次的创新变革浪潮。2016年年底，中奥物业又开始反思社区O2O策略方向，提出"共享物管"的概念，将物业管理与炙手可热的共享经济充分结合。在互联网大环境下，物业公司会逐渐成为集成者，负责聚成周边商户共享出来的专业线条上的服务，然后统一提供给物业业务。"共享物管"的实施，或许未来将带来物业管理行业根本性的变革。

四、从野蛮生长到精耕细作

"做好一个企业，可以挣到这三笔钱：第一笔钱靠积累，第二笔钱靠耐心，第三笔钱靠智慧。"冯仑《野蛮生长》一书中的这句话，恰当地表述了中奥到家成长中资本积累的过程。从资本的原始积累；到拥有足够的耐心和持续经营能力去开拓市场、打开局面，再到寻求发展创新、联姻资本走上上市之路，中奥物业诠释了企业经营者的智慧在引领企业发展之路中的重要作用。这种行动力和创造力的结合，正是野蛮生长的力量。

回顾历史，1984年对于中国企业来说有着特殊的意义。在这一年，中国改革开放的总设计师邓小平在这年年初进行了他第一次著名的南巡。在中央决定开放14个沿海城市和海南岛之后，"下海"潮和创业潮在这一年以不可阻挡之势爆发。这一年，王石成立了深圳现代科教仪器展销中心，这个中心后来成长为万科；张瑞敏被派到青岛濒临倒闭的一家电器厂当厂长，也就有了今天的海尔；柳传志创办了联想，和王石一样开始了最初的"倒爷"日子；广东的李经纬从三水县体委副主任被排挤到一家酒厂当厂长，在那里他创办了健力宝；同样在广东顺德的潘宁在极其简陋的条件下成立珠江冰箱厂，开始生产容声牌冰箱，也就是科龙公司前身……此外，李东生、史玉柱、赵新先、段永平等等江湖大佬都在这一年开始了各自的创业生涯，发酵各自的梦想和野心。上个世纪80年代的中国，简直就是创业者的摇篮，只要你怀揣财富的梦想，就有发家致富的可能。

小平同志第二次南巡的1992年是中国企业家的另一个标志性年份。随着《春天的故事》唱响，全国很快出现了一股前所未有的创业热潮。据《中华工商时报》统计，当年至少有 10 万党政干部下海经商。在国务院研究中心工作的陈东升在这年辞职，成立了嘉德拍卖，后来又创办了泰康人寿；在内蒙古政策研究室工作的郭凡生来到京城，开始创办慧聪咨询；冯仑南下海南，和王功权、刘军、王启富、潘石屹、易小迪一起炒卖地皮，"万通六兄弟"风云一时；任正非则靠着华为自己研制的大型交换机，把公司的销售额推到了一个亿。

随着时间的推移，中国企业迎来了新世纪。2001 年 12 月 11 日，中国正式加入 WTO，开始与世界接上了轨。网络经济成为新的时代宠儿。在中关村，留学美国的张朝阳和一直在中关村打拼的王志东分别创办搜狐和新浪，广州的丁磊则创办了网易。其后几年，网络公司雨后春笋般涌现。再后来阿里巴巴的马云、腾讯的马化腾、盛大的陈天桥也陆续开始了各自的创业征程，最终成为一代大咖。

中国改革开放的 40 年，正是中国企业蓬勃发展的 40 年。这群中国极富激情的创业者，在社会发展的洪流中，顽强扎根，快速成长。

相比之下，中国物业企业发展的 30 年要平静得多，不像上述企业那样声名显赫。但中国的物业企业同样也经历了野蛮生长、快速发展的时期。随着房地产市场黄金时期的到来，与之配套而生的物业管理的发展也是蓬勃旺盛。在中国经济全线发展的时期，创业者和投资者从许多行业中间都能获取丰厚的利润回报，物业行业却被人忽视，无人问津，这也为中奥物业初期的发展提供了绝佳的时机。在一帮富有激情和冲劲的创业者的带领下，在物业领域的蓝海时期，几乎没有遇到多少竞争对手，中奥物业就迅速扩大了规模，占领了市场，完成了资本的原始积累。随着市场的细分和经济发展的深化，物业行业逐渐成为了市场的香饽饽，变得炙手可热，受到投资者的追捧，俨然成为了红海市场。

数据显示，未来 3 到 5 年，物业管理行业通过并购重组和资源优化，将进入理性的平稳发展期，全行业服务面积近 250 亿平方米，复合增速约为 8%；全行业有 11 万家物业服务企业，复合增速约 12%；行业从业人数突破 613 万人，复合增速约 25%。近几年来，在优秀标杆物业企业的带领下，行业集中度有所提高，整个行业正向品牌化、规模化、专业化和集约化方向发展，行业并购重组悄然进行，行业洗牌、资产重组、优胜劣汰也成为大势所趋。

目前，物业管理行业正面临着一场行业的变革。在互联网发展的大背景下，行业企业正向互联网企业转型，线下已经累计了大量客户需求在等待挖掘，线上则要整合新型资源，通过新技术、新方式打造成本优势和效率优势。在新一轮资本风口上，并购重组、抱团发展成为新的趋势，中小物业可以把企业变现，转型发展，标杆型物业企业可以通过并购，扩大服务规模，做大做强。然而无论资本手段如何高明，市场之手如何运筹帷幄，物业管理行业终归是服务行业，服务就要尊重客户需求和体验，关注未来物业行业的发展方向；就要从行业发展本质入手，通过把握行业未来发展趋势，探索出适合物业管理企业发展的道路。

如今，野蛮生长的时代已经宣告结束，行业发展的红利期已经逐渐过去，企业的发展开始朝着精耕细作的思路转变。首先，物业企业重点是管理和服务升级，企业需要由劳动密集型传统服务业向知识密集型现代物业服务转型。其次，物业企业要完成由现代服务业向平台型企业的转型，结合互联网技术，扩大服务深度和广度，挖掘用户需求和提升用户体验，在共享经济时代，用新思维、新观念、新技术、新资本去构建物业企业发展的未来。

中奥到家

更好 更美 更满意

第二章 善待每一个共同进步的日子

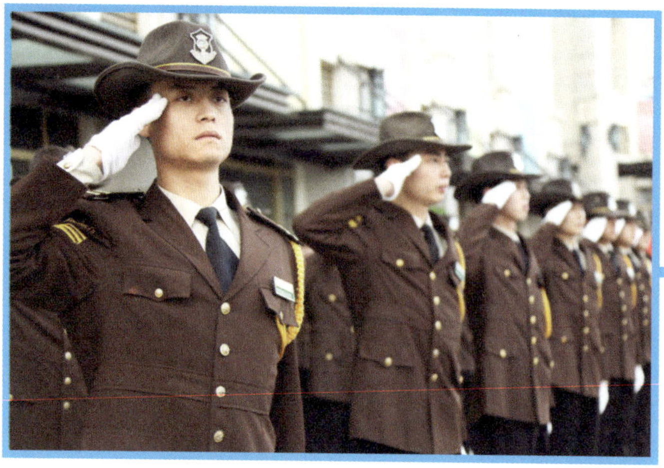

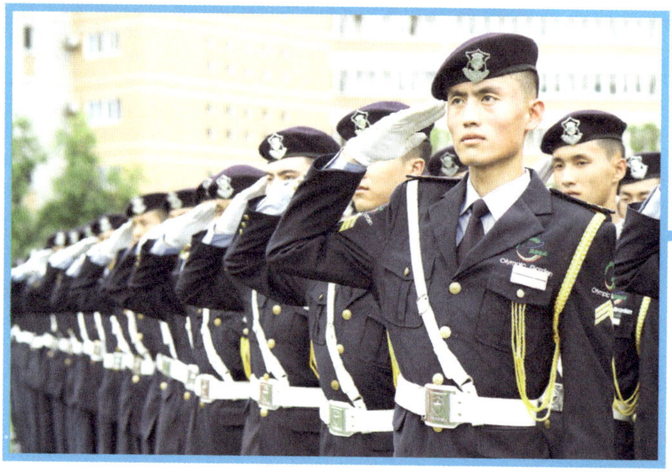

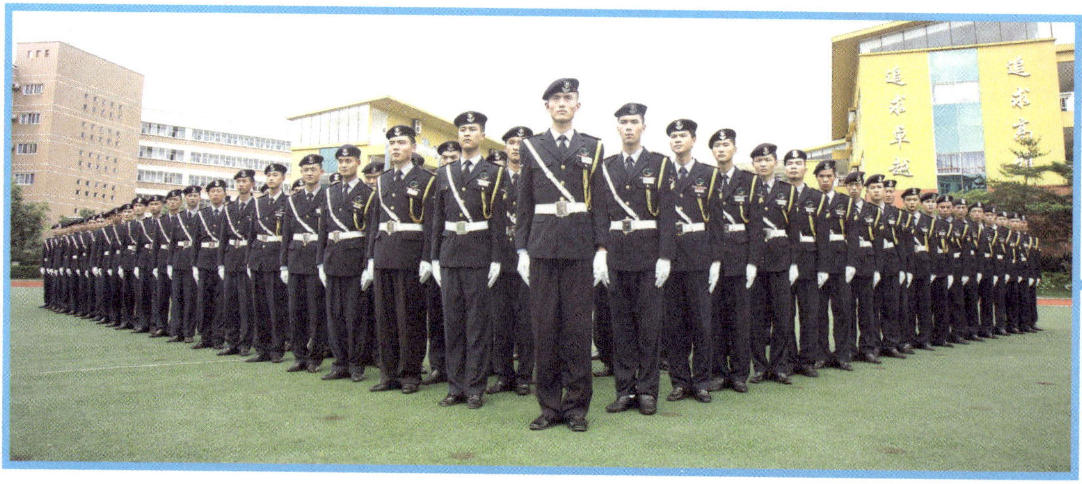
追求卓越

机会留给有准备的人 中部

一、管理让团队增强战斗力

　　不论哪个行业，要使企业发展得好，都离不开管理。管理是否到位，直接影响到企业的生死存亡。

　　创建第三方物业服务水准标杆，是中奥伟大的愿景。中奥物业的底气从何而来？

　　物业服务行业是典型的劳动力密集型行业，相关工种简单，行业准入门槛低，如何提高从业人员素质、规范物业服务标准？

　　曾经被定义为"民生服务"的物业服务业，"双过半"（社区居住业主人数与社区服务面积同时过半同意涨价）的规定却使物业管理难以跟随市场浮动。在收入端不能带来增长的情况下，随着劳动力成本的逐渐增加，占据成本端60%以上部分的劳动力支出逐年上涨，依靠廉价劳动力获利的物业公司进入微利润时代，更好的成本控制路在何方？

　　这些都是物业管理者面临的难题。

　　中奥到家总裁刘建给了龙为民宏大的愿景，把整个中奥物业的管理团队交给了他，也给了龙为民一个棘手的难题：怎么管理好手上这支全新的队伍？打造优秀的团队，制度管理体系，战略执行方案，高效、务实、创新一个都不能少。

　　刚到中奥物业上班，作为管理者的龙为民心里总感觉有些忐忑不安。物业是从房地产开发商提供的地产项目后期服务中独立出来的行业，相关法律法规不完善，且有些根本不能得到有效执行，规模庞大、是非错杂、解决起来也相当困难的物业服务纠纷频繁发生，矛盾冲突层出不穷。在传统的管理模式下，很难使人力资源的配置实现优化。

新经济、新常态下往往蕴涵新机会。龙为民和刘建总裁交流之后，明确了中奥物业发展的突破口——用酒店服务的高标准，为物业服务创造更大价值。事实上，从创始人开始，酒店管理文化和跨界管理思维已熔铸于中奥物业的管理实践。成熟丰富的酒店管理经验帮助中奥物业成功地开辟出第三方物业的服务新标杆。

管理是无边界的，管理是跨行业、跨国界、跨企业的。

在龙为民看来，物业管理招标投标、物业管理早期介入、前期物业管理、房屋建筑修缮管理、设施设备管理、安全与环境管理、综合经营服务、物业管理纠纷化解、物业管理方案、人力资源管理、财务管理等内容与自己熟稔的酒店管理大同小异。资深的酒店管理能力使龙为民在进行物业服务管理的时候更加得心应手。在物业管理过程中，龙为民也逐渐摸清了业主群体的一些特性。在准确把握物业行业特点和实际工作特性的情况下，龙为民结合物业管理的法律法规，将丰富的酒店管理经验进行了系统化的整合梳理，活用酒店管理体系，为物业管理量身打造出了一套新型管理体系。

在物业管理服务行业中，业主对你万般刁难，你也要陪着笑脸。物业人总说："上辈子作孽，这辈子做物业。"这是物业人对本行业的一种自嘲。这也给了中奥物业一个非常好的实现抱负的契机：物业管理是一项以服务为本质，以管理体现服务的工作，要想做好管理，一定要解决好物业服务从业者的这种全天候、低层次、基础服务工作的难度与压力。

业主满意是物业管理企业生存的基础。龙为民主动和业主接触，了解服务中存在的问题。服务的及时性是业主的一大诉求，如何提高员工的执行力是龙为民的一个重要课题。为了让细节成为规范，龙为民建立了一套比较完整的工作规范标准："三标一体化"管理体系。业主不是物业公司的对立面。一束鲜花、一个微笑，用爱护家人的态度爱护业主，往往能将矛盾在"尽在不言中、无声胜有声"中化解。

作为一个综合性较强的服务性行业，高效的物业管理规范不仅可以令业主得到更高的服务，也有助于中奥物业树立自身的品牌形象。龙为民开展了企业文化、理念认知和三标文件等心理和技能方面的系列专业培训,提高员工的整体素质。《国际管家资质证书》的引入,更是开物业从业人员管理培训的先河,从简练、实用、有效的角度,为中奥物业提供全面的、精细化的操作实务培训。正是由于有到位的培训,中奥物业服务质量大幅提升获得了良好的口碑。

只有服务好员工,才能服务好业主。龙为民组织员工问卷调查,倾听员工心声的同时,也收集了不少的合理化建议。员工如有疑难问题,公司都会迅速作出反应,以人文关怀促进公司和谐健康发展。

物业企业要实现稳定发展,有两种方法,一种是"挣",一种是"省"。"挣"就是要学会"开源"——增加客源,赢得口碑,为公司带来丰厚的利润。"省"则要懂得"节流"——杜绝浪费,提高效率,把公司的物力和人力成本都降到最低。简明高效的"连挣带省"的管理方法,其实就是让公司在外部和内部同时服务,让这种服务创造更高的价值。龙为民在这方面做到了极致。

利润是设计出来的。运营资金预算能抓住偷走利润的"盗贼",把成本降到最低。物业服务是"以收定支"的行业,预算管理的重要程度不言而喻。预算是物业一个有效的量化管理工具。预算管理不是一个纯财务的理念,它的本质是管理,帮助企业动员、协同各种资源,取得最佳的管理成效。预算的金额要合理,可执行,其目的不是削减成本,而是节约成本,为实现目标提供合理支援。只有各业务构成和各业务流程实现了全面预算管理,预算才能得到有效执行。将总体预算与日常工作紧密结合在一起,使数据化落实于每个成员,才可以真正将企业战略落到实处。

只有深入了解业务内涵和其背后的逻辑,才能做出不疏不密的预算管理。龙为民对中奥到家集团的总体战略、业务内容、管理重点都能做到心中有数。为了全面推行预算管理,龙为民主导重塑组织结构和企业文化,取消区域公司、城市公司的层级,分公司直接到项目。总公司——分公司——项目的三级组织架构,让资源朝着目标奔跑。龙为民深知管理目标必须靠人来实现,管理过程也是改变和塑造人的行为以达成预期目标的过程,因此既要预算控制,也要预算授权,通过预算执行报告与预算沟通,加强预算内部审计,其间还应设计可控的阶段节点,将每个细节都监控到位。良好的预算考评与激励,是驱动中奥到家集团发展的正能量。在中奥物业,"协作大于分工",提出协作需求、接受协作邀请都是公司内部"做事"的惯例。在塑造鼓励合作的文化的过程中,预算管理发挥了重要作用。中奥物业的管理实践将预算提升到了文化的层面,更加彰显了预算管理的价值。

在预算管理中,通过变革机制,充分赋予中奥物业员工权利,将企业财富与中奥物业员工的成长相结合,在增强员工战斗力的同时,也为企业节省下大量的成本。其结果既提高了中奥物业员工的收入,又实现了中奥到家集团利润的稳步增长。

二、"野生动物"团队养成记

　　团队管理，基础在于团队。而团队建立得适当与否，直接影响着团队管理成效。随着工作日益复杂，很多事情实难靠个人独立完成，必须有赖于团队合作。

　　让业主享受"更好、更美、更满意"的物业服务，是中奥物业团队发展壮大的内在驱动力。20世纪80年代初，专业化的物业服务在中国内地顺势孵化。1994年3月建设部出台《城市新建住宅小区管理办法》，确立了城市新建住宅小区物业管理的新体制，也指出了我国房屋管理体制改革的前进方向。这时的刘建，看到物业服务的春天已经来了。

　　从1998年广州奥林匹克花园物业管理开始，3000多个日日夜夜，刘建始终以服务业主为己任，勤勤恳恳地为业主利益奔走忙碌，为此倾注了全部热情和心血。2000年，团队规模发展到300多人，刘建慧眼识才，聘请陈卓任职客服部主管。能力突出的陈卓，只用不到两年，就和同事梁兵一起成了刘建的左膀右臂。从最初的服务一个楼盘，发展到服务面积超过千万平方米，刘建、陈卓、梁兵三人一步一个脚印，付出艰辛，收获快乐。

　　人间的事情很少有根本做不成的，其所以做不成，与其说是条件不够，不如说是由于决心不够。2008年，初次踏足华东地区的刘建等人，在租来的简单办公室里，将自己多年的物业服务要诀诠释到位，竞标宁波的一个楼盘成功。这让刘建更加坚信，第三方物业未来的路一定是阳光的。走出去，让刘建坚信中奥能为第三方物业做得更多、做得更好。

俗话说："一个好汉三个帮。"成功的团队建设，是组建智囊团或执行团，形成团队的核心层。充分发挥核心成员的作用，才能使工作目标变成行动计划。怎样才能让优秀的人才与自己并肩作战，壮大实力，参与到全国各地物业中竞争呢？

每当回忆起20年前，在桂林漓苑宾馆一碟花生米、一坛三花酒的日子，刘建的心里都会涌起一股暖流，他始终没有忘记那个当年一起意气风发的同事。流年似水，但是他们的情谊并不是过眼云烟。当年刘建和龙为民虽然各奔东西，但是在电话里经常交流。刘建欣赏龙为民的酒店管理能力，也对他在酒店管理业界的良好口碑感到欣慰。刘建期望龙为民加入第三方物业的大军，在多次交流中，也不只一次提到共事的意愿。持续一年的邀请，让龙为民感受到刘建对物业事业的热情。在交接好酒店管理的最后一班工作之后，龙为民飞到了广州。这次见面，刘建得到了龙为民的大力支持。经过龙为民的多番努力，曾经在桂林漓苑宾馆共事的陈刚也被中奥物业的愿景打动，加入了这个大家庭。

是认真敬业的服务精神，让刘建结缘了志同道合的队友；是刘建的信赖与支持，让龙为民、陈刚感到了中奥物业的真诚合作；是缘分和坚守，让中奥物业多了两位帅才。

拥有自信，然后全力以赴，具备这种观念，所谋事情十之八九都能成功。

好友对中奥物业的信任和加盟，给刘建增添了更多的信心和勇气。中奥物业在团队核心成员的共同努力下，秉持"更好、更美、更满意"的服务理念，以服务好业主为天职，和广大业主一起，为千家万户营造出了舒适、温馨、和谐的美好家园。

出身于酒店管理的中奥核心团队，创建出脱离房地产商庇护的独立第三方物业，要想达到预期目标，只有将百分百的意愿乘以百分百的正确方法，赋予百分百的执行，才能成功。

中奥物业用行动凝聚了一个伟大的团队，刘建总裁自豪的称之为："野生动物团"。让每一位员工认识到，能成为中奥物业的员工、成为中奥人、成为中奥管家、得到"白金管家"的培训，将无比的骄傲和自豪。

独立运营初期，物业管理服务还不成熟，服务标准不够规范，物业从业人员的归属感普遍不强。他们来自不同的行业，每个人都有不同的要求、动机和背景。中奥物业和所有成员一样，在摸索中学习、前行，这就要求管理者要有意识地帮助中奥人完成入职后各阶段的成长，让他们了解物业服务业的特点，制定精细化的服务标准以及项目实施的具体方案，创造环境，提高团队成员的学习能力，使团队在温馨的气氛中健康发展。龙为民知道，只有加强团队建设，提升员工动力，才能解决企业发展过程中的一切问题。

精英训练是团队建设中非常重要的一个环节。

建立一支训练有素的物业服务队伍，能给团队带来很多益处包括：

提升服务能力；

提高整体物业从业者素质；

提高业主满意度；

改进物业服务行业弱小落后现状；

实现中奥物业的伟大愿景。

要把中奥物业做大、做优、做强，不仅要靠有形的人力、物力，还要靠无形的文化凝聚，通过企业文化的力量，把广大员工的智慧和力量汇集起来，发挥出来。管理者围绕公司的核心价值观和发展目标，本着贴近服务、贴近一线、贴近生活的原则，制定企业文化理念体系，确保企业文化体系在公司准确、快速、全面落地生根。通过开展一系列企业文化培训，在传承发扬企业文化的基础上，把企业理念渗透到每一个岗位，渗透到工作的每一节点。通过调动广大员工向身边的模范学习，促进广大员工自觉认同、践行中奥物业的企业文化。

龙为民充分运用企业文化的理念振奋精神、凝聚人心，持续提升服务品质，更好地为实现中奥物业发展目标服务。他告诉大家不管在哪个岗位上，只要用心做事，都会赢得掌声。因为落后，因为独立，所以我们要更加努力奋进，加强学习。

酒店管理经验帮助中奥物业提高物业服务水准；中奥物业将来一定是物业服务业的标杆；努力加油干，中奥人一定行；成功者是不会轻言放弃的；做得对，继续干，立即行动……这是中奥物业团队的自我成功的训练方法。

这种中奥人"野生动物团"的自我要求和培养过程，让员工坚信服务是人生的必须，也是人生幸福的源泉。每一个中奥人的知识相互补充，在行动的时候就会更加协调互助、思想相通、情感相连。中奥物业摆脱了雇佣观念，管理者和员工一起，探索物业服务的标准，尊重每个人的公平权利和劳动成果，让员工和管理者平等与互助。

一个把广大业主当做亲人的企业，一定有一个把员工当做家人的企业文化。这是中奥物业核心创始人的感情，也是每一个中奥人加入中奥大家庭的第一个感受。从成为团队成员的那一刻起，中奥人彼此握紧温暖的手，勇敢面对每次挑战，"第三方物业更好服务业主"的初心也在每个人心中播下了责任的种子。每个人将这个责任放在心中，就会全心全意地在自己的岗位上尽责尽职，全力以赴。

2011年11月，控股股东兼董事刘建，以总价人民币400万元向龙为民、梁兵转让其中奥物业40%股权。从雇员变成股东，大家更勇于奋进了。

中奥物业还开展了3S3P4A股权激励项目，这让公司未来的战略目标更加清晰、明确，公司企业文化更具有影响力，公司制度更加科学合理，检查监督更加透明公平。

中奥物业不断强化团队意识，以合作的态度不断凝聚人才，为中奥物业的目标共同奋斗。服务的共同、信仰、价值、规范，令中奥团队众志成城，不断成长发展，铸就了今天的中奥到家集团。

三、十年真诚造就信任之城

中奥善待与每一个成员共同成长的日子。中奥物业转型升级,着重表现在对业主的善待上。善待是中奥的企业文化,是构建成功的商业逻辑的前提。善待业主,才能获取客户信任。没有满意的善待,就没有生意,就没有信任,而信任对于所有的群体都很重要,尤其是商业上的。

2015年11月,中奥到家集团在香港成功上市,标志着中奥到家正式登上国际资本舞台。集团董事局主席刘建,集团副总裁兼执行董事陈卓、梁兵、龙为民,副总裁陈刚,和中奥的全体员工、中奥的合作伙伴、中奥的业主们共同见证了中奥到家这一意义深远的时刻。中奥人的使命,就是为业主创造更加幸福美好的生活,实现客户、股东、社会及其他利益各方的互惠共享。站在新的起点上,中奥人感谢所有支持中奥到家的伙伴。

在物业服务中,"对立"是不利于沟通的错误态度。选择了合作,就要敞开心扉,互相信任,了解对方。真正理解别人,才可找到彼此的共同利益,培养信任感。尊重、理解、信任是消除物业盲点的基础。中奥物业在十几年中,以"更好、更美、更满意"的服务,赢得了大家的信任。

中奥物业从起初独立出来的第三方物业,到成为中国物业管理企业品牌价值十强,其发展的每一个春秋,都浸透着中奥人的心血和汗水。中奥人努力创造客户价值,超越客户期望,追求卓越服务,实现了多方信任共赢。

借助酒店管理的跨界思维和不断创新,十年间,中奥到家集团的业务广布于全国各地。中奥人强化责任意识,每个人都尽心尽力、尽职尽责,让客户满意；强化创新意识，在工作中思考，多为工作找方法，有效帮助公司更好发展；强化结果意识，用原则做事，用结果交换，努力为客户创造价值。

物业服务的工作内容很琐碎，看起来、做起来不起眼，但是一句话、一个动作都会决定或者改变一件事的后果。这是一个与千家万户频繁接触的服务性工作，每天面对千万个业主，让所有业主满意是一件很不容易的事情。超越客户价值，是每一位中奥人的努力方向和不懈追求。

微笑服务是服务行业的基本要求，是优质服务的重要内容。作为开展小区物业服务的润滑剂，中奥人用微笑服务架起了与业主良好沟通的桥梁。能够从内心发出真诚的微笑才是做好物业服务的前提，才可赢得业主的信赖与支持。在中奥物业服务的领域里，你可以看到一张张可爱的笑脸，用微笑迎送着不同客户。中奥人以看似简单的微笑，用真诚感动了客户。中奥人始终以相同的坚定信念，铭记自己的责任和使命，立足平凡岗位，默默奉献，奋斗在最基层的业主面前。保洁员夏季及时排除马路上的积水，冬日，清扫楼间小路上的残雪落叶。她们是舞动在楼宇间的精灵，被业主形容为"园区的美容师"。秩序维护员对入住业主的车辆过目不忘，被业主称为"比警察都放心的好协管"。他们的每一个敬礼都包含着对业主的尊重。指挥停车时声音响亮、动作标准。晚上为了避免上下楼梯发出声音，干扰业主休息，上岗前都统一将皮鞋更换为软底鞋。监控员拿着对讲机，在监控屏幕前对园区的各个位置进行24小时实时监控。发现老人、孩子跌倒、垃圾桶冒烟等，他们会立即通知附近岗位的同事跟进处理。工程维保部是社区训练有素的"突击队"。他们以丰富的工作经验保障园区设施设备的正常运行。有水管爆裂、停电等，大家组团抢修，任劳任怨，"不能耽误园区的正常供水供电"是他们的郑重承诺。

中奥人珍视所托，一如至亲，在自己平凡的岗位上，日复一日，辛勤工作。节日里，寒冬中，酷暑下，默默守护着万家灯火，守护着平安与和谐，不断把服务做到更好、更美、更满意。精细管理，精诚服务；守信敬业，专注品质；满足客户，更加和谐；放心管家，服务到家。这就是实实在在的中奥到家。

每一个中奥人都是大管家，中奥管家让业主享受到中国最尊贵的服务，享受社区生活的乐趣。业主入住一个环境优美的小区，日常的家务如洗衣、做饭、擦地、扫房、刷碗、买菜、买电器、买家具等实务都可以交给中奥物业的管家。

中奥人站在业主的角度，每月都举办各类社区文化活动，以丰富社区的文化生活。这样的举措，从开办以来得到广大业主的积极参与和喜爱，尤其是在节假日，中奥人放弃和家人团聚的日子，为业主开展节日特色主题活动，为小区的平安与和谐默默奉献。许多热心的业主都对中奥人报以真切的关怀，这是一种相互之间的理解和关爱。中奥人与业主建立起了有温度的链接，中奥人和业主共同创造出美好的社区生活。

当今社会，每个人都承担着一定的责任，企业的责任更大。中奥人始终将责任放在心中，不仅在自己的岗位上尽忠尽职，全力以赴，还扛起社会责任，以实现更大的发展。每当有大的灾情，中奥物业就会挺身而出，联合社区开展救灾献爱心活动。在汶川地震、新疆抗暴、冰雪灾害、台风侵袭等关键时刻，中奥物业都充分发挥物业服务队伍作为社会建设的生力军作用，你我齐动手，用实际行动向灾区人民送去温暖爱心，让中奥人和业主心里更加踏实、放心。他们体会到，这是一个有责任感、有担当的企业，而责任和担当恰是一个企业生存与发展的重要动力之源。

中奥物业在服务规模、服务品质、服务绩效、发展潜力等方面的专业优势，得到业主、行业和社会各界的高度肯定。当然中奥物业还有很多地方不完美，面临诸多考验。中奥到家集团在政策与市场的双重要求下，正在企业运营、产品创新、增值服务等方面全面升级，探索增值服务新模式。从 2015 年中奥到家 O2O 服务平台落地，再到中奥到家围绕用户需求提供定制化、全场景的物业服务，在成为社区生活服务供应商的路上，中奥人正在不断开拓物业服务行业的崭新空间。

四、创新，一直在路上

中奥到家集团的管理者在物业保值增值、业主服务体验和精神文化享受方面的不断深耕，铸造了精细的服务品质。为了让中奥物业能够跟上甚至超越国际一流的服务品质，管理者积极学习，以海纳百川的胸襟，在企业管理、经营理念、社会责任等方面不断突破。

一个企业的创新，首先从理念创新开始。中奥物业的理念创新，首先在于认识到，要满足业主持续增长的多元化消费需求，中奥物业就应该超越传统物业服务的"物的管理"，更加注重"对人的服务"。

当人们越来越追求建筑的精品化和个性化的设计，人们对硬设施的要求越来越高时，中奥物业却意识到，物业的软服务带给业主的品质与感官享受，会比建筑本身更细腻、更深刻，管家式的服务更能给业主家的感觉。

2007年，中奥物业携手英国管家行会及其合作伙伴英国爱博有限公司，引入"白金管家"服务概念，中奥物业成为国内首家导入以尊贵、全面、细致闻名的英式白金管家服务的物业服务公司。配合广州高档别墅区"南沙奥园·狮子洋1号"的整体发售，"白金管家"服务在广州房地产界开国际化先进管理的先河，是高端住宅物业管理服务的里程碑式的跨越。中奥物业率先实践世界级"白金管家"物业服务模式，让业主尽享英式管家服务的尊崇。

企业的成长比成功更重要。管理者关注中奥人与中奥物业的共同发展与自我提升。中奥物业的人才培养，要以岗位能力模型为基础，以双通道发展打通员工瓶颈，以训练、培养、辅导为载体。人才的储备，则首先从年轻人抓起。作为中奥人才培养和储备的重要举措，中奥到家集团与宿州学院联合开办物业管理专业本科班，与国家开放大学番禺学院合作创办"中奥到家集团白金管家学院"，与马鞍山职业技术学院合作开办"白金管家班"，搭建培训平台，营造学习生态圈。学校和企业强强联合，优势互补，资源共享，为中奥到家集团的战略发展输送更多的优秀物业管理专业人才。通过与学校合作，集合物业服务青年才俊，迈开了"校企合作，定向培养"职业人才的"新时尚"。"私人定制"的合作教育模式，以学历为突破口开启中国物业高端服务教育品牌新浪潮。白金管家学院不仅填补了国内物业行业高端人才教育的空白，更开启了物业行业服务的全新标准和创新模式。

紧跟"白金管家学院"的步伐，无疑是把握未来物业服务精髓的捷径。中奥的管理者定期前往合作的开放性学校，与学员进行交流与培训，包括对中奥企业文化"白金管家"礼仪、人事后勤制度、物业专业课程、管家主任固化、实操技能、财务专业知识等的培训，将人才培养与企业人才管理实际高效地结合了起来。中奥的管理者为学员颁发结业证书与"国际白金管家"资质证书，实现了物业服务人才的精准识别。

人才是企业最大的财富。如果企业只有创新的价值观和创新精神，而缺乏必要的与之相应的制度与人事安排，那么企业的创新很可能只能停留于观念上。中奥的管理者意识到，人力资源工作的先觉任务就是组织与管控模式的建立和完善，管理者不仅要让人才各适其所，更要让人才在自己的岗位上精益求精，为企业创造出财富。想让员工的梦想在中奥飞扬，令其清楚认识到自身的价值和潜能，公司的机制就一定要变革。

制度创新是企业创新的基本保证。在物业服务行业，只有合作，才能更好地发挥团队力量，在激烈的市场竞争中立足。中奥人在现有的条件下，突破企业的自身局限，创造出更多的适应市场需要的新体制、新举措。他们将组织结构扁平化，创新组织体系的设置，管理者充分授权，将分公司企业化；提升员工的自信和自治能力，既授权，成为了传授本事，让员工自信。

到2017年底中奥到家集团，将项目经理直接隶属于分公司，集团只做集团各子公司的监督、反馈。子公司也站在集团的立场思考问题，运用团队智慧，完成业务开拓，从而成为集团的"隐形领导者"。

优秀的制度背都包含着"权、责、利"三项要素，管理者牢牢把握这一点，权重平衡得当，在实践的过程中才不会陷入各重架构间的心理对立当中。在这样的制度下，每一位员工都是中奥到家的管家，为集团累积财富，不仅关系到集团的发展，也与自身的利益息息相关。中奥的绩效管理以业绩与执行为导向，突破重点，兑现结果，并建立起业务重点指标的奖励机制，进行专业的评级考评，对项目合伙人团队的高绩效指标，完成后予以奖励分成。基于预算云平台的全面预算管理系统，将事项目标和考核主体以及兑现承诺都一一事先明确，增加透明度，使集团各成员在同一标准下进行竞争，从而最大限度地保护子公司的积极性。子公司帮助集团节约的资金，集团以分红的形式奖励给子公司。2015 年，中奥到家集团一项融合人性与管理实践的创新激励制度——分红制度正式落地。在这一制度的激励下，每个中奥管家可以做更多有意义的事。

"管家服务"始终都是中奥发展壮大的重要一环。在巨大的机遇和挑战面前，中奥到家积极拥抱新事物，探索新路径，"一件事情接着一件事情办"，运用"白金管家"服务优势，创新经营孵化。中奥到家依托"物业＋商管＋资管"三大产业核心及广泛的客户群，进军互联网 O2O 领域。在增值服务战略上，中奥到家依托独有的管家服务模式、经验丰富的团队、住户人口结构及战略合伙等，提供商品线下配送等服务，在原先物业管理业务线、协销业务线的基础上，开展第三大业务线，透过社区 O2O 平台向住户提供多元化的服务及产品，同时改进现有的物业管理服务，为中奥到家"放心管家、服务到家"提供更深层次的生活解决方案。

通过管理数据、服务数据的共享融合，提高业主需求把控的全面性，中奥完善了物业服务机制，形成与业主一致的预判机制。通过集中交互培训的方式，中奥实现跨界学习，促进多层次服务人才、创新型服务团队的培养。依托"爱到家"平台，中奥放心管家的服务范围扩展到房屋的验房、装修、社区维护与后期的出租、出售的纵向延伸，以及生活中的美食、美甲、旅行、养老、宠物、教育、理财等生活服务的横向延伸。O2O 平台模式增加管家的职责，丰富管家职务的内涵，为广大业主提供"放心管家、服务到家"的极致体验。

中奥通过实地O2O团队筛选、推荐商户，及按照业主数据采集分析的结果量身定制，从而更切合住户需要，如此既实现了业主喜好的产品与服务，又增强了与实体经济的融合。中奥到家正在融合更多产业，不断拓宽服务范围，构建中高端定位、覆盖住宅商业等多业态、包含健康教育养老等重点产业的服务集群，从而建构起共享更加便捷和睦的社区形态。

在新的十年，中奥到家与嘉御基金和易居中国合作，实现O2O生活平台的专业化运营；与1号店、实惠资源共享，更好地服务于业主与居民。通过资源整合，重组的方式，一步步给中奥到家服务赋能，链接商业物业、线上线下，完善团队构架与资源配置，人、事、物互联互通，形成合理的服务生态系统。

在互联互通的过程中，中奥到家还将进一步挖掘业主需求，拓展强大的链接资源能力，提升在健康、商业、教育、金融、文化、社群等生态圈的多元服务。中奥到家将建设互联网信息化系统，处理由此产生的大量业务数据，把流程化管理和知识标准嵌入各个工作环节，提高成本控制能力，做好现代化物业服务的升级。在全社会移动互联及大数据的背景下，中奥到家将重点强化信息化升级改造，建立和完善管理制度，完成行业自律制度体系的总体构建，从而进一步支持云计算、人工智能和社区商业的发展。

共享信息化是中奥到家未来新的生产力。把握机会，全力以赴，中奥人一直在创新的路上。

第三章

发展，需要冷静而坚决的态度

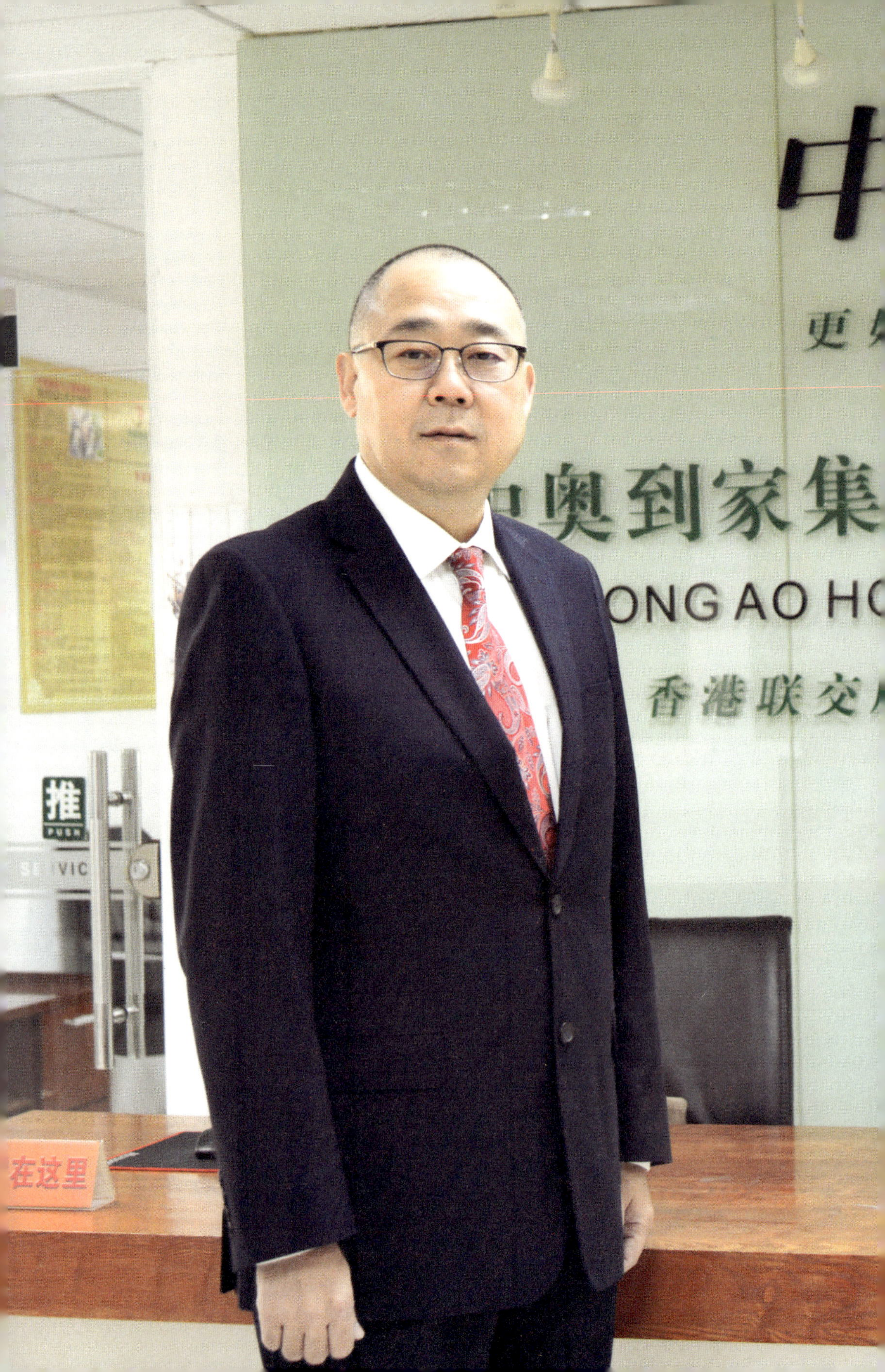

更
奥到家集
ONG AO HO
香港联交
推
PUSH
在这里

更美 更满意

（中国）有限公司

GROUP（CHINA）LTD.

市编码:*1538.HK*

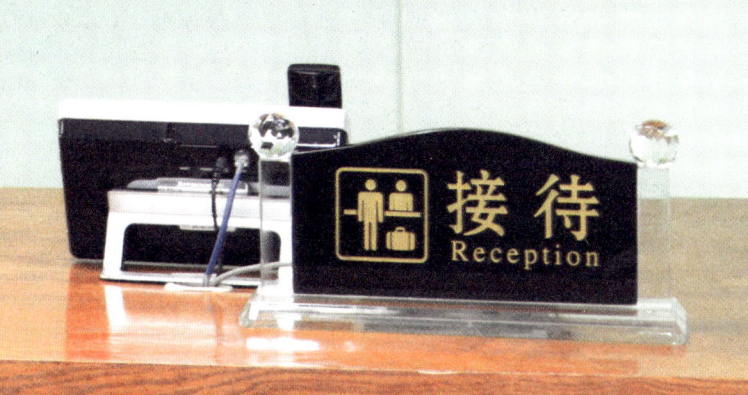

接待
Reception

1538
ZHONG AO HOME
中奥到家
NOMINAL
PRV CLOSE
BID
2.07
LOW
TURNOVER
SPREAD
LOT SIZE
CURRENCY
PRE-ORDER MATCHING

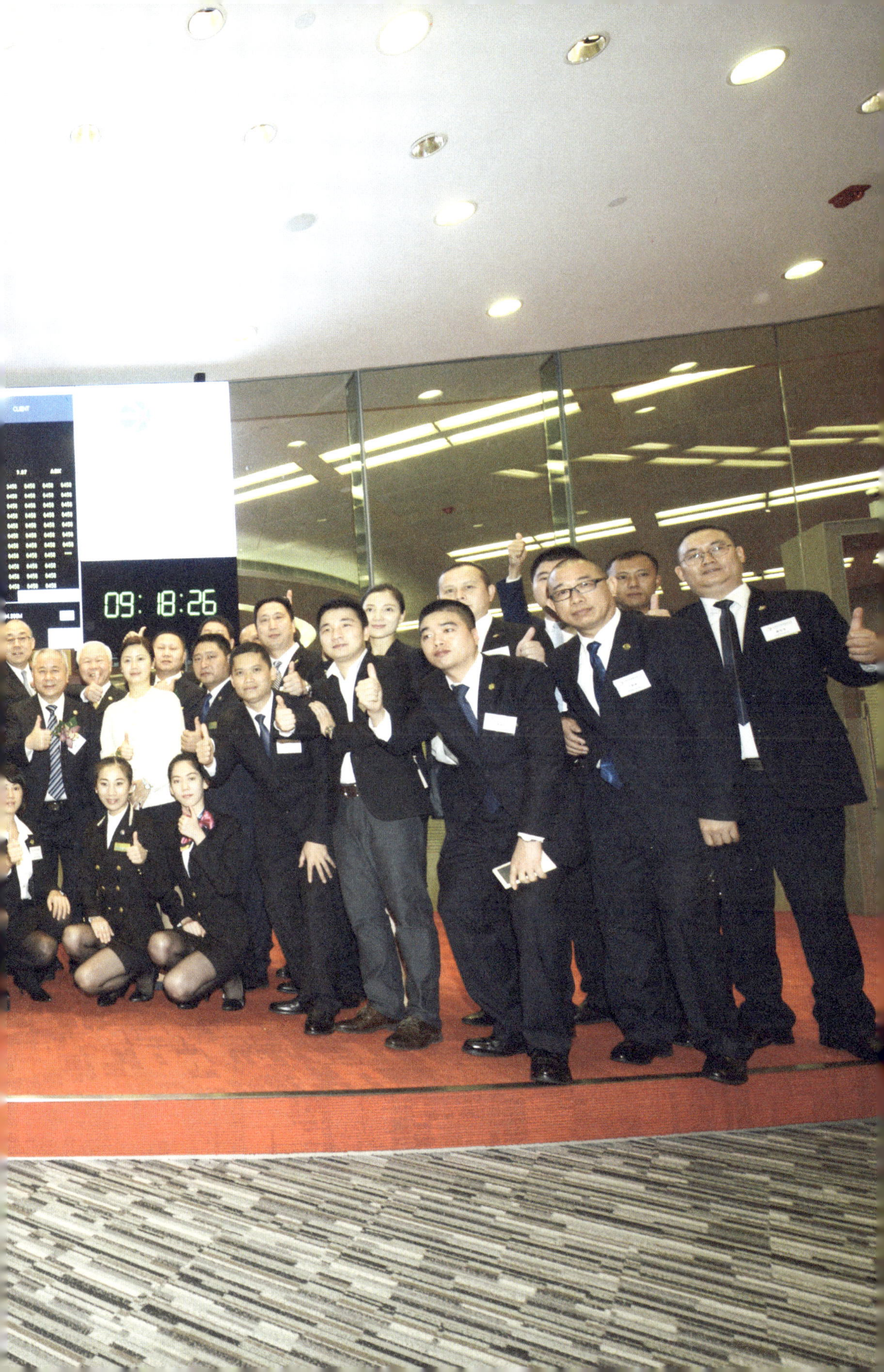
09:18:26

一、发展与并购中的中国物业企业

"中国物业的蓝海市场已经不复存在，现在的物业市场已经是一片红海。"中奥到家副总裁梁兵说。10 年前，在房地产市场高速发展时期，无论是创业者还是投资者，都是不关注物业企业，许多从事物业行业工作的人甚至都转行去了房地产业。2015 年，随着中国宏观经济的结构性调整，服务行业已经成为支撑经济增长、实现结构转化的优势产业，房地产服务业作为服务业的重要部分，其作用也更为突出。近年房地产市场已逐步进入存量时代，作为房地产服务业核心之一的物业服务，重要性日渐突出，在房地产服务业中扮演着越来越重要的角色。随着消费的转型升级以及移动互联等新技术的广泛应用，互联网思维也加速向物业管理领域渗透。在上述多方面因素的驱动下，物业管理行业的价值持续凸显，从业者和投资者的目光更多地转向这片市场蓝海，物业管理行业开始变得炙手可热。

随着一大批优秀的物业服务企业先后在香港挂牌上市，物业服务企业成为了资本市场的香饽饽。2017 年，南都物业在上海上市，标志着物业管理企业成功登陆 A 股市场。目前物业服务企业的发展已呈现空前繁荣的景象。

资本市场的青睐，促使物业管理行业愈加快速发展。资本已经成为促进物业行业提速前行、创新发展的重要外部驱动力。物业企业通过融资，在行业内展开收购、兼并、重组，加快了企业规模扩张和资源整合的进程。与投资企业的深度资源整合，则让物业管理企业在创新发展中，开始了多样的探索，从而极大地拓展了现代物业管理服务的内涵与外延。

从长远趋势来看，物业管理市场将逐步走向集中化。据《2017中国物业服务百强企业研究报告》2016年，百强企业管理面积为54.50亿平方米，占全国物业管理面积的29.44%，市场占有率接近三成。同期，全国前十强物业企业市场占有率提升至10.18%，较上年提高2.54个百分点。强者进一步占有市场，扩大规模，而大量中小物业服务企业无论是服务面积，还是经营收入，每个企业个体都微乎其微。随着物业管理市场的发展，行业整合将是必然的趋势。

进入21世纪，中国的物业市场得到快速发展，分析百强物业管理企业的发展，有房地产开发商背景的物业企业具有先天优势，在发展中抢得了先机；独立第三方物业企业则依靠管理和服务，在竞争中厚积薄发。但两者有一点是相同的，那就是他们都经历了一条圈地扩张到收购兼并的道路。具体来说，这一路径包含以下几个阶段：

1. 精心布局，实施业务扩张战略

上世纪90年代，中国物业企业萌芽，初期九成的物业企业是借助房地产开发商背景进入物业管理市场，随房地产开发公司地产项目的拓展而扩大自己的市场。第三方物业管理公司，虽然企业数量很少，但其市场拓展思路更多是出自自身对市场热点的敏锐把握，相比之下，其经营更加市场化。

有开发商背景的物业管理企业的业务开拓固然不以市场为导向，但其母公司的房地产开发商还是百分百忠于市场的，所以客观上讲，无论哪一类型的物业管理企业，最终都在扩张过程中，达成了一致步调。从《2010全国百强物业管理企业研究报告》中可以看出，2009年，物业管理全国百强企业主要集中在以珠三角为中心的华南地区、以上海为中心的华东地区和以北京为中心的环渤海地区。这几个地区是中国经济热点区域，也是房地产发展最快速和成熟的地区。北上广深的楼市走向一直是全国楼市行情的风向标，同时也决定了这些地区又是中国物业管理市场的热门区域。

房地产市场的快速发展，使得物业管理企业的地域覆盖率逐年提高。物业管理行业快速发展，其布局战略也由一线城市、重点区域，转移到重

点城市和重点区域，比如西部大开发战略之后的四川、重庆地区，也逐渐成为物业企业争相进入的重点市场。2010年，完成了全国战略布局和发展积累的有竞争力的物业管理企业，无论在规模实力、专业能力，还是在品牌影响力等方面，均有了较大的提升。在全国房地产市场快速发展的背景下，他们又进一步加速推进全国布局或完善区域布局。据统计，有近20%的企业进驻城市超过20个，有近25%的企业进驻城市在10-20个之间，在全国范围内，多个物业巨头已悄然形成。

2、项目深耕与城市深耕，由一线城市向二三线城市渗透

作为与房地产行业紧密相关的行业，物业行业的发展受到房地产市场的直接影响。2012年，随着宏观经济调控的深入，房地产市场猛烈发展的势头受到遏制，全国房屋竣工总面积同比下降，这也直接导致了物业行业新签约项目增幅有所放缓。面对新的形势，物业管理企业也调整了市场策略，由布局全国市场转为深耕策略，对现有的区域和项目进行深度拓展，进而完成其市场扩张计划。

房地产市场受政策影响给物业行业带来了冲击，为了降低冲击的影响，物业服务企业通过对项目实施深耕策略，扩大已有项目的服务面积，同时对已经布局的城市实施深度拓展计划，扩大经营规模，推进服务项目数量，物业管理面积逐年递增。据统计，2012年，物业管理百强企业在管项目面积均值1354.3万平方米，同比增长27.6%；在管项目数量平均79.3个，同比增长10.1%。可以看出，项目深耕与城市深耕市场效果不俗，百强企业的优势进一步扩大。

热门区域的市场竞争格局日益明晰，加之房地产开发企业的重心逐步转向二三线城市，物业管理企业也开始逐步向二三线城市市场发力，通过对二三线城市的渗透，部分物业企业进驻城市的数量迅速增加，以至于基本实现覆盖全国市场的趋势。另一部分企业则通过对二三线城市的拓展，实现了由区域性企业向全国性企业的转变，企业进一步发展壮大。

3. 借助资本力量，兼并收购，规避市场风险

随着近年来国民经济宏观政策的调整、消费的转型升级，以及移动互联等新技术的广泛应用，物业管理行业成为投资热点，许多物业企业借助资本的力量，开始市场兼并和收购，提升自身的竞争能力，以进一步深化市场布局。

企业以兼并和收购的方式拓展布局，是迅速扩大市场规模的良好策略，也是物业服务企业追求规模效应，实现企业扩张和持续发展的必然选择。兼并和收购可以很好地克服企业在拓展中水土不服的问题。中国幅员辽阔，各个城市和地区存在文化差异，物业服务的发展水平也不一致，物业企业自行拓展的项目很容易出现水土不服，项目承接难度加大，管理成本增加。采取兼并的方式进行市场拓展，可以在较大程度上保证当地项目当地人管理，从而规避风险。兼并和收购还可以节约经济成本和时间成本，在保障企业完善市场布局的同时，缩短所进入市场的培育时间，有效利用现有资源，实现资源优化配置，节约成本，提高效率，达到多向共赢。

随着国家产业结构的优化和产业融合的加速，企业兼并重组将成为市场常态。优胜劣汰机制较以往将会更加凸显，在资本介入的助力下，强者更强、弱者淘汰的现象也将成为常态，行业集中度将快速上升，品牌企业凭借其优质物业服务能力，在开拓市场、提高市场份额等方面的优势将进一步确立。

除了在行业内实施并购之外，近年来物业管理企业还通过对产业链上下游企业的并购，实现业务的快速扩张。如通过兼并或业务延伸，进入房地产管理咨询、工程管理、清洁绿化服务、养老服务等领域，实现物业管理行业从传统服务业向现代服务业的转化，推进物业管理行业的可持续健康发展。

二、中奥到家的发展并购之路

中奥物业 2005 年成立伊始，创始人刘建就赋予了这个企业这样的使命："成为领先中国物业服务行业并令人尊敬的典范企业。"多年来，公司一直矢志不渝地朝着这个目标前进，在刘建和公司领导团队的眼中，中奥物业的未来是向全中国物业市场发展。

所谓"狭路相逢勇者胜。"当年带着必胜的信念，刘建等人敢打敢拼，就这样闯出来了。2006 年，中奥物业开始在广州以外地区设立物业服务办事处，拓展业务。同年，获中国物业管理企业促进会、中国房地产开发商协会、中国房地产年会组织委员会及中国物业管理高峰论坛组织委员会认可为"中国综合实力百强企业"及"中国最佳诚信品牌企业。"2007 年，中奥物业获第四届中国物业人气榜组委会认可为"广州最受业主信赖十大物业管理品牌。"2008 年中奥物业获中华人民共和国住房和城乡建设部颁发物业服务一级资质证书，成为全国物业行业 AAA 资信服务品牌十强。2009 年中奥物业通过 ISO9001、ISO14001 及 OHSAS18001 认证，获得中国物业行业"金管家"最具综合实力企业，以及"2009 中国物业服务百强企业"称号。2010 年当选中国物业管理协会理事单位，荣获"2010 中国物业服务百强企业"，被评为"2010 年中国物业管理行业十大标志性品牌"。

此后中奥物业连续多年获得"中国物业服务百强企业"，2016 年进入中国物业管理企业综合实力八强，同年获得"消费者最信赖十大物业管理单位"称号，又在 2016 中国蓝筹物业年会上荣获"中国蓝筹物业"与"最具投资价值企业"两项大奖。

上述荣誉反映出中奥物业业绩的迅速增长和企业的发展壮大。2015年随着中奥到家集团的成立、易居中国和嘉御基金的注资以及在香港的成功上市，中奥物业完成了由发展型企业向龙头企业的蜕变。至2017年12月底，中奥到家已经由广州拓展到北京、上海、重庆及全国11个省区，在多达43个城市管理着500个物业项目，管理建筑面积6670万平方米。公司基本完成了环渤海经济圈、长三角经济圈、珠三角经济圈的企业发展布局，同时在我国中西部地区发力拓展业务，全国性的战略布局基本形成。

在布局全国重点市场的策略指引下，中奥物业利用自身高效的管理水平和出色的成本控制能力，在激烈的市场竞争中占据着主动位置。自2015年中奥到家在香港上市以来，公司一直采取稳步发展战略，在区域深耕和项目深耕的同时，以物业消费意识和能力较强的经济相对发达区域为主要发展市场，稳步实施市场并购计划。2016年2月5日，中奥到家以1206.6万人民币收购上海怡东物业70%的股权，约100万平方米的物业管理面积纳入麾下；同年3月，中奥到家又宣布收购浙江永成物业257个项目共1916万平方米的物业管理面积，从而使公司的管理建筑面积由2015年末的1555万平方米增加至2016年末的3710万平方米，年度增长138.6%。中奥到家副总裁梁兵透露，中奥到家的兼并计划，在地区上主要将以兼并和收购以物业消费意识和能力较强的经济相对发达区域的企业为主，在规模上，倾向于大型物业公司。在今后一段相当长的时间内，中奥到家的并购之路都将持续进行，但在物业行业受到重点关注的当下，如何在并购过程中保持自己的节奏，保持清醒的头脑，以及在并购之后如何推进项目稳步发展等问题，中奥到家的管理者也有深刻的认识。

1. 稳字当先，执行并购的双标准

在上市之前，中奥物业凭借良好的经营能力，已经开始积极寻找并购和合作对象。在当时的市场上，只要是满足合约管理建筑面积超过3万平方米的大型物业，并收取较高的物业管理费、管理状况良好、地域集中且适合推进中奥到家的物业模式及策略的物业，均可作为公司并购的目标。

2015年中奥到家上市后，在上市公司的光环下，许多物业公司主动找上门要求合作，一时间，中奥到家选择多了许多。

在这个过程中，公司管理团队发现了问题：首先，物业行业在市场的盲目追捧下，估值居高不下；其次，一部分公司缺乏健全的财务制度，与之对接难度加大。这使中奥到家不断调整完善自己的并购条件，从而形成了并购的"双标准"，即：

第一、并购企业不少于200万平方米的在管建筑面积，或者保证3000万的年营业收入；

第二、收购的第三方物业公司要求有良好的盈利能力。

中奥到家提高了收购门槛。他们更看重综合实力相对较强、经营规模更大的物业公司。他们认为，规模较大的公司在管理上更加规范，发展更为稳健，并购之后更有利于迅速接管，良性发展。

2、循序渐进，采用"软融合"策略

为了更好地实施并购计划，中奥到家集团公司成立了中奥到家投资有限公司，在全国范围内寻找合适的并购目标。

许多同行都采取大面积并购手段来扩大市场规模，中奥到家采用稳扎稳打的并购策略，不仅把自己的视线专注于大中型物业企业，还将完全消化并购回来的企业、实现平稳过渡作为探究的重点。为此，公司提出了"软融合"策略。中奥到家副总裁梁兵说："并购是两个独立个体的融合，是软融合，不是硬融合，不是一定要把两个个体变成一个。"这种"软融合"不在于内控模式的整体输出，而是建立在品牌独立和运营独立的基础之上。被收购的企业只需要在财务上接受中奥到家的管控，使用中奥到家的线下管家模式进行物业管理，除此之外，公司将继续保持原有的架构和企业文化，与并购前毫无差异。

这种"软融合"方式操作难度小、风险小、成本少、见效快、收益高。更重要的是，被收购公司的团队更容易接受，不至于出现员工离职潮等容易造成公司管理混乱的局面。

这种策略在中奥到家并购过程中起到了良好的作用。以2015年完成收

购的上海怡东物业为例，中奥对这家公司的治理非常市场化，并购之后并不派人空降任职，而是双方派员成立董事会，以董事会股东身份给经营方下达任务；原公司有董事会成员留任，主要管理层一律本地培养，最大限度地保持原有的企业文化，企业员工完全感受不到并购后的变化，双方融合得非常好。

"软融合"策略，是中奥到家在相当长时期内都将坚持的并购思路。

3. 坚持自我，永远行进在"错峰"市场的路上

经济环境的变化，令物业企业成为投资领域的热门，不仅许多投资方看准物业市场，纷纷投入资金，许多行业龙头企业也看到了巨大的市场空间，大举实施市场并购。

在物业行业成为热门、大型企业展开疯狂兼并的时候，中奥到家保持冷静的头脑，在水涨船高的兼并市场，绝不盲目跟风抢夺资源。企业的管理团队凭借多年的物业市场工作经验，准确把握行业动向，深刻洞悉行业发展趋势，在关乎企业发展的决策判断上，每一步都走得坚实有力。

如今的物业市场一片红海，在其他企业在如火如荼地进行并购时，中奥到家果断采取"错峰"策略，将拓展市场作为企业第一要务，从而成功避开大企业的锋芒，避免正面竞争的耗损，将业务触角从现有的增量市场下探至存量市场，取得了很好的成果。据梁兵透露，单2017年，公司新签约收入就达2亿4千多万元。

当然，中奥到家并没有放弃并购，相反他们随时做好并购的准备。在公司"错峰"的策略指导下，当并购大环境不再持续走高、物业企业并购回归理性时，就是中奥到家果断出手的大好时机。

三、中国物业市场未来的格局

中国物业市场经过 30 余年的发展，由最初的房地产附属行业发展成备受市场关注、价值不断凸显的行业。物业管理行业正在进入新的快速发展时期，未来的物业管理市场将随着我国经济发展的大潮风生水起。

首先，物业企业将逐步由重点城市、重点地区走向全国。中国物业 30 年前起源于深圳，先发优势决定了目前的广东市场仍旧是物业企业数量和服务面积最多的省份。但从地区分布来看，总部设在长三角地区和珠三角地区的物业管理百强企业占全国百强企业总数的 75% 左右，足见经济发展优势区域对物业企业的分布起到了决定性的作用。华东地区和华南地区是中国经济发展的两大核心地区，物业服务企业的发展有良好的环境，华北、华中、西部地区在我国的经济未来发展中扮演着不可或缺的角色，尤其是国家西部大开发政策的影响，令物业服务企业在这些地区也得到了良好的发展，2016 年华北、西部和华中分别有 13 家、8 家和 5 家企业进入企业百强阵营。

我国物业管理行业区域化明显，但近年来地区差距逐渐缩小。物业企业的发展和区域经济的发展关联密切。由于经济发展的原因我国中西部地区物业企业发展较为缓慢，但不可否认，这些地区未来存在着巨大的发展空间。随着国家经济政策的调整和整体经济实力的提升，上述地区的物业企业也将迎来良好的发展时机。因此，未来的物业发展必定是由重点区域向全国辐射、主要城市向中小城市渗透的趋势。

物业企业将迎来优化资源配置的时代。在资本搅动市场的当下，出现了两种截然相反的观点，其中之一认为中国的物业行业将进入寡头垄断的时代。这种观点认为，随着房地产市场高速发展成长起来的行业巨头，在市场并购大潮中将不断拓展自己的版图，市场将出现"大鱼吃小鱼"的局面，经过一段时间的大浪淘沙，最终将出现强者恒强、弱者出局的结局，一些实力雄厚的物业公司，将最终瓜分现有的中国物业市场。

另一种观点则与之相反。他们认为，我国幅员辽阔、人口众多，目前的单家物业公司的体量仍然很小。以目前较大的、为全国2300多个社区提供服务的物业服务企业为例，管理面积达到9亿多平方米。按照每户100平方米和户3人计算，他们所服务的住户为约2700多万人，这样的体量，远远谈不上寡头的形成。与之相对的，关注百强企业之外的10多万小微企业才是业态的制胜点。

以上观点的核心信息点是，优化资源配置应是今后相当长时间内物业行业发展的常态。在这一常态下，一方面龙头企业将持续扩张并购，以此来扩大自己的业务范围和经营版图；另一方面，数以10万计的物业小微企业及其服务的数以百万计的社区，整合平台，以物业联盟的形式出现，也将是一种新的模式。后者的核心价值就是资源的优化配置，在平台上，专业人做专业事。一家独大不一定利于企业的市场化运作，但"一家独专"却有极强的生存能力和可持续发展空间。在这一模式下，某些中小物业企业最终很可能转变成某一领域的专业服务提供商，而不是"五脏俱全"的综合全面型物业管理企业。

随着市场机制的持续完善，在资本的重点关注下，物业管理企业行业得到全面提升，物业管理行业形成快速发展的新格局。在未来的发展中，将会有更多的物业企业上市，资本已经成为行业提速发展的重要驱动力。在外部助力行业进步的同时，基于物业管理行业目前仍是以劳动密集为特征的传统行业，成本控制将成为企业发展的重要内在制约条件。基于科学技术是第一生产力，未来的物业行业竞争也必将是借助科技手段自动化、标准化、集约化管理物业服务业务的过程，谁能最大限度地节约管理运行成本，提高工作效率，谁就能在市场竞争中免除后顾之忧，全力开拓市场。

譬如，在楼宇管理、停车场管理方面，采用停车场保安系统、楼宇进入系统、智能访客系统等设备，可以提高企业管理自动化程度，减轻企业对保安、保洁等劳动力的依赖程度。又如，中央网络操作中心远程控制系统，可以提高企业总部的远程监控和监察能力，有利于提高企业的集约化、标准化、自动化办公能力。未来大量新的科学技术成果将运用于物业管理领域，如安防巡逻机器人的到来，这是未来物业服务快速发展的需要，也是现代物业发展的必然趋势。

与此同时，完善企业规章制度、改进管理关系、调整组织架构等，是企业提升软实力的重要手段。未来的物业管理，简单粗放者的形式必将被摒弃，只有懂得精细化操作、规范化操作的管理者，才能将企业带入正确发展的轨道。

未来创新性地运用移动互联网科技将给企业带来极大便利，也是提高管理效率的良好方法。比如是采用公众号、自媒体等形式实施品牌传播，沟通是采用微信、App 等方式进行沟通，采用小程序或自主开发客户端进行管理和营销，都会提升企业的管理水平和工作效率。

得社区者得市场。近年来，在消费升级、互联网发展的影响下，社区商业需求在快速增加。国外经验表明，在人均 GDP 超过 3000 美元之后，社区商业所占消费零售总额的比例一般在 40% 左右，有的可到 60%。据国家有关统计数据，未来 10 年，我国社区的商业的消费将逐渐占到社会消费零售总额的三分之一，具有巨大的发展潜力。统计数据显示，2015 年社区 O2O 市场整体规模为 1674.2 亿元，较上年增长 103.8%，预计到 2018 年这个数据将达 5000 亿元。可以预见，满足老百姓家庭生活消费需求的社区经济存在巨大的上升空间。随着社区商业蓬勃发展，关于"最后 50 米商业领地"的争夺也将进入白热化。

物业企业与业主走得最近、关系最密切。作为社区经济圈中的天然载体，物业企业绝不可能放弃这块自我提升、创新发展的绝佳阵地。在互联网与传统物业跨界融合之后，物业管理企业也将重新思考自己的服务模式，创新物业服务内涵，为行业发展带来新的增长点，提升行业的附加值。因此，社区是新形势下物业行业一块重要的市场版图，物业企业在社区服务领域的探索和创新，也是企业探寻全新盈利模式的必经之路。

所谓"不忘初心"展望物业行业未来发展的可行性方向，必须回归到物业服务的本质，未来物业行业的竞争，归根结底，拼的是企业的愿景和服务。随着人民生活水平的提高，人们对物业管理服务的质量也提出了更高的要求，这时候具有更高服务品质的企业将更受广大业主欢迎。中奥到家企业除了标准化的服务之外，其企业品牌"白金管家服务"就是有别于其他物业管理企业的一大亮点。公司面向中高端住宅区派驻管家，与住户积极接触，24小时全天候照料住户要求，从而提升了企业服务水平。以白金管家品牌提供高质物业管理服务，是中奥到家独特的经营策略，也让企业在市场竞争中获得了口碑，筑牢了基础。

中奥到家
更好 更美 更满意

第四章 立身之本的"白金管家"

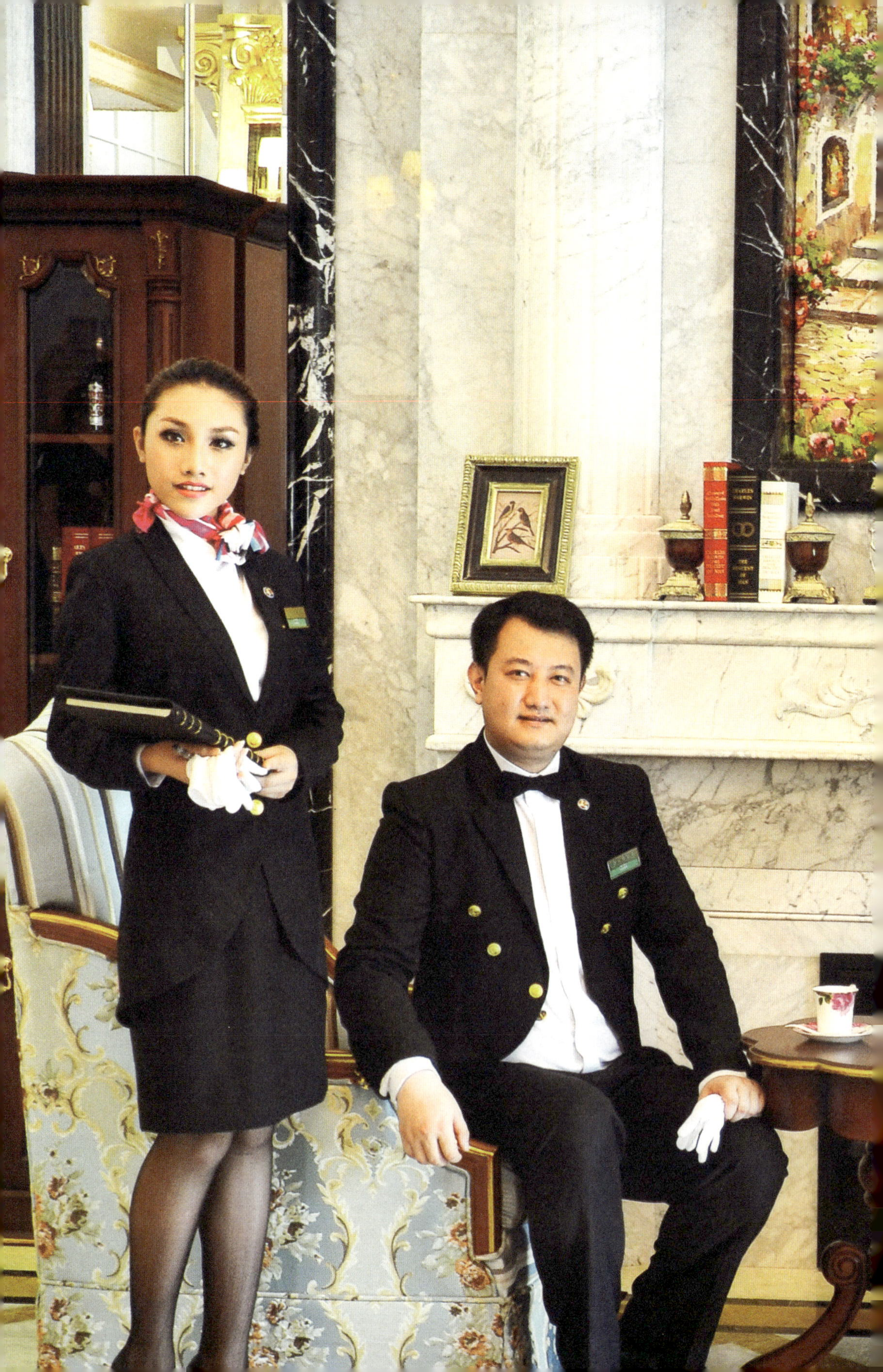

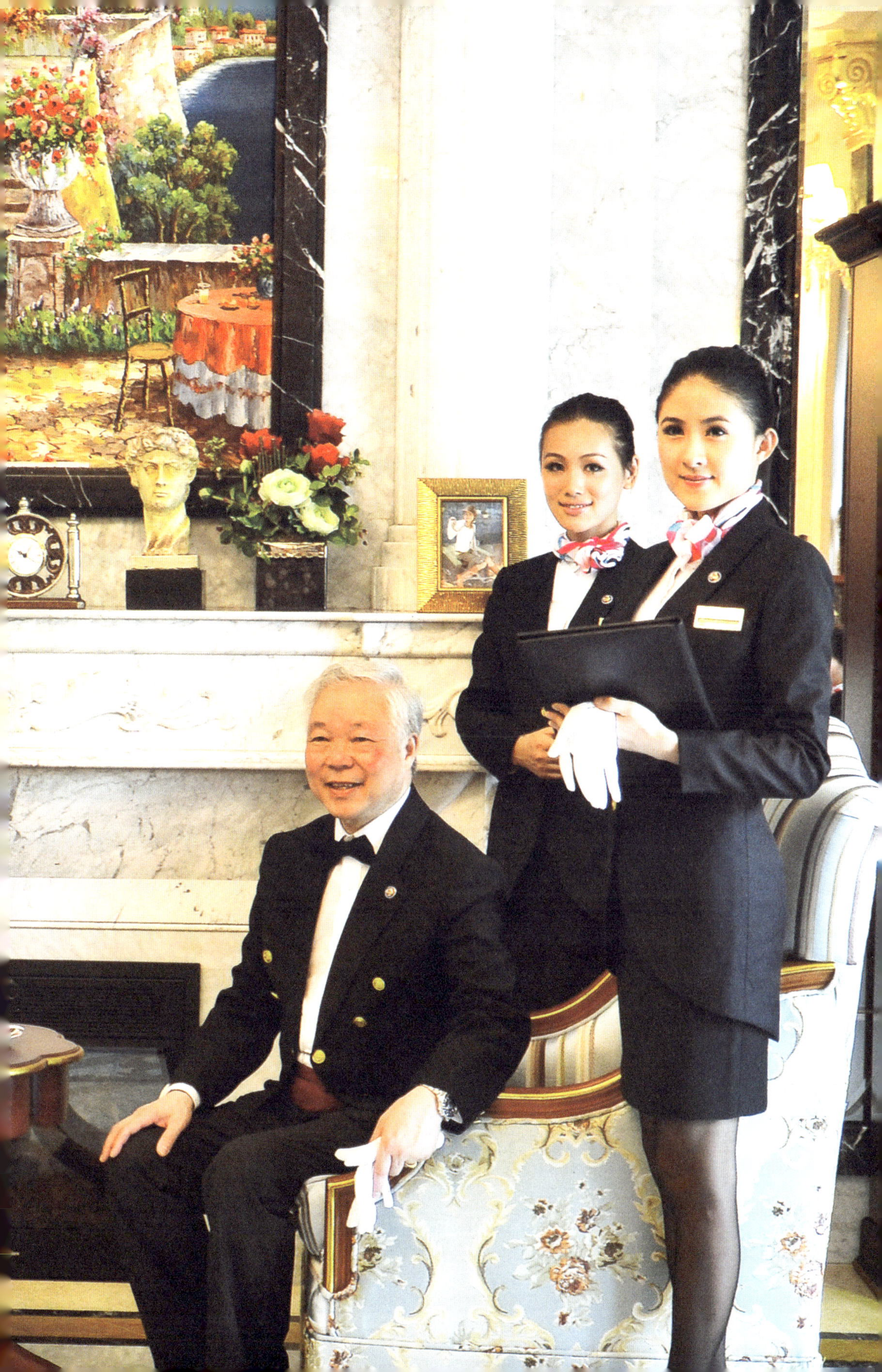

156

机会留给有准备的人 中部

一、"白金管家"的起源与发展

"管家"一词，最早出现在中世纪时的法国王室，原意是"拿酒瓶的人"，也就是宫廷或贵族宴会上的"司酒官"，引申为"酒窖管理者"。管家这一职业，在国外，尤其是在欧洲，历史与贵族一样悠久。中世纪时，只有英国和法国的王室或世袭贵族、有爵位的名门才有资格雇佣管家。管家作为最高级别的家政管理人员和庞大服务团队的领导者，为雇主提供高水平的生活服务，同时也是他们显赫身份地位的象征。随着大英帝国的兴起，管家职位被引入皇室服务。英国宫廷更加讲究礼仪与细节，他们将管家的职业理念和职责范围按照宫廷礼仪进行了严格的规范。随着时间的推移，讲究的"英国管家"代替了"法国管家"，成为高端服务的象征。对英国宫廷的管家理念和职责进行严格规范，使之成为行业标准，英式管家也成为家政服务的典范。因为英式管家最初是专为白金汉宫的英王室服务，故也称"白金管家"。

随着时间的推移，这种管家的服务对象扩大到了一般贵族和有消费能力的家庭，有钱人家也被获准聘请英式管家。管家服务传到美国和德国等国家后，又被注入了新的理念，管家不仅帮助雇主打理家政，还可以帮助主人管理财务，甚至打理公司业务。"旧时王谢堂前燕，飞入寻常百姓家。"古老的英式管家服务，逐渐走入大众视野。

我们现在理解的"白金"，一方面是指这种管家服务发源于白金汉宫，另一方面也是指这种服务的尊贵和奢华。要成为一名管家，不仅要具有极高的综合素质，而且需要有丰富的生活经验和专业素养，包括各种礼仪、名酒鉴赏、佳肴名菜选配、雪茄的收藏与剪切、奢侈品的鉴赏、高档衣物的保养、家私的养护等诸多方面的知识，甚至要上知天文、下知地理，这样才能为高档次的雇主服务。

管家的责任是提供完美的服务。任何人都可以是管家服务的对象，一个小家庭和一座王宫在管家眼里同等重要。

进入21世纪，俄、印、中东的国际新贵阶层对"英式管家"的服务需求旺盛。他们拥有大量的财物，需要专人管理，希望得到有品质的服务，内心更渴望"英式管家"这个职业身份背后代表的贵族符号。在强大需求背景下，白金管家服务在全球范围内迅速发展，特别是在酒店行业，白金管家服务得到广泛发展和演化。早在20世纪90年代末，北京、上海等地的高端星级酒店已经出现管家服务。这些管家大都接受了英式管家的专业训练，拥有较高的职业素养和职业技能。近几年来，酒店管家服务以惊人的速度在全国范围内迅速铺开，这其中有一部分酒店是采用纯正的英式白金管家培训体系建立自己酒店的服务系统，也有一部分并没有经过专业系统的培训就对外宣称具备白金管家服务能力。无论怎样，已经体现出酒店行业对"白金管家"服务品牌的认可和推崇。

英国管家行会是由英国皇室、贵族的资深职业管家团队发起，联合英国以及全球职业管家组成的行业交流平台。20世纪中后期，亚洲高端客户群体逐渐壮大，80年代末，英国管家行会设立的"国际白金管家服务联盟"机构登陆大中华区，在香港设立常设机构，致力于为亚洲经济高增长国家和地区引入管家领域的专业服务产品。随着中国的社会进步和经济发展，富人越来越多，白金管家服务已经悄然出现在国内某些高端物业、社区内，开始为更多的新贵家庭提供服务。

如今，管家服务已成为一种大众消费形式。巨大的社会需求，催生服务向不同领域延伸。我国房地产市场高端物业、社区引进白金管家服务等高端物业管理服务，在服务中体现差异化竞争优势，是拓展市场的重要手段，商家所取得的回报也极其丰厚。随着房地产市场和物业管理行业的发展，物业管理领域将成为继酒店行业之后普遍应用管家服务的行业。"国际白金管家服务联盟"大中华区致力于国际白金管家颁证、授徽、授牌工作，目前已经在国内培养授徽 2000 多名国际管家，并授牌认证了 50 多个房地产项目，让他们成为"国际白金管家服务联盟"成员，为业主提供"白金管家"的标准服务。

二、中奥到家的"白金管家"服务

刘建认为,做好一个企业,良好的服务品质和社会口碑是根本,其次才是利润。

1998年,刘建受聘从沈阳夏宫来到广州,就将"用心服务"的理念带到了广州奥林匹克花园物业公司。

2003年5月,由于开发商遗留的问题,南奥的业主与物业公司间发生了些摩擦。为了处理好业主的诉求,圆满解决业主提出的问题,物业公司的员工在刘建、陈卓等人的带领下,挨家挨户走访小区业主,倾听业主的抱怨和问题,每天从早晨8点开始,一直工作到晚上12点。业主配合还好,业主情绪不好拒不配合时,要耗费更多的精力和口舌。这样没有周末也没有假期的日子,刘建和他的员工一起坚持了三个月,完成了南国奥林匹克花园6000多户业主的家访,清楚了解了他们的抱怨和诉求,又同开发商一起,将遗留的问题一件一件地圆满处理好。就是通过这样的用心服务,真心给业主解决困难,刘建和他的团队一点儿一点儿地拉近了同业主之间的距离,当年小区的物业管理费收缴率由30%上升至95%,真正体现出了"用心服务"的重要性。

南国奥林匹克花园的经历,让刘建深深体会到提升服务质量的重要性。2005年广东中奥物业管理有限公司成立时,他将提升服务质量、建立服务品牌列为公司发展大计中最为重要的一条:用心服务、用户至上,诚信为本、责任于心、团队精神、结果制胜,是公司管理理念、立足之本。中奥人时刻牢记在心,也写进中奥员工手册,融入企业文化之中。中奥人走出广州,面向全国开疆拓土，也一直没有放松在服务品牌和服务质量方面的坚持。

作为独立第三方物业管理企业，企业的生存和发展很大程度上取决于两点，一是管理水平，二是服务质量。卓越的管理有利于节约成本，提高工作效率，而服务质量直接关系到企业的业务来源，是企业的生命线。

对于这些，刘建和他的团队都非常清楚，在实际操作的过程中，刘建越来越觉得，仅有好的服务质量还不够，还需要建立一个品牌形象，让消费者一看到品牌，就能联想到高质量的服务，通过品牌的影响力，带动企业形象的整体提升，树立行业典范。

在2006年，一个偶然的机会，刘建经一位朋友介绍，知道有英国管家行会下属的国际白金管家服务联盟这样一个组织。彼时的国际白金管家服务联盟，还是专门为中国高级星级酒店提供尊贵的管家培训服务和资质认证以及品牌加盟的高端服务品牌，但服务内容和服务理念让刘建产生了浓厚的兴趣。联盟凭借高质量的资格认证培训及企业内训，致力于中国管家人才的精心培养，从授课导师到教材教具、从理论讲授到实操演练、从管家素养提升到品牌形象塑造，每一个环节都体现出国际白金管家服务的精髓，也让刘建敏锐地意识到，将酒店行业的国际白金管家服务引入到物业服务行业，必将是物业行业的一个颠覆性的突破！一个在物业服务行业借鉴国际白金管家服务模式的想法在他心底悄悄萌生。

刘建将这个想法与国际白金管家联盟主席雨果·麦何塞先生沟通，得到对方的积极反馈。雨果先生认为，物业行业是一个具有巨大潜力的行业，在物业行业推行"白金管家"服务，不仅是物业行业的创举，也是国际白金管家联盟在中国服务内容的拓展。合作洽谈非常顺利，2007年，双方在香港签署战略合作协议。刘建从雨果·麦何塞先生手中接过联盟授权证书，标志着中奥到家首推"白金管家"服务，率先在行业内实践世界级"白金管家"物业服务模式，中奥到家也成为国际白金管家服务联盟在中国大陆唯一的物业服务培训实践基地。至此，一直服务于与全球高端酒店领域的国际白金管家服务，开始走进中国社区，走进更多民众的生活。

根据双方的战略合作协议，国际白金管家联盟负责向中奥到家输出"白金管家"服务品牌，并为中奥到家培训专业"白金管家"服务人才；中奥到家负责践行"白金管家"的服务内容，传播"白金管家"品牌，以"白金管家"服务标准培训员工，并为其服务的社区物业提供"白金管家"服务。事实证明，双方的合作是极其成功的。双方强强联手，通过对中国物业市场的分析和研究，遵循"白金管家"的服务理念，建立了一套适合中国顶级物业的国际管家服务的标准和模式。雨果先生更多次亲临广州，为"白金管家"学员授课，并为中奥到家亲授"白金管家"资格证书与徽章。

与国际白金管家服务联盟的战略合作，让中奥到家的品牌成长之路找到了突破的方向，公司领导层苦心追求的企业服务核心品牌的问题迎刃而解。这就为企业品牌找到了根基，为公司的发展注入了灵魂，让公司的发展之路变得明确清晰。中奥物业在市场竞争中走出了差异化竞争的关键性一步，为公司的迅速崛起和成功上市做出了良好的铺垫。

"白金管家"服务品牌对中奥到家的成长是增益甚大。作为独立第三方物业服务企业，中奥到家从成立之初就一直坚持服务至上的准则，引进"白金管家"品牌之后，这种服务至上的理念得到了升华。公司在开拓市场的同时，用服务赢得了业主和开发商的认可，也用标准化管家服务模式树立起了"白金管家"的品牌。服务成就品牌，品牌彰显服务。"白金管家"服务品牌的引进，是中奥企业发展非常关键的一步，也是非常智慧的一步。从2010年到2016年，中奥到家依靠"白金管家"品牌，蝉联全国物业服务满意度和特色服务领先企业十强。由此可以看到，"白金管家"品牌为企业带来整体服务水平的提升，同时得到了同业和用户的双重认可。2014年，中奥到家将"白金管家"的尊贵式服务和普通业户的需求加以整合，提出"放心管家、服务到家"。其中包括维修、绿化等传统的物业服务，也包括代业户交水电费、看管宠物等一些更为人性化的服务。"放心管家"是"白金管家"面对不同用户群体的不同运用，也是企业不断挖掘用户需求，满足用户需求的重要体现。

时至今日，"白金管家"俨然成为中奥到家的金牌服务品牌，也让国际白金管家联盟的服务先后涉足中国的高星级酒店、高端地产物业、顶级会所公寓、高端家居等众多服务领域，进一步奠定了国际白金管家服务优质的品牌基础，成为中国高端服务品牌至尊服务的首选。

三、"白金管家"的理念和精髓

作为中奥到家立身之本的"白金管家"服务,其内容绝不仅仅是喊喊口号做做样子这样简单。"白金管家"服务本身就是一件严肃的事情,一本有丰富内涵的服务教科书。

中奥到家的"白金管家"有自己始终如一的服务理念,这就是优雅、周到、尊崇、精确。他们深知,优秀的物业服务理念对于高端社区的文化、礼仪、氛围的构建起着举足轻重的作用。"白金管家"从英式管家模式中汲取精髓,将英式管家服务体系中成熟、规范的服务细则创新性地运用于小区的物业管理服务中,不仅服务管辖区内的绿化、保洁、安全、维护等基础工作一丝不苟,还将角色定位于业主的生活顾问,只要业务需要,"白金管家"就像英式管家一样提供24小时不间断的贴心服务,业主要订机票,只需拨打一个电话,"白金管家"便会替其安排妥当;业主需要订购鲜花,只要提前通知,"白金管家"就会按时将鲜花送到业主或他的朋友手中。除此之外,"白金管家"可以替在外工作的业主陪伴家中老人与小孩,也可以在业主亲朋好友喜庆的日子替业主送上祝福等等。通过许许多多精细化的服务,让业主从繁杂的事务中解脱出来,享受生活。享受"白金管家"尊贵、便捷的服务,提高生活的品质,这就是"白金管家"始终坚持和追求的服务理念和精髓。

"白金管家"作为高标准、高品质的物业管理服务,将其服务理念编制成188项精细化的服务内容。从这些服务内容上,我们能够看出中奥到

机会留给有准备的人 中部

家在品牌塑造方面所付出的心血，也能看到"白金管家"服务无论是理念还是细节，都在追求极致和卓越。

"白金管家"十五大类 188 项服务

序号	服务类别	服务项目	服务说明
一	热线服务	1. 定时叫醒 2. 留言转达 3. 航班查询 4. 火车班次查询 5. 天气预报查询 6. 家庭装修咨询 7. 会所收费查询 8. 会所场地预订 9. 电话号码查询 10. 家政服务预约 11. 维修服务预约 12. 手机短信温馨提示	 请提前 1 个工作日预约 请提前 1 个工作日预约 请提前 1 个工作日预约 恶劣天气预警、紧急事件、社区信息
二	安保服务	1. 陪业主存、取巨款 2. 小雨伞服务 3. 恶劣天气预警 4. 访客接待、指引 5. 代客停车	请提前 1 个工作日预约
三	一卡通服务	1. 代办、充值 2. 园区内消费	 园区内消费一卡通
四	保洁服务	1. 家居清洁服务套餐 2. 入住开荒清洁 3. 地板养护 4. 家具保养 5. 高空玻璃清洗 6. 地毯清洗	 打蜡、抛光

165

		7. 抽油烟机清洗	
		8. 空调清洁	
		9. 卫生间除臭去污	
五	绿化服务	1. 园林设计	
		2. 植物代种植	请提前3个工作日预约
		3. 植物代养护	
		4. 绿色植物租赁	请提前3个工作日预约
		5. 室内绿化布置	
		6. 果树认领	
		7. 纪念树种植	
		8. 亲亲苗圃	兴趣种植
		9. 迷你田间	兴趣播种
六	生活服务	1. 代笔	
		2. 代订、送饮用水	
		3. 代提行李物品	
		4. 代订鲜花	
		5. 代请保姆	
		6. 代发信件	
		7. 钥匙代存	
		8. 代发快递	
		9. 代领取包裹	
		10. 代售充值卡	
		11. 代售邮票	
		12. 代订报纸刊物	
		13. 代收、发行李托运	
		14. 代缴话费	
		15. 代订奶制品	
		16. 代订火车、飞机票	
		17. 代接飞机	
		18. 代交费	

		19. 代接车	
		20. 代订酒家	
		22. 代订宴会	
		23. 代烹饪	
		24. 代购服务	
		46. 代办申请电话	
		32. 物品代存、代送	
		44. 留言代转达	
		47. 物品转交	
		25. 送餐服务	
		26. 便民雨伞提供	
		27. 便民手推车提供	
		28. 节日问候	
		29. 生日祝贺	
		30. 节日活动组织	五一、国庆、中秋、元旦、圣诞、春节
		31. 庆典环境布置	
		32. 日程提醒	
		33. 擦鞋服务	
		35. 旅游线路安排	
		37. 上门收、送洗衣	
		38. 钟点工服务	
		39. 电视机频道调试	
		40. 酒后安全服务	
		41. 病患陪护	
		45. 调试电器	
		48. 空置房维护	定期通风透气、清洁保养
七	商务服务	1. 打字	
		2. 室内空气检测	
		3. 代收、发传真	
		4. 复印、扫描	

		5. 发收电子邮件	
		6. 代设电子信箱	
		7. 保险咨询	
八	交通服务	1. 代招出租车	
		2. 汽车美容	
		3. 紧急用车	
		4. 包车旅游	
		5. 代请司机	
		6. 代客停车	
九	教育服务	1. 培训班	书法、美术、棋牌、音乐等
		2. 代请家教	
		3. 兴趣班	插花、烹饪、保健、园艺、美容、手工等
		4. 教室出租	
十	维修服务	1. 抽油烟机安装	
		2. 煤气炉安装	
		3. 电话线移位	
		4. 电视插座移位	
		5. 电器插座移位	
		6. 更换插座面板	
		7. 更换灯泡、灯管	
		8. 灯具安装	
		9. 水龙头安装	
		10. 水管更换	
		11. 更换水阀	
		12. 安装猫眼	
		13. 更换玻璃	
		14. 维修、更换水表	
		16. 玻璃开孔	
		17. 维修浴缸	
		18. 维修洗手盆	

		19. 疏通下水道
		20. 维修塑钢门窗
		21. 更换地砖
		22. 安装窗帘架、盒
		23. 安装晾衣架
		24. 小型家电安装
		25. 墙面粉刷
		26. 供电线路改造
		27. 改造地板
		28. 改造天花
		29. 维修、更换水阀软管
		30. 热水器、抽油烟机拆装
		31. 音响线路布置
		32. 挂镜、像框
		33. 电脑维修、软件维护
		34. 家电调试
十一	搬运服务	1. 搬运大件物品
		2. 代请搬家公司
		3. 清理装修垃圾
		4. 搬运装修材料
十二	租赁服务	1. 常用工具出租
		2. 电动工具出租
		3. 场地出租
		4. 出租广告位
		5. 出租会议室、洽谈室
		6. 出租车位
		7. 保姆房出租

十三	保健服务	1. 组织健康体检	
		2. 家庭健康档案	
		3. 体能适时检测	
		4. 营养膳食咨询	
十四	康体服务	1. 乒乓球	
		2. 网球	
		3. 瑜珈	
		4. 台球	
		5. 恒温泳池	
		6. 棋牌	
		7. 羽毛球	
		8. 网球	
		9. 美容 Spa	
		10. 桑拿	
		11. 代请教练/陪练	
十五	中介服务	1. 房屋出租	
		2. 房屋出售	
		3. 代收租金	
		4. 出租房屋代管理	

以下是"白金管家"文化完全手册的内容。

您的"白金管家"是一群含蓄、容忍、幽默的绅士。他们是一群国际白金管家服务联盟授予"白金管家"荣誉证书的专业管家。他们和颜悦色、举止得体、亲切友善、礼貌热情、风趣幽默、态度积极、忠诚务实、业务精湛、博学多识。他们始终追求为您提供最小干扰的主动式个性化服务。

"白金管家"服务理念是优雅、周到、尊崇、精确。

优雅：优雅御侍服务，总台前置，专业培训促使管家以绅士淑女含蓄、包容、幽默的风度，为绅士淑女提供服务，全方位满足业主的生活品质需求。

周到：十五大类188项的周到全面服务，让生活更为方便、快捷、舒适而不受打扰，管家主动体察，充分满足业主个性需求，以实现他们休闲的居家生活。

尊崇： 国际知名品牌服务机构进驻，专为豪宅高端客户所打造的一流服务，满足业主高端定位需求。

精确： 传承开发商的豪宅开发理念，通过精确全程服务，管家全程统筹，资源迅速整合，专业标准控制，力求发挥物业最大的保值、升值，满足业主的投资需求。

"白金管家"文化理念是以诚相待、和谐至亲。

"白金管家"的使命是博采中西方优化的服务理念，以爱业、敬业、乐业、助业、职业、事业的"白金管家"精神，借助广大业户的需求，以诚信机智的最佳服务特色，为业户提供最便捷、舒适的超值服务，以此回报给我们的客人、员工、业户、股东、社区和国家。

"白金管家"的责任： 为业户提供物有所值的合格产品，在每一个服务环节，始终满足或超越业户的合理期望。倡导作业精细，操作周到，小事做透，大事做精，日常事做细，高效且圆满，让业户有美好的记忆和回忆。以人为本，御侍服务，做一名合格的服务人，"白金管家"将以极致服务奉献给业户乃至整个物管行业。

"白金管家"特色服务包括：

一站式服务： 服务原来也可以如此方便快捷、简单舒适。

个性化服务： 我们追求将个性化接触、个性化接待自始至终融入到管家的服务当中去，让您感觉到我们的服务专为您而设计。

精品化服务： 讲究、精细、有品位的管家是管家式服务的真正品牌价值所在，在这里，您将发现每一次享受到的服务都是那么与众不同、耐人寻味。

超前服务提供： 我们一直在挖掘您的需求，并主动超前服务，因此您享受我们为您提供的服务总是带着惊喜而意外的表情。

专业展示服务： 您的"白金管家"是一群含蓄、容忍、幽默的绅士，是一群受国际白金管家服务联盟专业培训后的管家，技术精湛是我们的竞争优势。

全方位服务：我们为您的居家生活提供 24 小时不间断的全方位服务，专业的管家会成为您生活和事业中善解人意的好助手。

四、中奥到家"白金管家学院"

"白金管家"服务的推行,让中奥到家的品牌和服务又向前推进了一大步,"白金管家"服务也连续多年获得业界认可,成为中奥到家引以为自豪的物业服务品牌。

为了强化公司的服务品牌,让"白金管家"服务与企业形象深度融合,树立特有的"白金管家"至尊服务形象,树立物业行业服务标杆,提升行业的整体服务水平,引领中国物业行业迈进高端服务时代,2016年4月8日,中奥到家通过校企合作的方式,在广州与国家开放大学番禺学院共同创办了"中奥到家集团白金管家学院",又一次将社会和行业目光聚焦高端社区服务,开创了中国物业高端服务教育新品牌。

国家开放大学番禺学院专门为"白金管家学院"提供了一层教学楼和一整栋学院宿舍楼,并为学习期满成绩合格的学员颁发国家承认的大专学历证书,校企合作受到业界的广泛关注。

对于办学的初衷,中奥到家执行董事兼副总裁龙为民认为:中国的物业行业是一个从业门槛相对较低的行业,包括中奥到家在内的许多物业企业,从业人员知识水平和综合素质都整体偏低。人才是企业发展的生命线。健全的人才培养机制才是企业持续发展的最有力保障。为了加强企业员工的知识技能培养,提高员工的素质和服务业主的水平,也为中奥到家持续输出经过系统培训的专业服务人才,保证企业长远健康稳定发展,急需成立专门的机构来承担企业人才培养的任务,而此时"白金管家学院"的成立就是符合企业发展需求的有益举措。

在办学的方式上，中奥到家与广东国家开放大学的合作主要体现在两个方面：

一方面是开办在岗学习的学历进修班。每一年中奥到家都会从公司内部甄选出数十名业务骨干和精英到学院参加物业管理的专业学习，学满合格之后，由学院统一颁发国家物业管理专业的大专学历证书，学费由中奥到家全部承担。这种定向培养物业管理专业人才的方式，解决了中奥到家员工专业水平和服务技能普遍不高的现状。通过培训学习，企业员工都拥有了专业的物业管理知识，回到工作岗位之后，能将所学知识运用到实操中去，把工作做得更加出色，许多员工也拥有了更多的晋升机会和更大的发展空间。这无论是对企业还是对个人来说，都是大有裨益的。

另一方面，开办"白金管家"文凭考试班。这个班主要是面向企业新进员工和部分追求进步和个人发展的员工。每两个月开设一期，每期招收50-80名学员。中奥到家组织员工，系统学习"白金管家"的服务内容和工作细则，再参加由"白金管家学院"组织的统一文凭考试，考试合格者将由集团副总裁、国际白金管家服务机构中国区首席大管家、白金管家学院院长陈刚先生亲自颁发"白金管家"文凭证书。这张文凭在中奥到家企业内部意义非同一般。

它直接与员工的晋升和薪资水平挂钩，获得"白金管家"文凭的学员，无论是在工资水平还是在晋升机会上，都远优于未获得文凭的员工。中奥到家用这种科学的方式鼓励员工努力学习，追求上进，不仅提升了企业人才的整体素质，也增强了企业的竞争力。

谈到"白金管家学院"的规划和发展思路，龙为民希望将来"白金管家"的文凭不仅在中奥到家通用，而且也能走出企业，面向社会，让更多的企业都承认这张文凭，那时的"白金管家"文凭就成为真正含有白金的"金字招牌"了。现在的"白金管家学院"主要培训企业内部员工，龙为民希望在不久的将来，"白金管家学院"能面向全社会招生，为全行业培养具有"白金管家"服务素质的优秀物业人才，让"白金管家"成为一个行业标准。中奥到家作为物业服务行业的一员，希望通过自己的努力，带动全行业的进步。这是一个物业行业从业者的良好愿望，也是一个上市企业应有的责任和使命。

中奥到家与国家开放大学（广州）的校企合作并不是企业的终极目标。仅仅广州一所"白金管家学院"，培养和输出的物业管理人才和"白金管家"人数都是极其有限的，满足不了企业对人才的需求。随着公司业务的发展和经营版图的扩大，2017年4月18日，中奥到家又与安徽省宿州学院管理学院达成协议，成立了全国第二家"白金管家学院"，并开办第一期"白金管家主任特训营"，这也标志着物业行业教育品牌的进一步发展。校企合作是企业培养人才的最佳方式之一，中奥到家将与宿州学院的常态化人才培养合作升级到品牌共建，也为企业在华东地区人才基地的建设和物业人才的培养打下了良好的基础。

服务意识和人才培养一直是中奥到家领导层强调的两个方面，服务是企业的立足之本，而人才是企业的发展之源。中奥到家集团一直把人才培养作为企业发展的优先战略，"白金管家学院"不仅是企业重视客户服务的体现，更是企业关注人才培养、关注企业长远发展的体现，这无疑体现出企业管理层的眼光和格局。我们有理由相信，在今后的发展中，作为国内第一家跻身于全国物业十强的第三方物业服务企业，中奥到家"白金管家学院"能为中奥到家集团提高社区服务品质和推动新业态下企业发展储备更多优秀人才，也为中国物业管理行业培养更多的应用型人才做出应有的贡献。

"管家主任"实战培训班课程（简要）

翻开历史的篇章 领略中奥的风采

　　为培养合格项目管理人员及高端服务管家人才，积极推动项目的规范化管理，中奥到家集团白金管家学院开展"管家主任"实战短训班。
　　以下培训科目主要是依据年度品质工作中开展不足之处，培训内容以实战可操作性为主。

每天早晨 6 点起床，6:10 准时出操

　　打铁还需自身硬；晨曦出操，体能训练；英姿飒爽，气度飞扬。军事化管理模式，高强度体能训练；尽显学员风采，展示中奥辉煌。

机会留给有准备的人 中部

177

白金管家礼仪展示及化妆技巧

中奥到家集团秉承"放心管家 服务到家"的服务理念,始终以业主需求为服务方向,推出"白金管家服务",打造出适合中奥物业服务的白金管家理念,同时,为企业输送高端的物业管理人员,把专业人才的培养作为企业发展的优先战略。

白金管家礼仪的展示和化妆技巧的掌握，是日常工作和服务的基本准则。通过对白金管家礼仪的学习，提高自身形体展示，提升对业主服务满意度；化妆技巧的掌握，是促进自我外在形象的展现，也是对业主服务的基本尊重。

管家固化管理

　　管家固化管理与品质管控；从管家模式的运作形式到管家主任日、周、月、季和年固化逐一分解；改善管家主任日常工作的方法方式，提升工作效率。

日清日毕管理流程

　　今日事今日毕，中奥到家集团推出"日清日毕"管理方式。通过对"日清日毕"管理流程的说明、分解，以及清洁绿化监管的制度说明，加强管家主任的实战经验和方法提升，养成当日工作当日完成的良好工作习惯。

"报事报修"操作要点

"报事报修"操作要点的培训和学习，增强学员流程学习、新视窗系统操作和园区公共设施设备维护重点的掌握；传授相关经验和要点，提高学员应对"报事报修"事件的处理能力和技巧。

收缴率管理

为培养高品质服务管理人才，"白金管家学院"老师根据每期参加实战的培训学员量身定制课程；从管家主任固化、白金管家礼仪展示、报事报修、服务意识、客户关系维护和新视窗办公系统操作等方面进行"实战培训"，来不断提高学员的综合服务能力和专业技能的掌握。

催费流程分解、催费指标分解和详细新视窗系统操作；理论与实操相结合，促进学员催费能力的掌握和提升；一步一步化解催费难题；提升所在辖区物业服务费的收缴率。

装修流程操作

"装修流程"操作，首先观看视频装修管理流程的介绍，通过分组的方式，各小组上台写出装修流程，结合实际情况对装修流程进行模拟；分析如何杜绝违规违章装修、经验分享和新视窗系统操作要点，来不断加强学员对"装修流程"的了解和掌握。

服务意识及技巧

服务意识的技巧提升，通过对服务意识的概念和重要性来切入主题；对中奥的服务意识进行分解，来不断提高学员服务意识的技巧学习和掌握，不断提升业主满意度。

客户关系维护管理

实战演练显真知，关系维护展自我。业主关系维护及处理技巧，犹如鱼水关系，感情深厚。从实践中来，到实践中去，经验丰富的管家主任带着"问

181

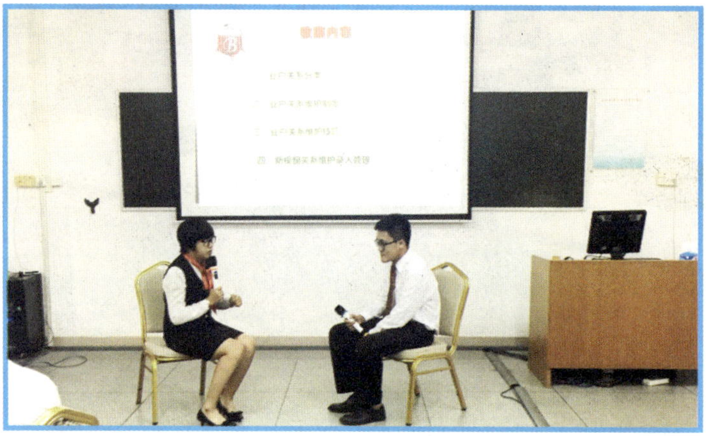

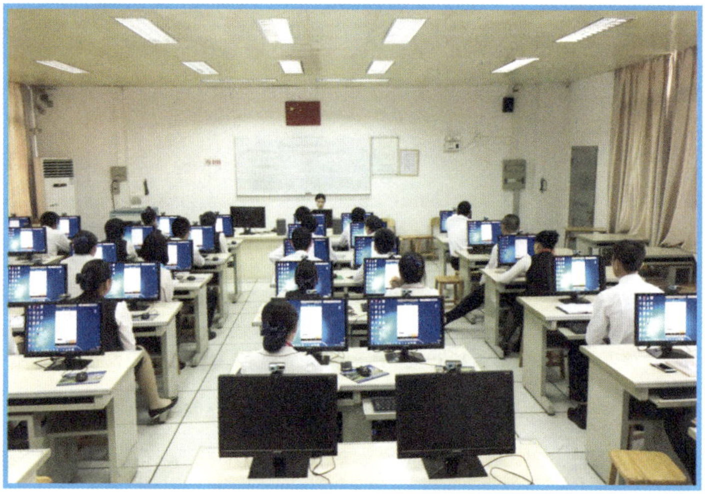

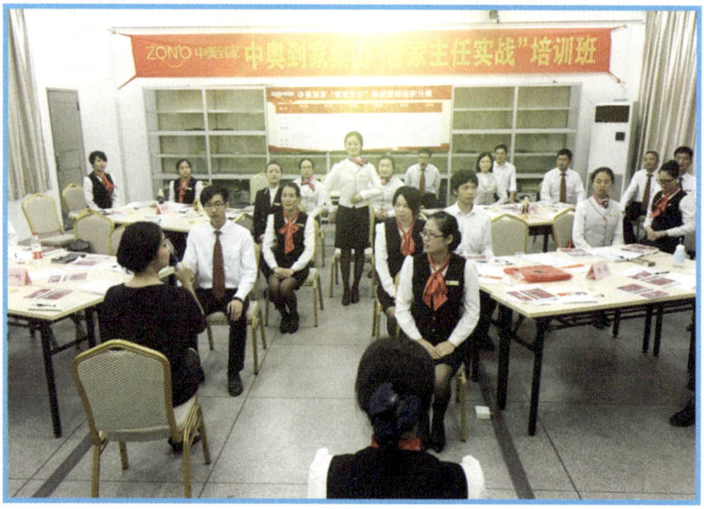
ZONO
培训班

题来"，带着"解决方案走"的方式，来不断提高我们学员综合能力的提升。

催费经验及法律法规分解

通过对催费法律条款的了解和掌握，加之以案例进行分析；随后通过实际演练的方式，促进学员印象的加深和掌握，将所学到的知识和经验运用于实际工作之中。

新视窗办公系统的操作，学员上机实际操作，增强学员对流程操作要点、

各模块操作内容和手机端操作的掌握，加强学员对新视窗系统操作了解和熟悉操作。进行现场分组考试，检验学员对操作模块的掌握程度，提高学员对新视窗的应用。

考试考核

考试，是检验每一个学员对知识学习掌握的重要方法。白天的授课和分析，晚上的考核，是促进学员完全运用学习到的管理方法，更深刻的牢记。

实战培训接近尾声，结业典礼的到来，预示别离将至。时间短暂，你

我相伴，彼此相扶，共同进步！

敢想、敢做、敢为，"野生动物"精神；优秀团队、个人、成绩考核通过……想不到的惊喜和收获，中奥大平台，等你展现自我光彩。

机会留给有准备的人 中部

2017年第三期"管家主任实战"培训班（华南）的学员们合影留念。回到自己的岗位撸起袖子，加油干。

中奥到家

下部　见证中奥到家的成长

中奥到家

更好 更美 更满意

第一章 智者同行

"与智者同行,与善者为伍"。探究中奥到家成功的秘诀,我们不难发现,这个年轻的团队具备多项成功者的特质:

第一,多年淬炼的工作经历,具备深厚的行业功底。这一点是成功的基础条件,想要成为行业的翘楚,首先你得成为行业的专家,中奥到家的每一位核心管理层都是具备物业或者酒店行业数十年的工作经验,物业工作的大小事项都了然于胸,出则开拓四方,入则治理有道。每位管理者都是既可独当一面又可全面治理的综合性人才,这一切都缘于多年的知识积累和能力提升。

第二,矢志不渝的工作品格,具备创业者坚韧的性格特质。但凡企业的成长,都不可能一帆风顺,低谷时期的隐忍,困难时期的坚持,是创业者的试金石,也是企业走向强大的必经阶段。中奥到家从一个小型的物业企业成长为全国十强的上市企业,创业者的精神品格,是企业能发展至今的关键。

第三,善于思考的工作习惯,具备超越现实的智慧和引领行业的格局。领导者的智慧决定了企业的发展高度,中奥到家一直具备边思考,边成长的工作习惯,无论从企业的开拓布局,还是从企业内部管理,再到企业的兼并扩大,都无不彰显着团队领导人的智慧和高瞻远瞩。同样,创业路上优秀的人总会相互吸引,智者的结盟同行,也为远处的成功提供了更大的可能性。

一、上海怡东物业：志同则道合

中奥到家集团，完成对上海怡东物业管理有限公司（以下称上海怡东）的收购，完全是由于双方领导层在经营理念上的高度一致，所以从开始接洽到完成收购，只用了短短两个月的时间，这在物业企业的收购个案中，绝对属于高效快速的案例。

2015年底，中奥到家集团刚刚完成港交所上市，企业兼并购的战略计划开始实施。在一个偶然的机会，经一投资中奥到家的基金公司牵线，中奥到家集团的领导层接触到了上海怡东物业的管理者，这是一位有着多年房地产开发经历的老者，怡东物业所管理的项目品质都相对较高，包括了该领导者在上海陆家嘴开发的一些项目，也包括新加坡凯德置地在上海的一些项目。作为上海第一批房地产开发商，怡东物业领导者对品质的追求是一直放在第一位的，比如，在他们自己的开发项目中，他们是上海第一个用紫铜管做供水管的开发商，第一个用西班牙进口的外墙涂料的开发商，上海市第一个做"叠墅"概念的产品，获得过中国建筑行业工程质量最高荣誉奖——鲁班奖，在90年代初期属于超高品质和规划超前的项目。由此也可以看出怡东物业的领导者，对自己产品的用心程度和对超高品质的追求。

在与中奥到家接触之前，上海怡东物业也与别人谈过兼并事宜，但一直没遇到称心的谈判对象，也一直没有舍得放手。直到遇到中奥到家，基于对上市公司实力的信任，对中奥到家用心经营，注重品质的理念的认可以及对中奥到家业务管控体系的放心,双方的谈判进展得非常顺利,从开始谈判到双方签订协议,前后仅用了两个多月的时间就完成了收购工作。由于原有领导者对项目的长久情结,对方坚持要求保留部分股东权益以保证项目的平稳发展,2015年12月,中奥到家以1206.6万人民币收购了上海怡东物业管理70%的股权,完成了对11处物业共约100万平方米的物业管理面积的收购,将项目托管给现有团队继续管理。

在收购之后,中奥到家逐渐发现,上海怡东物业的规模相对较小,虽然原怡东物业领导者的思维模式一直具备科学性和前瞻性,但团队的力量相对薄弱,与领导者的思维比较,团队的执行能力相对落后,针对这种现状,中奥到家在保持团队原班人马的基础上,对管理者进行了部分更换,让具有新的思维和能力的人担任公司管理层。经过一系列调整,上海怡东物业逐步走上了正轨,2016年,公司在完成并购后平稳过渡,到2017年实现了自我的发展与壮大。

二、浙江永成物业：从对手到队友

相对于上海怡东的快速收购，中奥到家集团对浙江永成物业管理有限公司（以下称永成物业）收购过程相对漫长和繁复，一方面浙江永成的项目规模和经营面积高出上海怡东20倍，与公司的谈判和评估过程相对较长，另一方面浙江永成开出3亿的收购价格，根据相关政策需要上市公司进行收购公告，因此历时六个多月中奥到家对浙江永城的第一次收购才最终完成。在中奥到家对浙江永成的收购过程中，既有有趣的故事发生，又有睿智的思想闪光，带给我们许多思考和启示。

曾经的对手

早在2008年，中奥物业刚刚进入宁波市场之时，公司遭遇到了巨大的困难，一方面陌生的市场环境带来的不可预见性，另一方面是来自宁波多家本土企业先天排斥的心态，使得中奥物业在进入宁波之初的市场工作举步维艰。宁波市场具有强有力的竞争者数量众多，据统计当时，有一级物业资质的企业就有14家，加之地方物业政策多偏向与本土物业企业，因此中奥物业处于极其不利的位置。

后来的结局大家都熟知，中奥物业的几位领导人凭着永不服输的劲儿，带着"更好、更美、更满意"的物业服务宗旨，硬是在宁波市场垦出了一块属于自己的疆土，成为第一家在当地市场竞争中生存下来并打开市场的独立第三方物业服务企业，也得到了当地物业企业的接纳和认可，永成物业就是其中的一家。永成物业属于当地独立第三方物业服务发展中的龙头企业，也许是共同的独立第三方的成长背景，让两家企业领导人虽未谋面，却也惺惺相惜。

也就是在 2008 年到 2009 年间，中奥物业总经理刘建与永成物业总经理何晓勇并不相识，但中奥物业为了顺利进入当地某一物业项目，避免与竞争对手正面冲突而造成双方不必要的损失，刘建团队就主动与永成物业何晓勇总经理取得联系，并登门拜访。何总热情接待了刘建团队，双方通过友好协商，就当时的项目达成了一致意见，也解决了当时的问题。

这是并购之前双方高层领导人仅有的一次见面，在此之后的八九年间，双方虽然知道彼此在物业市场上的发展都还不错，但也再无联络。

突然来的电话

2015 年的农历腊月二十七，广州城准备迎接新年的到来，这天中奥到家集团副总裁梁兵突然接到了永成物业何晓勇总经理的电话，稍作寒暄之后，何总单刀直入地问梁总对永成城物业有无收购意向。对于中奥到家来说，香港上市之后，一直在寻找合适的项目实施兼并购的策略，永成物业无论是从市场规模和经营质量方面都是极佳的收购对象。梁兵随即在回答说中奥到家对收购有浓厚的兴趣，双方可以约在春节后见面详谈。谁知何晓勇总经理当即说不用等到春节过后，明天我就带上相关人员到广州面谈。

2015 年的腊月二十八，正如电话里所说，何总带着团队坐上早班飞机赶到了广州，还带来了项目清单、财务报告等方面的材料。何总的诚意也深深打动了中奥到家集团总裁刘建等人，当时的永成物业作为宁波的独立第三方物业服务企业，其综合实力排名已稳居当地前两名，中奥到家对永成物业开出的 3 亿收购价格也初步认可，双方约定了年后立即进行实质性接洽。

2016 年的正月初九，何晓勇总经理带着团队，来到广州与中奥到家集团进行详细洽谈，中奥到家对永成物业的各项数据和发展情况非常认可，由此双方进入并购实质性工作进程。

危机意识与收购策略

永成物业的发展实质上与中奥到家是处于同一时期，到收购谈判前夕每年的营业额已经超过3亿，从市场体量来说与成功上市的中奥到家差距并不大，但与中奥到家团队在新形势下一路高歌猛进不同，永成物业的团队感受到了危机。2014年至2015年间，物业发展趋势与传统物业的发展相比，呈现出了不同的特性：一方面，资本市场对物业行业的关注度增加，资本的进入对物业行业的格局产生很大的影响；另一方面，移动互联网技术的日趋成熟会对整个物业行业产生较大的影响。从永成物业的股东年龄层分布来看，偏向大龄甚至超龄服务的人员比较多，因此对于认识物业发展趋势的没有足够的把握。经过充分地认真讨论，他们做出了最终的决定：与其落伍将企业做垮，不如将企业托付给一个好的"人家"，这才是创始人和管理团队对企业最大的负责。基于此，永成物业选择了已经在香港上市的企业中奥到家，他们都认为中奥到家是一个值得托付的"人家"。于是双方迅速达成了共识，进入收购流程。

私营企业的管理思路与上市企业的管理思路存在偏差，经过中奥到家的梳理，永成物业的账目结构、管理体系等方面都得到了规范处理，经过严格的审计和规范，中奥到家于2016年3月，正式收购永成物业70%股份，接手永成物业257个项目共1916万平方米的物业管理面积。

在收购步骤上，中奥物业做了精心的部署和安排，除2016年公司一次性收购永成物业70%股份外，剩余30%股份将分四年按每年7.5%的比例进行逐年收购，且永成物业需向中奥到家作出担保，在2016年、2017年、2018年及2019年12月31日止4个财政年度各年需完成经中奥到家审核的利润共计3200万元。这样就将一次性3亿的收购变成离开为期5年的5次收购，既避免了一次性收购带来的团队不稳定，管理衔接不善，以及下滑的风险，也通过长达4年半的交易时间，保证了中奥到家团队与永成物业团队的充分融合。

事实证明，这样的收购策略是正确的，2016年永成物业完成利润指标3200万，2017年永成物业超额10%完成利润指标3450万，按照目前发展，预计2020年将完成100%股权交易。

收购前后的团队策略

中奥到家集团一向重视收购后的团队建设，在收购浙江永成物业70%的股份后，中奥到家要求原有管理团队全部留下，到现在为止，除财务审核经理之外，中奥到家未指派任何一个人进入永成物业。同时，中奥到家要求原有团队要进行团队更替，每年替换一批老的管理层，走上顾问的岗位，同时将一些表现出色的员工提拔上来出任新的管理层，所有员工的新老更替都是在原有团队的基础上完成的，确保了原公司经营和发展的相对独立性。

稳重求进，是中奥到家区别于其他收购项目的根本所在，杜绝了项目收购后业绩下滑的现象，作为物业企业，中奥到家在收购中更看重企业的实体，看重企业的持续经营和发展的能力，这也是中奥到家集团香港上市之后在并购市场并无大动作，却有好成绩的根本原因。

目前，中奥到家已开始着手2020年永成物业完成100%股权交易后的团队建设，对于老股东人员能力的重新评估，新的经营班子的建立，职业梯队的建设等等问题，中奥到家都要开始逐个考虑和解决了。

卓越引领

第二章

2017年年底，中奥到家已经由广州拓展到了北京、上海、重庆以及全国11个省区，在多达43个城市里管理着500个物业项目，管理建筑面积6670万平方米。在这众多的管理项目中，在出色管理者的苦心经营下，一大批优质高端的管理项目脱颖而出，成为中奥到家的标杆，它们代表着中奥到家的品牌形象，也代表着企业的服务水准，这些优秀卓越的形象，也在无形中成为了一面旗帜，引领着企业服务朝着更好的目标发展。

　　我们将选取的中奥到家13个具有代表性的服务项目，一一展示给大家，无论是从地域上还是从规模上，它们虽然不尽相同，但在共同的服务理念的引领下，每个项目都极具鲜明特色，我们了解它，会更多地给消费者带来最佳的参考，也给从业者带来最有益的借鉴与启迪。

一、广州奥林匹克花园：最初的梦想

名称：广州分公司广州奥园项目
地址：广州市番禺区洛浦街
项目经理：陈华兵

广州奥林匹克花园这个名字在中奥到家管理者心中，都有着难以割舍的情感。中奥物业创始人刘建正是从这里开始，带领着一群怀揣梦想的伙伴，一起出发，走上了物业的道路。中奥物业创业的火种在这里点燃，在团队的共同努力下，星星之火呈燎原之势，中奥物业的服务项目遍及全国多个省份和城市。2015年，中奥到家集团总裁刘建带着质朴的初心，带着不断前行的梦想，走进了香港证券交易所，敲响了那承载着物业人梦想的铜锣。

回首1998年，刘建从沈阳来到广州奥林匹克花园组建物业公司开始，就以"更好、更美、更满意"为宗旨，带领团队用心经营，真诚服务，赢得了广大业主的认可和赞誉，也为中奥物业培养出一大批优秀的物业管理人才，目前在集团各分公司重要领导岗位任职的就有十多位。现任广州分公司总经理的曾红辉就是其中的一位。曾红辉2003年接任广奥花园项目经理，在广奥花园项目工作的8年里，秉承和发扬了中奥物业的服务理念，带领着团队做出了卓越的成绩。通过努力学习和自我提升，如今曾红辉已经被中奥到家集团任命为中奥物业总裁助理兼中奥物业广州分公司总经理，成为中奥物业的高级管理人员。

广奥花园是企业员工成才的训练场，让每一位在广奥工作过的员工，都能得到专业的培养，最终成为优秀员工团队中的一员。十多年来，在广奥花园工作过的员工从最初、最基层的工作中成长，走上了中奥物业各地分公司的重要领导岗位，为企业的后续发展奠定了坚实的基础，也为全国酒店行业、物业管理行业等企业输送培养出了一大批高端优秀的管理人才。

所以，本书在展示中奥到家旗下优秀的服务项目时，广奥花园物业以其特殊的历史地位必定是成为毫无争议的首选。

广州奥林匹克花园坐落于广州番禺洛溪105国道以北，如意路以东地段，占地面积250亩。一手楼盘开盘之初就创造了5次推盘就5次排队抢购一空的辉煌业绩，累计售出商品房近2000套，共计面积25万平方米。广州奥园也创造了当年开发、当年销售、当年入住的楼市奇迹。广州奥林匹克花园首创复合地产概念，成功地把奥林匹克的文化、理念融合于社区环境规划和社区物业管理之中，并以"运动就在家门口"的理念作为楼盘销售的宣传语，为奥林匹克花园的连锁开发打下了五大基础：出品牌、出人才、出模式、出效益、出网络。

广州奥园小区自1998年修建，1999年开盘入住，至今已历经了17年，小区设施设备在逐步的老化，这也给物业工程部带来了很大的工作量，在主管王芳勇的带领下，工程部新老员工，尽心尽职，克服困难，将小区的设施设备维护一新，走进小区，人们对那些将近20年楼龄的小区设备，丝毫感觉不到应有的陈旧。

小区的清洁卫生及绿化养护工作也做得细致周密，这个近20年的"旧"小区也一直保持着崭新的面貌，为业主物业的增值加分不少。尤其是在2000年之后，洛溪周边先后出现了多个楼盘，与它们相比较，奥园虽在楼龄上呈现出劣势，但其特色的物业服务使小区在二手楼市场上声名鹊起，受到许多买家的青睐。

广奥花园的主要特色有以下几方面：

（一）科学管理，严格管控

良好的小区秩序离不开科学的管理和严格的规章制度，广奥花园的现任项目经理陈华兵在管理上一直是坚持不懈，严格要求每位员工时刻牢记"更好、更美、更满意"的服务理念，保持广奥花园物业管理的优良传统。

广州奥园在管理上一直都是毫不松懈的。首先是对车辆的严格管控，禁止车辆进入园区停放，保证园区内无车辆过夜停放，以确保小区的每条街、每栋楼下的公共空间以及主干道道路畅通，为业主提供一个放心活动的舒适空间。

其次是实行人车分流。随着人们生活水平的提升，私家车数量越来越多，解决业主停车问题直接关系到业主对物业的评价，因此，中奥物业将人流和车流进行区域分隔，对于人员进出密集的门口禁止机动车辆出入，各类车辆一律从指定门口进出，既增加车流畅通性，又排除了人车混流的危险性。

再次，公司严格管控消防通道，生命通道，禁止一切车辆停放和占据。通过划斑马线，加装路桩、石磙，树立警示牌等方式，有效管理了各个交通堵点，确保了各类通道的畅通，严格的管理也提升了物业的服务水平，增加了企业的口碑。

中奥物业在小区安全管理上也是一丝不苟，公司在小区主要出入口安装了身份证识别系统，对外来人员进出进行了有效地管理，升级了小区的安全防范工作，为业主提供了更多层面的安全保障，同时系统化的操作也为当地公安的调查工作提供了方面，提高了工作效率。严格的管理让广奥花园获得"治安防范星级评定达标小区（四星）"称号，这个荣誉既是对小区安全管理工作的肯定，也是对管理者勤奋工作的鞭策和鼓舞。

（二）便民服务，细致入微

物业服务重在细节，中奥物业坚持开展便民服务活动，以细致入微的服务得到业主的一致好评——中奥物业每年组织社区医疗工作者开展各类社区义诊活动，方便老年人就医，让小区的老年人足不出户就能享受免费体检等贴心服务。

广奥花园实行的是人车分流管理，停车场都在园区外围，这给业主携带大量物品出入带来不便。广奥业委会购买了小推车投放园区以方便业主使用，由物业公司在小区门口设立便民小推车存放点，每天工作人员不定期地将散落在园区各处的小推车收集起来，集中摆放在小区门口存放点，方便业主在购物回来后使用。这项安排虽方便了业主，但给物业中心工作人员增加了工作量，可员工们毫无怨言，不仅每天及时搬运和摆放推车，还会义务帮助老人与行动不便的业主送物到家。这个平常的工作细节，却恰恰体现了细致入微的服务态度。

为了让小区业主足不出户就能吃到新鲜的有机绿色蔬菜、肉类、水果及饮料，也享受到了比外面市场超市更多的优惠，中奥物业还特地引进了农工直通车超市，业主通过手机即可下单购物，即可在家享受送货上门服务，也可到管理中心直通车超市自由选购商品，真正为业主提供了方便。

（三）爱心到家，体贴周全

每年中秋、国庆、元宵节等中国的传统节日之际，物业都会举办大型游园活动，全体小区业主参与活动可获得丰富的奖品；每年"三八妇女节"时，物业公司还为小区的妇女送上美丽的鲜花以及节日的祝福，通过真诚的爱心服务感染业主，拉近了物业公司与业主的距离。

为了丰富社区文化，物业公司定期组织举办各种文艺活动，丰富老年人的娱乐生活，小区还设立老年活动中心，小区老年朋友每天都聚集在一起，唱歌、跳舞、下棋、健身，安享晚年，其乐融融。

广奥花园的"饺子宴"众所周知，在每年的腊月二十四日，南方过小年这一天包饺子慰问中奥物业员工，给因工作需要不能回家与家人团圆的中奥物业的员工们包饺子，让物业工作人员们吃上一顿热腾腾的饺子，感受到家的温暖。"饺子宴"自2003年由热心业主为感谢中奥物业的热情服务自发发起，在广奥业委会的大力支持下一直延续至今，已有15年之久。

小区业主与物业公司这种融洽的关系，也体现了小区业主对中奥物业真诚服务的认可和由衷的敬意。

广奥社区举行“迎春节包饺
2017年广奥业委会慰问物业员工“饺子宴”活动

2016年广奥业委会慰问物业员工“饺子宴”活动

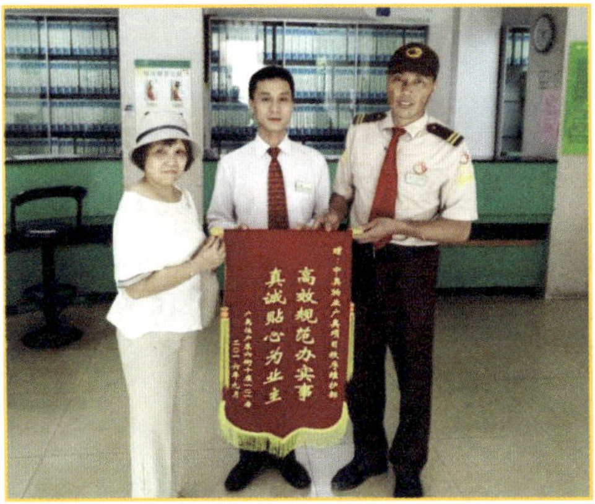
高效规范办实事
真诚贴心为业主

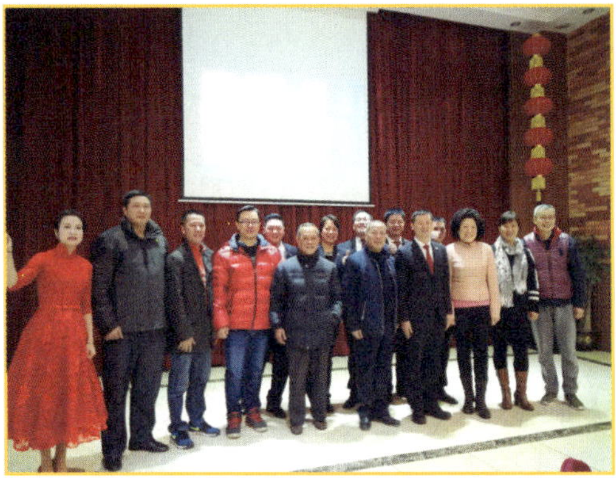

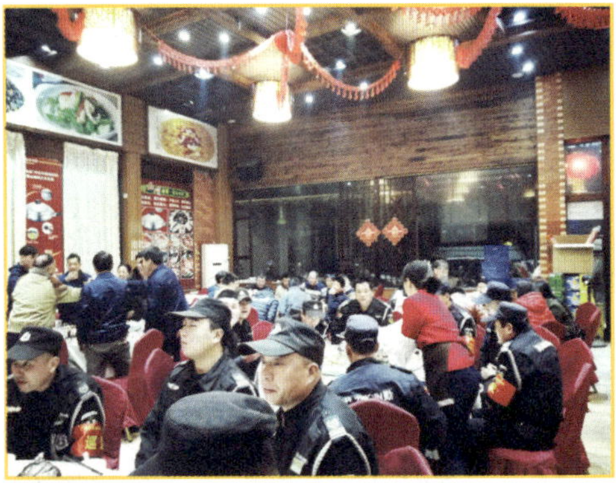

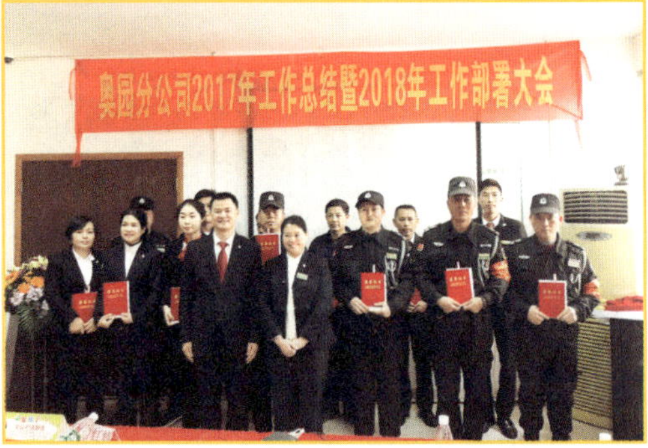
奥园分公司2017年工作总结暨2018年工作部署大会

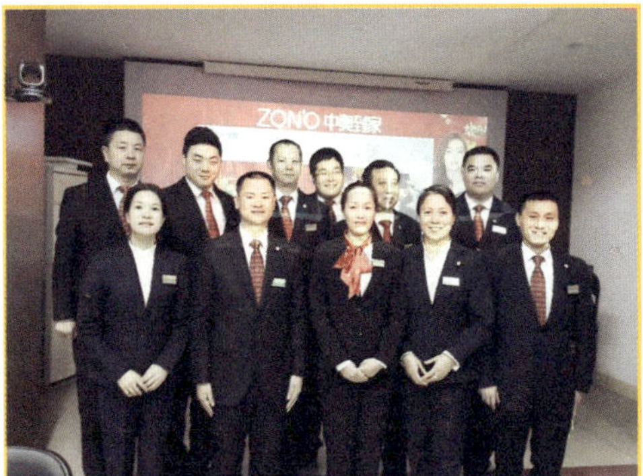
中奥到家

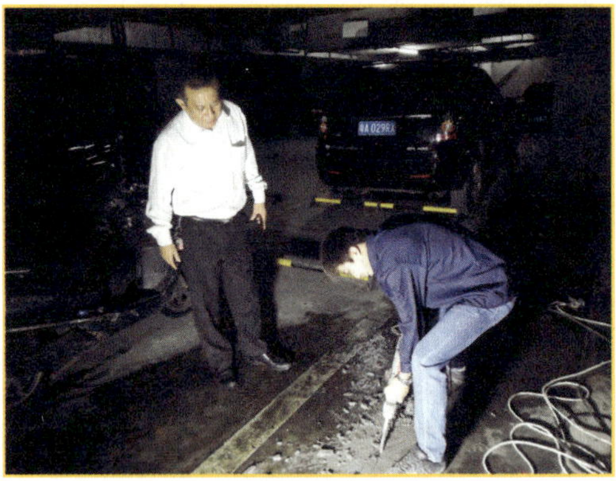

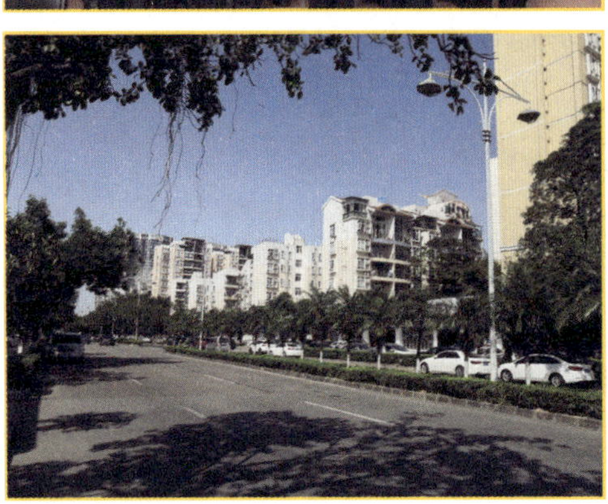

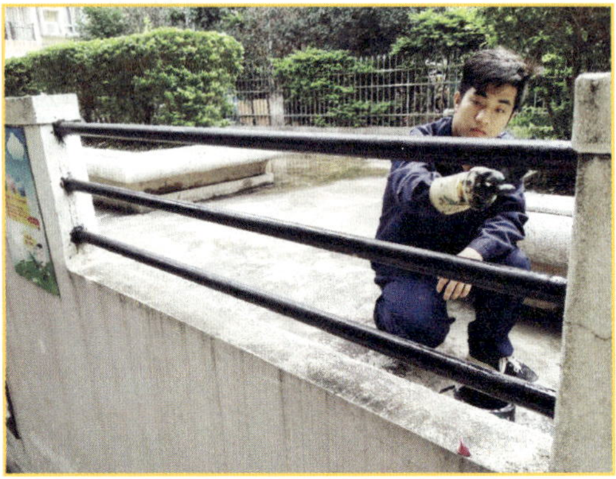

二、南国奥林匹克花园：幸福的家园

名称： 广州分公司南国奥园项目
地址： 广州市番禺区汉溪大道
广州分公司项目总经理： 曾红辉

广州，是中奥到家崛起的地方，距广州奥林匹克花园不到10公里的地方，还有一个著名的奥林匹克主题地产项目——南国奥林匹克花园。这个楼盘与中奥到家也同样具有深厚的渊源，它不仅是中奥到家在广州的第二个物业服务项目，也是如今中奥物业的总部所在地，在这里培养出了一大批卓越的物业管理人才。

南国奥林匹克花园位于广州华南板块，总建筑面积75万平方米，占地面积67万平方米，绿化用地面积高达25.48万平方米，覆盖率达38%，由洛杉矶奥运村、卡萨布兰卡奥运村、雅典奥运村、悉尼奥运村、北京奥运村五个组团构成。规划住宅单元5926套，居住人口2万人。南国奥园社区内公共设施非常完善，配套有北京师范大学南奥实验小学、小云雀幼儿园、钟村奥园小学等品牌教育机构，拥有900多平方米的社区服务中心和居民活动场所，设有多功能图书室、活动室、警务室、星光老年之家等社区基础设施；社区还组建了舞蹈队、合唱队、拉丁舞队等十多支文体队伍，在丰富居了业主精神生活的同时，也全面提升了社区的文化底蕴。

2002年，南国奥园第一批楼宇刚交付使用，刘建带领的物业服务团队就已入驻。多年以来，公司秉承"更好、更美、更满意"的服务宗旨，为住户提供人性化服务：当业主在雨中赶路时，临近的保安会送上一把"爱心伞"，护送业主回家；当业主下车手提重物时，附近的保安会跑上前去帮业主提到楼上；当业主上班无法收取快递时，只需一个电话，服务中心就可以代业主收件……

这些暖心的细节，成为了业主选择居住在南国奥园的充分理由，也成为了业主主动向亲朋好友推荐在小区的理由！

2008年，南国奥园悉尼组团果岭交付，根据不同的客户群体，推出代表公司最高标准的白金管家服务，为每栋楼配备一名专属白金管家，为业主提供多达188项个性化服务；自2009年开始，中奥物业在原有服务的基础上，对管家职能进行再次的扩大深化，为小区内每个组团都配备专属管家，为每个区域管家配备工程、秩序、保洁人员，以便在管家接到业主的报事报修等事务之后，能在第一时间响应并安排专人处理。

为了给小区业主提供持续稳定的高水平服务，中奥到家特别注重对员工的长期培养，在南国奥园物业服务中心，工作十年以上的员工就有五位，工作超过五年的员工有六位，物业中心工作的员工队伍一直都非常稳定。经过多年的服务和陪伴，企业员工与业主之间都已经建立了家人和朋友一般深厚的情谊，他们通过细心、耐心和真诚地工作，得到业主的认可，也为中奥到家的品牌形象的树立默默地付出了一份自己的努力。

除特色管家服务之外，南国奥园的文化建设又是社区经营的一大特色。社区文化是一种家园文化，具有社会性、开放性和群众性的特点；社区文化可以强化社区居民的主人翁意识，倡导特有的健康民风民俗，增强社区居民的归属感，维系社区良好的人际关系，提高居民的生活质量，让大家养成关心、爱护家园的良好习惯。

多年来中奥物业一直致力为社区居民打造"和谐社区，幸福家园"，举办了丰富多彩的社区活动。为了邻里关系加深感情，中奥物业联合广州电视台举办大型活动"左邻右里、邻里一家亲"活动；为关爱小区内老年人，中奥物业每季度举办一次的"长者生日会"活动，如今活动已持续开展十多年，得到了社区老人的高度赞扬；为了给小区居民提供方便，物业举办的维修小家电、文明宣传等"便民服务活动"，也已坚持多年。

除此之外，物业中心在各种纪念日、重大节日里，都会组织宣传小区的精神文化：每年新春歌舞游园、财神派红包派糖果、元宵猜灯谜、元旦游园活动，"三八妇女节"活动，"为地球添绿"的植树节活动，端午节包粽子比赛，"六一"七彩儿童节，重阳登山活动，贺中秋迎国庆和迎春文艺表演大型晚会等等丰富多彩的活动，体现出中奥物业对小区管理和服务的真诚与用心。

"以心换心"，物业公司的付出也同样得到了广大业主的肯定与支持，物业公司与业户关系也非常融洽，在物业公司与小区业主的共同努力下，南国奥园的社区里形成了友爱和谐的可贵氛围。

如果说广奥花园是中奥到家崭露头角的摇篮，那么南国奥园就是中奥到家脱颖而出的土壤，无论是从人才的培养，还是服务理念的完善，中奥到家在对南国奥园的管理过程中，逐步摸索出了适合企业发展的方法和理论，也为后期企业全国战略性地业务拓展提供了实践环境和理论基础。

在中奥到家全体员工不懈努力下，自南国奥园开盘以来，十多年里，小区屡获殊荣，连续获得广州十佳楼盘、中国第一名盘、中国房地产品牌企业、幸福物业小区、全国优秀运动主题社区等重要荣誉。

毫不夸张地说，南国奥园代表了我国社区物业服务的高水平层级，也成为了中奥到家物业服务的标志性企业典范！

共建和谐社区

奥园分公司2017年工作总结暨2018年工作部署大会
业主服务

南国奥园

“根植社区，绿动南奥”义务植树活动

奥园分公司2017年工作总结暨2018年工作部署大会
优秀团队

2016年南国奥园“九月长者乐，莲花山秋季游”！
2016.10.24 10:10

三、博澳城：城市中央的精品

名称：顺德分公司博澳城项目
地址：广东省佛山市顺德区
项目经理：史瑞金

城市中央最佳位置

顺德博澳城项目从佛山市顺德区全景地图上俯视正好位于整个城区的正中央。这里交通非常便捷，整个项目处于环城高速、佛山一环、伦桂路、龙洲路、勒良路的交汇再同顺德环城高速、广珠轻轨、广州南站连接，将大佛山顺德区域与广州国际化大都市紧密接轨，大大拉近顺德和珠三角一线城市的距离形成大佛山城市核心圈。

项目整体设计采用南太平洋风格，整体项目简约而古典，尽显泛亚热带住宅建筑风格。项目占地面积30万平方米；由东岸别墅与洋房、西区高层洋房共8个组团组成，住宅业主约5600户。博澳城取得了一个又一个骄人的成绩："顺德区优秀消防安全试小区"，"顺德区消防事业单位先进个人"，全集团大项目第一个满意度达80%的项目（2015年），集团优秀团队（2011、2012、2013、2015年）等，荣誉体现了博澳城项目的优秀卓越。

中奥物业于2009年进驻博澳城，一直以来公司用真心为客户服务的思想努力为广大业主朋友服务，得到了广大业主的信任与支持，也与广大业主建立了深厚的友谊。

温馨家园的守护神

当每天清晨第一缕阳光洒向大地时，博澳城小区总看见这样一群人：他们微笑着站立，帮助业主开门，指挥车辆同行，巡查车辆进出。"您好！"，"早上好"，"再见"，温馨的话语让人精神愉悦。当夜幕来临时，还是这样的一群人，他们微笑着站在那里迎接业主回家。"您好！"，"下班啦？"，"欢迎回家！"，暖心的话语让人倍感轻松。

是的，这就是小区的秩序维护员。有时候，他们帮顽皮的孩子去捡飞到树上的羽毛球，捞起掉进水里的毽子；有时候，他们替行动不方便的老人搬着重物，一直将他们送进电梯；有时候，他们饭未吃完就急匆匆赶去帮邻居修理门锁，有时候，哪怕是深夜或是凌晨他们也毫无怨言送生病的业主就诊。每天深夜，不管是刮风下雨、雷鸣电闪，他们都会风雨无阻地站岗巡逻，时刻呵护着小区业主的财产，保护着小区业主的生命安全，他们就是这个温馨家园的保护神！

一站式的快捷服务

博澳城项目自成立以来，就以"白金管家销售配合服务"为客户提供周到、优雅、精确，尊崇的体验式管家服务，为准业主们建立了深刻的印象。通过在销售现场、样板房、会所等各个销售环节中提供极具特色的服务，博澳城的准业主们在精心设计的情境之中，提前感受到未来的高品质生活，加速了客户由准客户到客户的转变过程。

同样，后期管家、管家主任的工作也卓有成效。博澳城项目一直打造客户服务中心 CUP 的服务功能，满足客户的理性需求，一站式解决客户的日常报修、报事、问询、投诉等服务。2015 年以来项目按总公司的战略推出的管家服务模式，通过管家下沉到每个区域、每个业主家里去，实现移动办公、走动管理、服务前置的效果，将服务从前台转移到业主的身边，不断满足基础服务的需求的同时还尝试业主的个性化需求。

工程维保力求更好

工程管理维护是物业管理中的一个重要的组成部分,他们每时每刻保障公共设施设备的正常使,确保小区内设施设备使用的技术安全,延长设施设备使用寿命。

每年通过在顺德区质量检查局与小区合作进行"电梯安全事故应急演练",提升管理团具应急处置能力,从而正面宣传和提升了项目管理水平及公司美誉度、品牌知名度。

沿海城市每年台风频发,每年的台风时工程维保人员都会冲到第一线检查电梯、道闸、车库排水泵,在台风过后的几天时间内迅速完成所有的灾后重建工作。

有的工程人员,在维修排污管道时,弄了一身的粪便,事后也毫无怨言;有的维保工作人员为调解业主纠纷,成了业主的出气筒,那也默默地忍受。

一切为了业主需要,一切都是标准的服务,这充分体现了中奥物业服务的价值。

环境部的敬业情操

"宁可一人脏,换来万家洁净;宁愿一个累,换来四季如春。"这是博澳城环境部的工作语录,也是他们敬业精神的真实写照。

环境部在项目中属于人数最多、收入最低的部门,但不论严寒酷暑,他们敬业奉献,毫无怨言。他们用汗水与辛劳给小区一个整洁的容貌,给楼道一个常新的环境;他们用娴熟的技艺,使小区的绿化造型美观、层次分明。

他们虽然默默无闻,无私奉献,做着毫不起眼的工作,却带来了整个小区的舒适和美丽!

85
211m²
全新组团
轻奢
即送
元购物卡

客户满意度
优秀奖
优秀部门

佛山市2017年"关注消防 平安你我"
119消防宣传月启动仪式

勒流街道电梯安全事故应急救援演练

四、东方花城：从荒城到花城

名称：杭州分公司东方花城项目
地址：浙江省杭州市滨江区
项目经理：吴晓祥

杭州瑞立东方花城地处滨江区风情大道与滨安路交界处，紧邻建设中的地铁1号线滨康站(地铁5号线换乘站)，南面与正在规划中的滨江时代广场综合体仅一路之隔，拥享双铁口零换乘优势，无缝对接杭城主城区，集交通优势和商业优势于一身。项目占地面积约4.9万平方米，总建筑面积约19.1万平方米，由8幢17—24层的高层建筑组成，住宅、沿街商铺共计1000户左右。

自2015年中奥到家集团接手东方花城项目以来，不到3年时间，就发生了很大的变化。

早在2016年，项目正处于装修高峰期，一眼望去，楼层里、过道上、消防通道中、地下车库等无处不在的垃圾可谓是堆积如山，业主回个家都要"翻山越岭"，这段时间里可没少遭到业主的投诉。望着漫天的垃圾，物业工作人员全部出动，大家统一换上迷彩服，一层一层地去清扫垃圾，以最短的时间打了一场胜利的攻坚战，还业主一个舒适、安静、整洁的小区。整个过程虽然非常艰辛，但物业人员的付出和努力获得了广大业主的一致好评。

当时的东方花城被业主称为是东方"荒城",因小区的土都是从外运来的,加上植物都是刚刚种植的,小区的许多花木都干枯而死,放眼望去本来该有的草坪光秃,灌木残缺,乔木枯死,环境问题也是招来骂声一片。面对现实,小区的物业工作人员通过努力,和绿化单位一起悉心地养护花草树木,最终把"荒城"打造成了实实在在的"花城"。

沿街商铺广场本应该是清爽的,但当时的广场却是随处可见乱停的车辆,无序凌乱,给业主的生活带来了极大的不便。园区里本应的人车分流,但也因管理不善显得格外混乱。面对问题公司改变了管理的策略,从根本上改变了这种混乱的现象。现在的商铺广场已经井然有序,还给了业主一个安全、整洁的环境。

2016年至2017年在项目全体员工的共同努力下,东方花城项目取得了突出的成绩:2017年中奥到家物业全公司第一个双达标项目, 2016年中奥物业萧山分公司"优秀团队"称号,2017年东方花城项目被列入公司标杆项目。

面对取得的成绩,总结东方花城的管理经验,主要有以下几个方面:

(一)管家服务中心

1. 每早开例会,安排一天的工作,进行早八迎送,把业主反馈的问题反馈到各职能部门;

2. 非前台人员禁止进入办公区,跟进并落实业主的报事报修,并每日进行回访;

3. 区域管家责任牌上墙,明确岗位职责和服务内容,并定期对客服人员进行培训。

在物业服务行业,服务礼仪至关重要,它是公司连接客户的第一纽带,在服务中要注重仪容、仪表、仪态和语言、操作的规范,服务人员发要自内心地向客人提供主动、周到的服务,表现出良好的风度与素养。

(二)秩序维护部

1. 定期组织安管领班及安管员的在职培训和技能训练,部署安全保卫工作，发现安全问题，及时向部门主管汇报，并实行 24 小时轮岗制度，把巡逻情况汇报至项目工作群；

2. 负责监督、检查小区内安全、消防设施的使用情况，在固定时间对部门人员进行消防知识的培训和实操；

3. 负责小区内交通秩序的维护和管理，并设置小区巡逻路线及岗位，根据实际需要，调整改变巡逻路线及方案需报项目经理审批；

4. 配合有关部门处理园区内各类违法违章行为、突发事件，配合政府等执法部门作好小区内的治安消防管理工作，以及岗亭物品摆放井然有序。

（三）工程维保部

1. 工程值班室上墙资料全部按照标准制作，规格统一、颜色一致；

2. 设置专门夜班值班人员，解决业主在晚上遇到的突发状况；

3. 工程人员在岗期间需通过考试获得电梯上岗证，设备房卫生由专人负责；

4. 每日和前台对单，完成或未完成必须交接清楚，确保业主的报事报修事事有回音；

5. 对设施设备的维护保养按照计划定期进行，并定期对员工进行理论和实操的考核。

（四）环境事务部

1. 保洁责任牌和固化工作牌要上墙，明确各保洁员的工作区域和卫生内容；

2. 设置机动岗一名，根据实际工作中的需要，及时合理地调配人员；

3. 每日严格按照日清日毕制度对保洁工作进行督查，发现不合格处及时联系保洁主管。

（五）行政人事部

1. 每周宿舍卫生进行抽查评比，每月组织员工活动以提高员工间的凝聚力及团队精神；

2. 用餐标准化，每日菜单单价公示，厨房、洗衣房责任人上墙，明确工作职责与内容；

3. 办公室区域实行自查并相互监督，每月进行服务之星评选；

4. 组织员工关爱活动，帮助有困难的员工家庭。

（六）社区文化活动

为打造更好邻里关系、拉近物业与业主之间的距离，东方花城每月不定期举办一系列的文化活动，比如"圣诞老人"送礼物、春节"四福娃"送福、"三八"女神节送玫瑰、上门邀约业主参加中秋晚会等等，怀着一颗炽热的心，物业工作人员只想和业主近点儿，再近点儿！

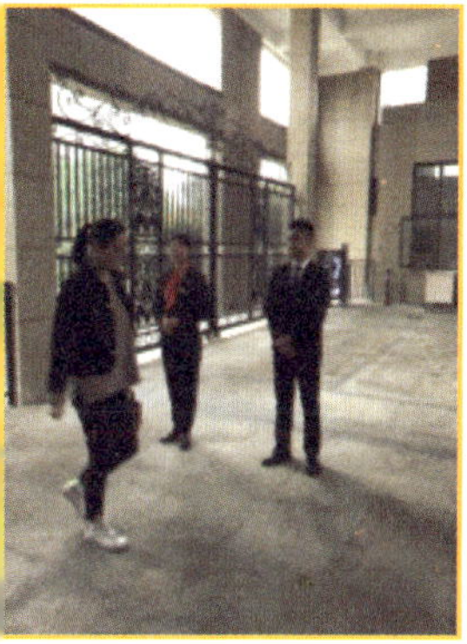
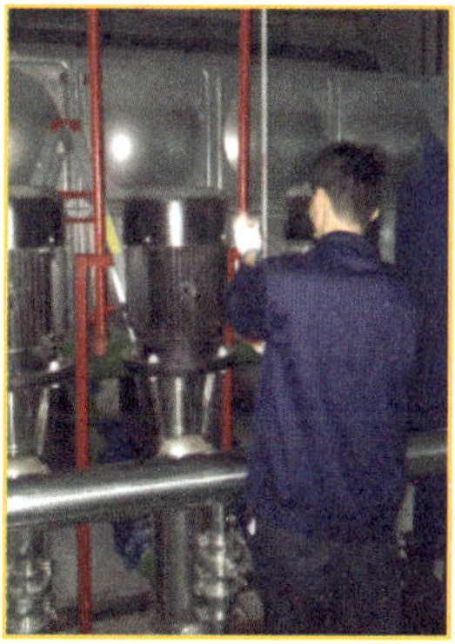
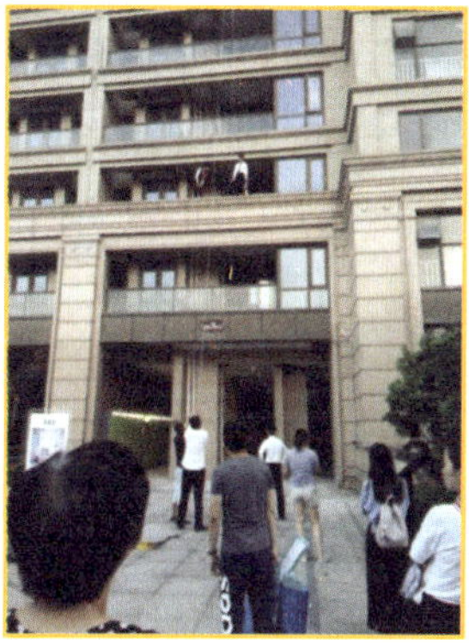
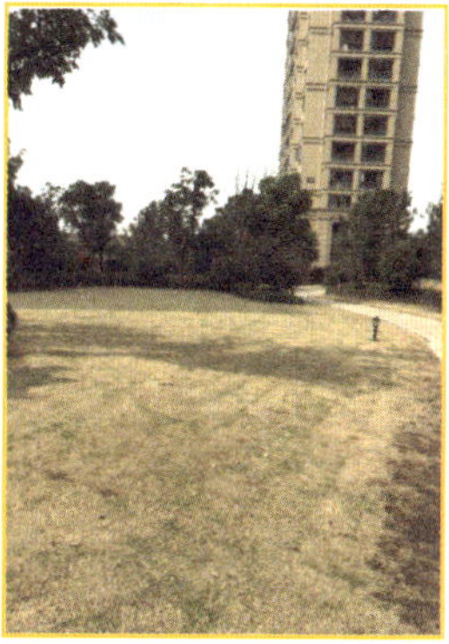
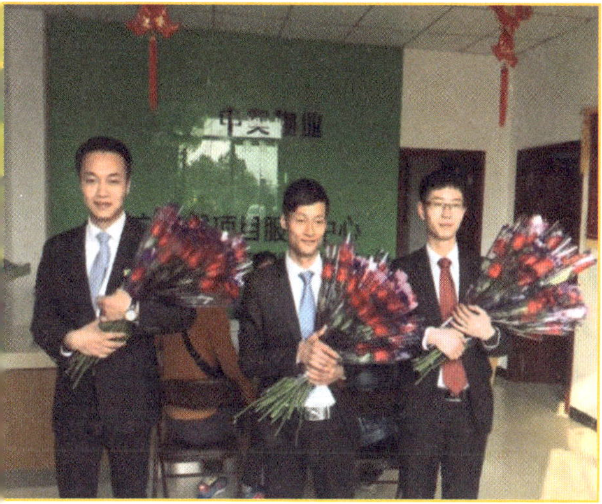
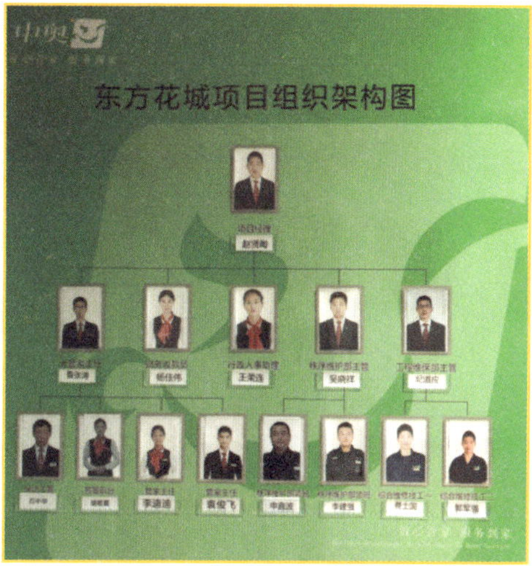
东方花城项目组织架构图
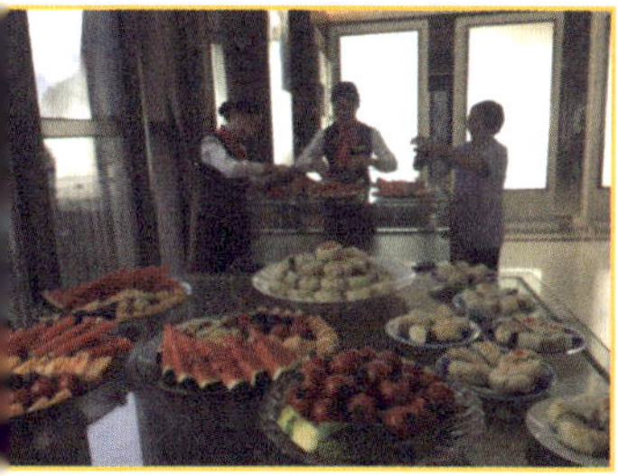
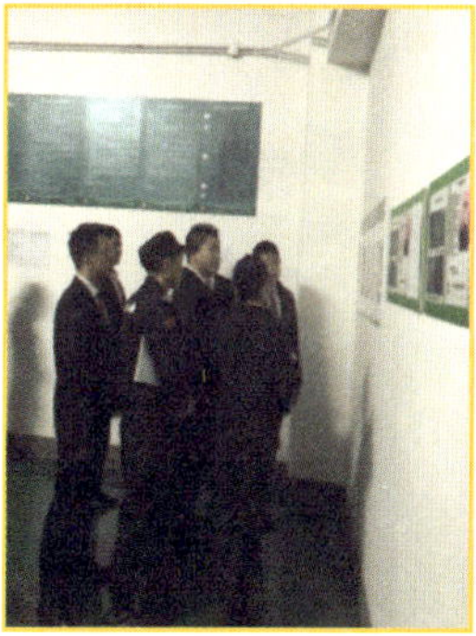
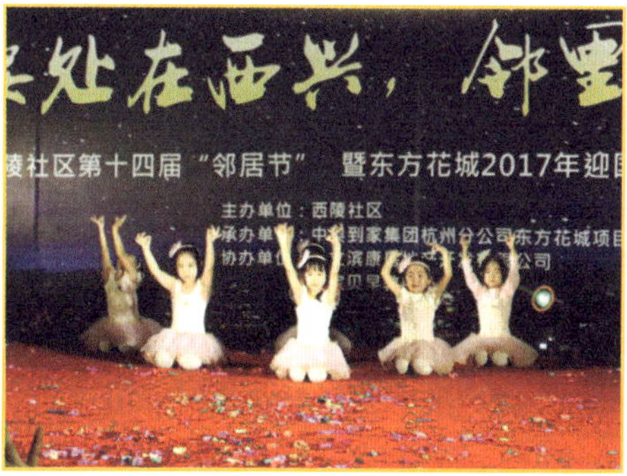
处在西兴，邻里
陵社区第十四届“邻居节” 暨东方花城2017年迎
主办单位：西陵社区
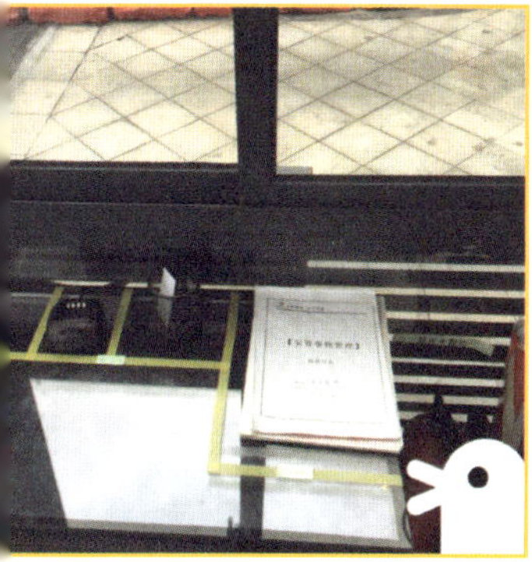
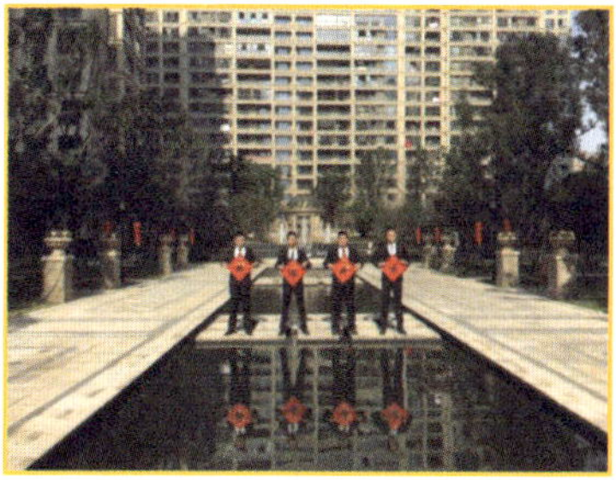
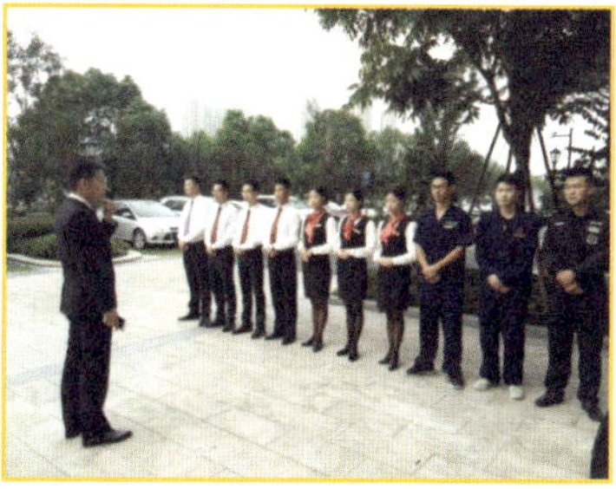

五、昆山·玖珑湾：向往的幸福家园

名称：苏州分公司昆山·玖珑湾项目
地址：江苏省昆山市玉山镇
项目经理：陈磊

2012年9月份中奥物业带着白金管家服务进场入驻昆山·玖珑湾项目，以良好的口碑、高端的品质深受广大业主的欢迎与赞扬。玖珑湾花苑项目是中奥物业的白金管家服务在苏州区域的标杆项目，历年来荣获各种奖项：2013年团队奋斗奖，2014年优秀团队奖，2015年品质卓越奖，2016年最佳服务奖等等。

（一）玖珑湾花苑白金管家的特色服务

玖珑湾花苑位于昆山市朝阳路与车站路交汇路口，临近市中心，周边有高档的商业圈。交通便利，地理位置优越。小区以高层公寓为主，精装交付。总建筑面积213707.80平方米，园林景观、景立方、水庭院是三大特色。小区中央设有功能齐全的会所，室外阳光游泳池等设施。中奥物业一贯秉承"放心管家、服务到家"的理念，将"国际白金管家"物业服务模式充分运用到物业服务之中，让小区业主在享受服务中体验尊贵和荣耀。

白金管家服务不仅体现在物业服务中，还体现在前期的销售配合服务，包括迎宾接待、询问服务、茶水服务等，管家服务从业人员有严格的服务形象和行为举止的要求。白金管家服务的加入，无形中增加了客户的认可度。

（二）把专业管理和服务做得更好

为了让业主、住户在居家生活中出现困难和需要时，能够方便地找到其所需的服务，项目成立服务中心，培养了一支具备良好沟通能力、公关能力、事件处理能力、应急能力的精英队伍，驻守服务的最前线，为业主提供24小时热线服务，确保业主服务中心的服务质量。管家服务中心成立六年来，已经开展了六大类，共五十多项的常规服务和特约服务，覆盖商务和生活的各个方面。

管家部是项目工作运转的重要沟通桥梁，随着物业行业的现代化，中奥物业采取"服务前置、移动管理、走动服务"的模式展现了其服务的专业性和白金管家的服务特色。

为维护小区秩序，让园区更安全，在秩序维护员的使用上始终贯彻"严进严操"的原则。所聘用的保安人员均从退役军人中挑选，并经过严格的军事化训练和上岗培训，保证身体素质和服务水平的双过硬。

广东中奥物业管理有限公司提供24小时安全保卫服务，服务范围包括：

1. 玫珑湾花苑出入控制——各出入口均设有岗亭，人员出入小区必须出示有效证件，无关人员一概不得进入；

2. 固定岗位值勤——每一个区域范围均设立固定岗位，负责该区域安全防范；

3. 楼宇外巡逻——楼宇外围有巡逻人员24小时巡视，发现异常情况做出最快反应；

4. 车辆出入、停放管理——所有进出小区的车辆将受到严格监控，并有专门人员负责车辆停放的管理；

5. 所有保安人员均受过严格的安全消防培训，并按照消防管理规定于小区配置相应消防器材，随时警惕火灾事故的发生；

6. 来访客人接待服务——所有来访客人在出入口处均会受到礼貌、热情接待，保安人员在获得来访客人身份确认并得到业主认可后，方何指示路径。如果遇到被访业主／住户外出，门岗保安可以提供留言传达服务。

（三）安保、维修、保洁的规范化

玖珑湾花苑装置先进安保系统，以达安全保卫目的，该系统包括：

1. 于各出入口、公共区域设置24小时闭路电视监控系统；

2. 于外围护栏设置红外线监控报警系统；

3. 住宅紧急报警系统：住宅内装有紧急报警按钮，业主及住户可在需要紧急帮助的情况下启动按钮，保安人员将立即赶到提供紧急援助；

4. 住宅可视对讲系统：住宅内装有可视对讲系统，业主及住户可与来访者对讲，并可通过对讲系统与保安监控中心通话；

5. 保安员均配备无线对讲机，随时与保安监控中心保持密切联络，各业主及住户如需协助可通过室内对讲系统与监控中心联络。

在维修服务方面，物业配置了一支专业化程度高技术过硬的维修队伍，能够制订周详的维修养护计划，全天候为业主提供快速、热情、优质的维修服务。制定年度维修计划，对于公共区域设施、设备进行精心维修养护，以保持物业的整洁常新。同时对小区业主进行入户有偿及无偿维修服务，项目提供了19项入户免费服务和45项有偿服务。

在保洁服务方面，为保持物业公共区域的清洁、整齐，物业公司配备专业保洁人员及设备，所提供服务项目包括：

1. 每栋单元均有专职日常清洁人员；

2. 清洁人员定时打扫，包括附属标识系统；

3. 合适安置垃圾箱，及时清运垃圾，保洁人员每日早、晚两次定时清运生活垃圾；

4. 公共区域内所有设施、设备、场地每日均有专职人员定时清洁、打扫；

5. 为保证物业外观的整洁、常新，物业公司将定期或根据实际情况需要清洗建筑物外立面，开展高空作业；

6. 根据不同季节、阶段需要，保洁人员将采用喷、投药物、生态捕捉等方式灭杀物业内的蚊虫及鼠类，确保小区安全卫生。

(四) 绿化服务及其他

为保持小区优美的绿化环境，物业公司配备专业绿化人员及设备，提供细致的绿化服务：

1. 每日采用人工浇灌方式保证绿化植被的适宜灌溉；

2. 根据不同植物种类的不同季节需要，定期采取施药、施肥、除虫、剪枝、修剪等养护方法，保持物业内绿色植物的繁盛，并通过修剪不同形状配合不同环境布置需要；

3. 倘若植物因气候、水土或其他原因死亡，物业公司将尽快安排相同种类或不同种类进行补种；

4. 为配合小区季节性景观的变换，物业公司还随季节变更更换花园内草本植物品种。

中奥物业所做的一切工作，都是为了让业主亲身感受到家园更温馨，生活更幸福，努力建造一个令人向往的玖珑湾，一个令人向往的幸福家园。

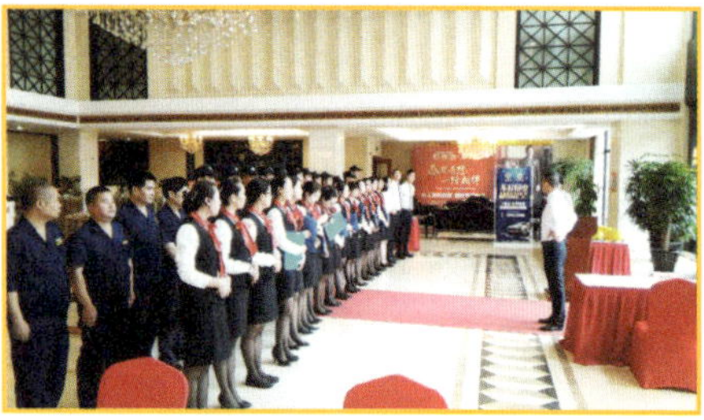
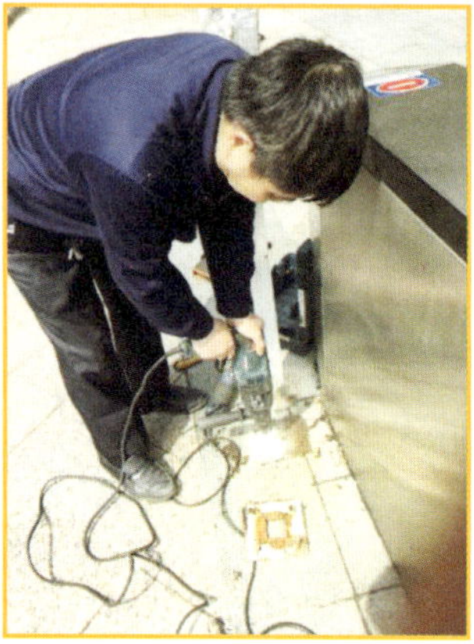
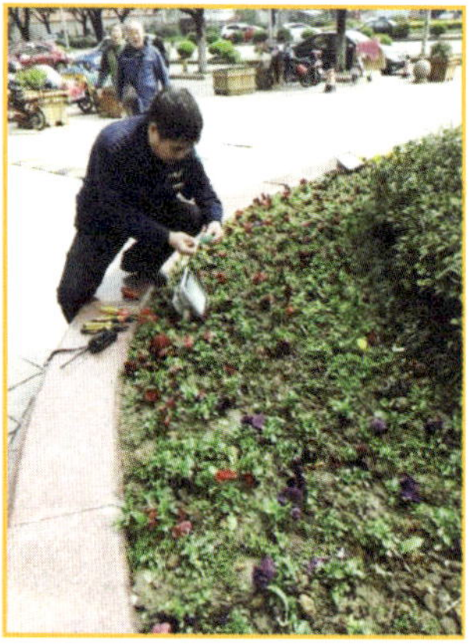
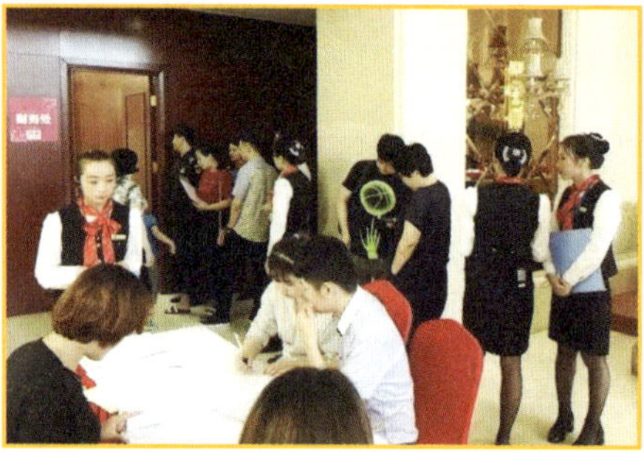
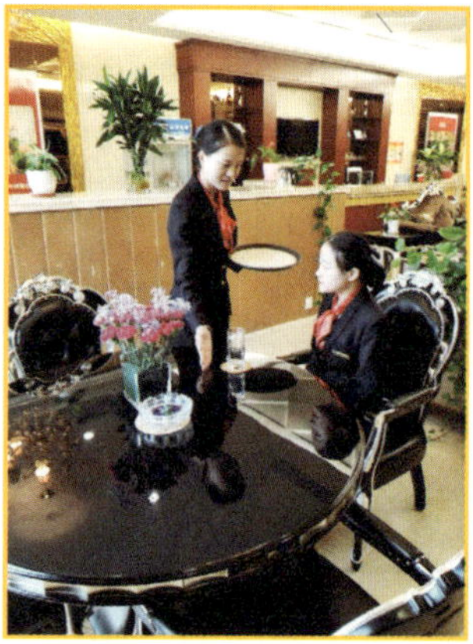
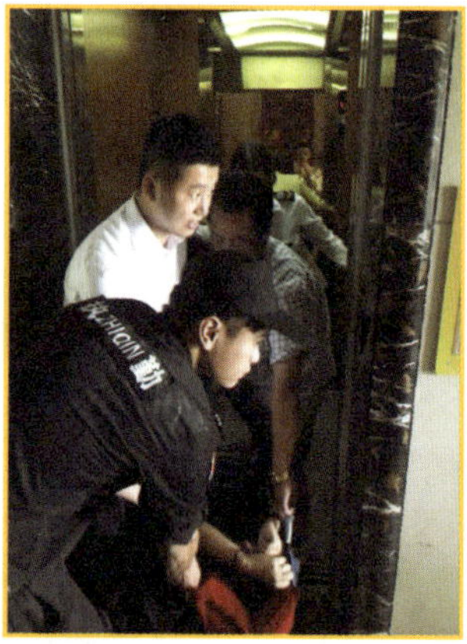
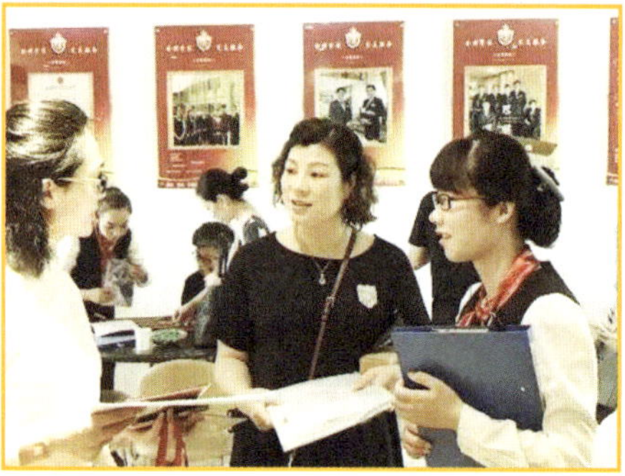
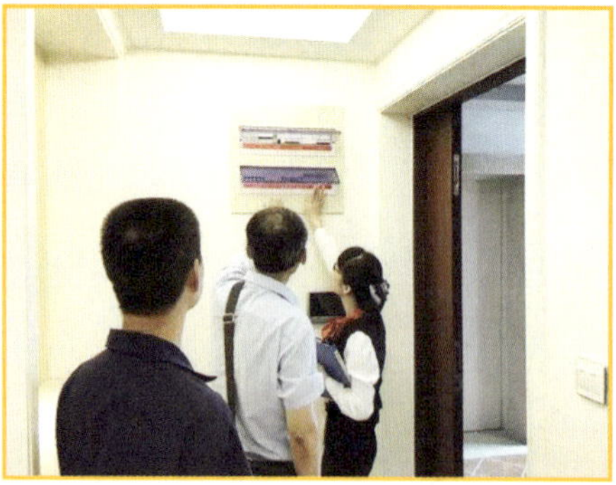
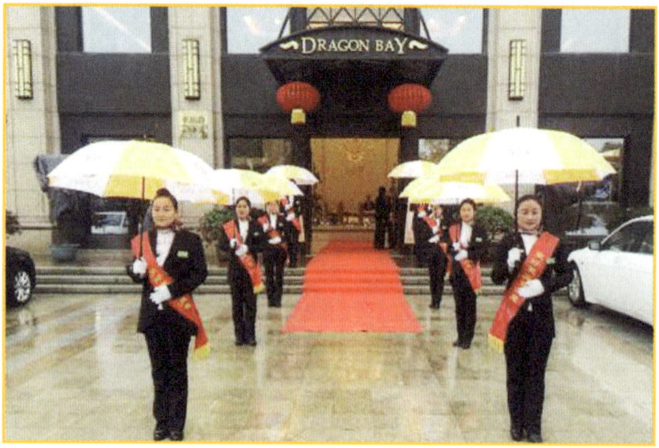
DRAGON BAY

六、理想城：让业主感受幸福的阳光

名称： 湖州分公司天河理想城项目
地址： 浙江省湖州市
项目经理： 李迎春

有人用这样的语言来形容理想城——回迁房美成诗中画。

这就是理想中的住宅区，中奥集团把业主的企盼变成了现实。

湖州天河理想城于 2016 年 2 月交付，共计 2804 户，项目物业服务团队由客服部、保洁（绿化）部、工程部、秩序维护部组成。

小区业主群体基本由湖州环城周边村镇拆迁回户迁组成，社区维护意识薄弱，生活起居习惯相对散漫。从 2016 年进驻天河理想城小区起，物业服务人员通过一年多时间的付出，小区的整体环境面貌发生了较大的改观。环境上彻底清除了整个小区装修期间留下的牛皮癣广告，清理整顿了小区卫的生死角；工程维护上保证服务频次，定期巡查水泵、消防泵、高配房等重点设备房；管家的联合巡查机制覆盖整个小区范围包括环境秩序维护等项目。

物业的服务虽然平凡而普通，却支撑着理想城业主们幸福与理想的生活。小区联合巡查整理高层单元大厅卫生，服务区域管理死角，早晚的迎送服务；定期巡查电梯机房、楼层天台卫生及地漏堵塞情况；在地下车库易堆积装修垃圾地点制作简易围挡，维护环境卫生；清除小区电梯轿厢内所有的牛皮癣广告，为业主客户维护良好的出行环境；冬季为确保业主客户安全消防水和生活用水的供应，用保温材料覆盖外露的水管接头……

服务的精髓在于细节，就是这些琐碎的细节，构成了理想城物业管理的每一天！

再来讲一些小事吧，或许更能体现出物业为民服务的良苦用心：

每年腊八节这天，物业中心为理想城业主免费提供腊八粥，每年共计随机送出 300 份到 500 份带着浓浓祝福和情义的腊八粥；每年元宵节，物业与社区、业主共同制作灯笼、新年贺卡，共同营造出热闹的过大年氛围；每年的"三八妇女节"这天，物业为理想城女业主们送上鲜花，组织召开妇女健康座谈会，受到"半边天"的热烈欢迎。

平日工作中那些看似平凡的琐碎小事，中奥物业也从不忽略，而是完成得非常认真。做一件平凡的事情容易，但平凡的事情天天做，就是不平凡了，把每一件简单的事情做好，就是一件不简单的事情。像日常维护小区环境，车辆停放，这是物业每天的功课；组织召开倡导居民生活垃圾分类，大力宣传，分发物料，这也是每天的必修课，有难度，但不能退缩，良好的习惯需要慢慢养成；关注社区文化氛围，端午节组织业主亲自动手包粽子，让理想城业主更真切地感受中国传统节日的内涵，增进大家之间的亲密联系和相互交流；每年多次组织各年龄段的社区文化活动，促进居民与物业社区的良好关系。这些都是平日里一些琐碎的小事，因为中奥物业把它们认真地做了，并且坚持做了，才做成了特色，做成了榜样。

回迁户多是理想城的一大特色，为了提高回迁户业主的文明意识，同时在合理的范围内尊重回迁户业主的生活习惯。物业非常重视对安置业主的宣传工作，切实提高安置业主客户的整体素质和文明意识，针对不同年龄层次开展不同形式的宣传活动、丰富多彩的文艺和体育活动。使安置人员能了解管理程序，支持物业管理工作。对一些占用空间、违章搭建、改变住宅使用性质等情况要坚决整改，而对安置人员一些合理生活习惯要尽量尊重，积极引导，切实为安置人员服务。物业服务中心要树立服务意识，了解安置人员的心理和需要，设身处地地为安置户服务，对于一些文化程度低，就业能力差的无业安置人员提供一些保洁、保安岗位，将安置人员融入到物业管理部门中，提高主人翁意识。总之，物业尽可能从回迁业主的实际情况出发，设身处地地为业主客户着想，使业主客户能够享受高质量的物业管理服务，与物业一起共同建立和谐、稳定的美丽回迁小区。

理想城，让每一户业主都感受到了幸福的阳光！

七、翠湖天地：与你相约幸福时光

名称： 南通分公司翠湖天地项目
地址： 江苏省南通市海门
项目经理： 李子锐

翠湖天地，这个诗意盎然的名字，是属于江苏省海门市的。

海门市隶属江苏省，地处长江入海口，东濒黄海，南倚长江，与上海隔江相望，直线距离仅为60公里，兼具"黄金水道"与"黄金海岸"之优势，素有"江海门户"之称。

海门翠湖天地位于通江路与东海路交汇处，它处于新城区的核心位置，目前是海门唯一高端别墅群，它独特的美式赖特风格、干挂石材和定制面砖，彰显出别墅的高端与奢华，四面环湖使得整个别墅的环境非常优美，非常适合居住，在101套别墅的后面是两幢高层，一梯一户的私家入户设计，彰显了翠湖天地的高端品质，南北通透，户型方正，业主可以享受尊贵的岛居生活。

中奥物业管理的翠湖天地特色：

（一）历史悠久，环境优美

如果你走进了翠湖小区，那一排高大的建筑群会映入你的眼帘。你会感到一股清爽的海风扑而来，而满园的绿色盛开的花朵，以及那井然有序的楼体外饰和路牌，无不向你彰显着这是一个既高档又美丽的幸福家园。

风景秀丽的翠湖小区，与所在地的天然的环境是不可分开的。据史料记载，公元前，长江大量泥沙沉积于长江口，形成大小不等的沙洲，至唐末出现东洲和布洲两大沙洲及成群小沙洲，沙洲渐次连片，至五代后周显德五年(958年)建县，县治设于东洲镇，名海门县。由于长江主泓道北移，至明朝时，境内大片土地坍没，县治迁于徐涧(今南通县兴仁镇)，并废县归并通州建静海乡。清初，江流主泓南倾，长江北岸开始涨积，涨出40多个新沙，绵亘百余里，乾隆三十三年(1768年)，建江苏省海门直隶厅，设治于茅家镇，民国元年(1912年)复称海门县。1949年新中国成立后，海门人民护坡治坍，根除了坍害。海门县隶属苏南政区南通区(1953年为江苏省南通区，1955年4月改为江苏省南通专区，1971年4月，改为江苏省南通地区)。1983年实行市管县，南通地区撤销，海门县隶于江苏省南通市。1994年6月撤县设市，成立海门市，属于南通市代管，市人民政府驻海门镇。

翠湖天地小区由101栋别墅2栋高层组成，共261户，占地44269平方米，总建筑面积76811平方米，绿化面积近13000平方米，绿化率30%。小区外围装有红外线监控系统可对小区外围进行24小时监控；保安消防监控中心对讲系统24小时可直接与业主双向对讲通话；小区出入口装有电子门禁系统；消防系统采用温感、烟感、自动喷淋等先进科技布防监控，遇到火警自动报警；通风设备自动启动，能及时有效控制险情。

中奥物业于2014年12月1日正式管理小区，负责专业化、一体化的物业管理，项目经理敢于在管理上创新，通过"人性化管理"和"人性化服务"，给高端小区带来了尊贵高端的物业服务。同时中奥物业在管理服务上也不断追求创新，将个性化服务理念在物业管理实践中积极探索，尽量地提供关怀心灵、关注业主的深层次的需求。该项目已成为业界的典范，在业内享有良好的口碑。

(二) 中奥服务，锦上添花

在翠湖天地项目的管理上，中奥服务付出了心血和汗水，也为翠湖天地项目增色不少。

在小区日常管理中使用中奥管家服务模式，采用信息化的高科技手段，将项目的物业管理按业户缴纳的物管费用的高低及户数分割成若干个组团，将项目客户服务中心前移到每一个组团，每一个组团设置一名"管家服务中心主任"，下设协管员、综合维修技工、保洁员及绿化工等岗位，形成一个管家服务团队，全权负责该组团业户的物业管理及业户的各类服务，简而言之，就是采取"服务前置、移动管理、走动服务"的服务方式对组团内的业户进行管理和服务，从而形成中奥特色的"管家服务中心"服务业户模式。

在物业管理工作中，中奥员工坚持做到吃苦在前、享乐在后，加强自身员工修养，在翠湖天地，中奥是一个偏年轻化的团队，他们对自身有严格的要求，以业主的角度去处理问题，给业主实际需求，开展丰富多彩的业主活动，为满意度和收费率打好了基础。小区自2012年9月20日接管以来，从未发生过任何刑事案件。在日常工作中物业的工作也得到了业主的高度肯定，使得中奥物业的工作获得了最好的动力，也成为了他们为之奋斗的目标。

时代在发展，生活在前进，翠湖天地，是海门这座城市里的一颗明珠，它在中奥物业人的用心经营下，定会持续散发出璀璨夺目的光辉来！

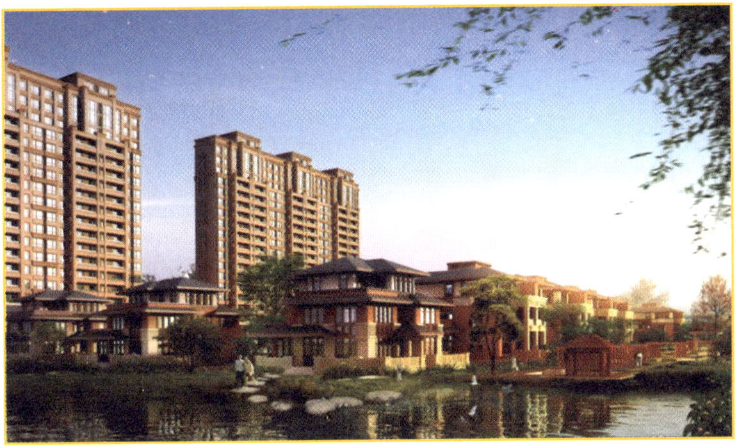
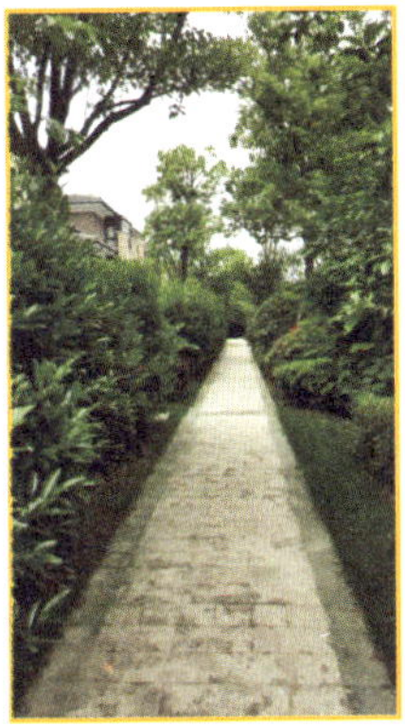
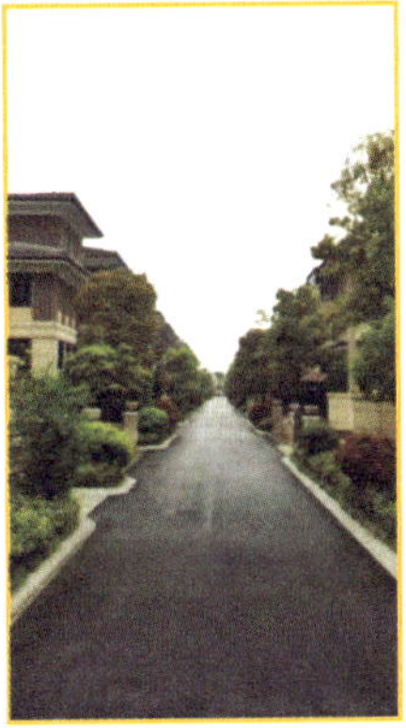
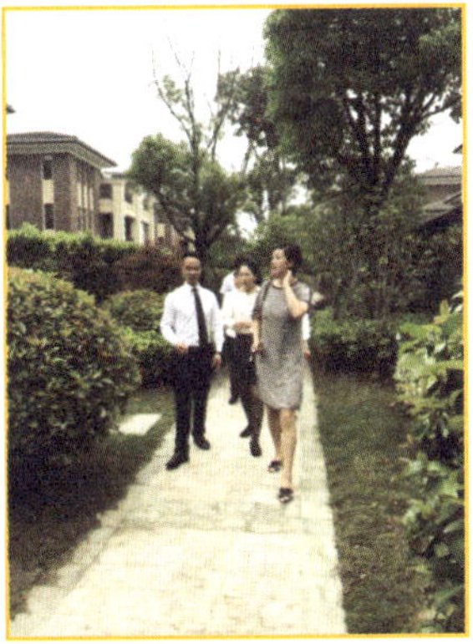
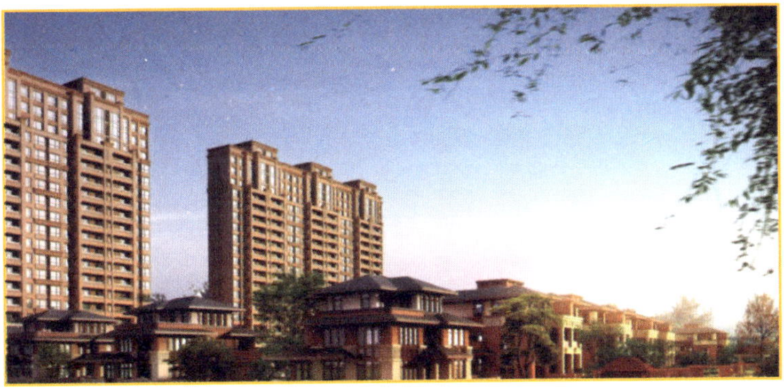
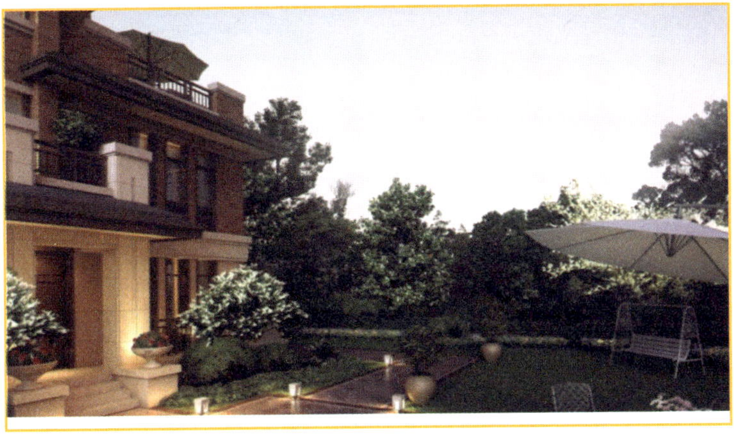

八、世爵府邸：家门口的风景区

名称：三水分公司世爵府邸项目
地址：广东省佛山市南海区西樵镇
项目经理：刘东

世爵府邸坐落在著名的西樵镇，西樵镇位于珠江三角洲腹地的南海县(今广东省南海区)西南部，是国家5A级风景名胜区、国家森林公园、全国文明镇。

世爵府邸项目位于西樵镇新城区中心位置——官山片区樵华路西侧，东面为樵华路，西邻官山涌，北接樵高路，南临西樵山脚，步行15分钟便可达西樵山。地理位置优越，交通路网完善，随着龙湾大桥、新西樵大桥的落成，从禅桂中心城区到西樵的车程将从40分钟缩短至15分钟。规划中的佛山地铁2号线也将从南庄镇延伸到西樵，并于项目附近设置站点，生活便捷性大大提升，并将带动项目的升值潜力。世爵府邸项目占地55697平方米，总建筑面积202261平方米，规划户数1202户，绿化率25%。小区采用点状式式规划布局及人车完全分流设计，采用欧式新古典主义建筑风格，与新现代风格园林，依托西樵山国家5A级景区生态景观资源，及其完备的城区配套设施，以国际化超前视野、大师级建筑设计和大手笔巅峰品质，致力于将该项目打造成南海西部标杆性生态人居高端物业典范。

世爵府邸作为高端物业典范之作，中奥物业科学的管理制度和措施为小区锦上添花，经过详细的分工和周密的部署，世爵府邸物业服务各部门的工作被安排得井井有条。

管家服务中心主要工作事项：接听热线电话，接待和处理业主的投诉，管理业主档案，发放张贴通知通告，租赁和管理露天车位，代收代发邮件，放行各类物品，办理及管理二次装修，办理物品拾遗，管理清洁绿化，办理维修基金卡，托管住户钥匙，办理业主证和租户证，办理房屋出租和转让，抄录水电表，收取物业管理费、水电费，使用跟进维修基金等等。

工程维保部的主要工作事项：公共设施设备查验、验收，公共区划内设施设备的检查、维护、保养，设备节能安全管控，泵房维护，电房维护，园区二次装修审核及管理，排水井检查维护，停水、停电突发事件的跟进处理。

秩序维护部的主要工作事项：出入车辆管理，出入人员管理，露天及地下车库停放车辆管理，监控中心电话接听，业主投诉的接待和处理，楼道消防设施、设备的维护，消防演练，园区巡逻，园区交通秩序的维持，火警、被盗等突发事件的跟进处理等。

除此之外，还有人力行政部负责团队日常管理，保证园区物业团队的正常运转，为小区业主持续提供高质量的服务。

细节中见匠心，把每一件平凡的工作做到极致，中奥物业的团队通过努力，把家门口西樵山的美丽风景搬进了世爵府邸里面，也搬进了业主们的心里。

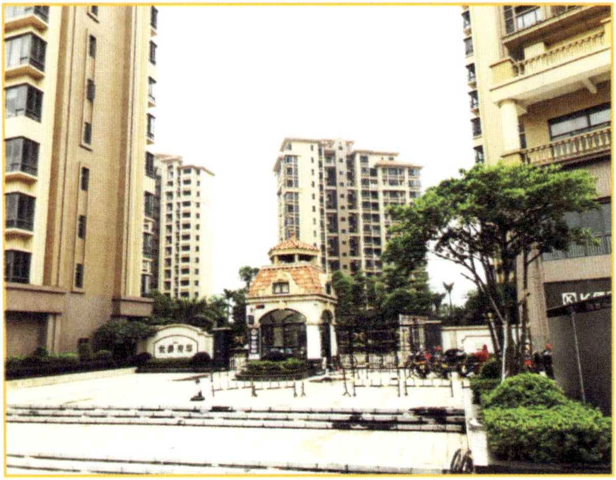

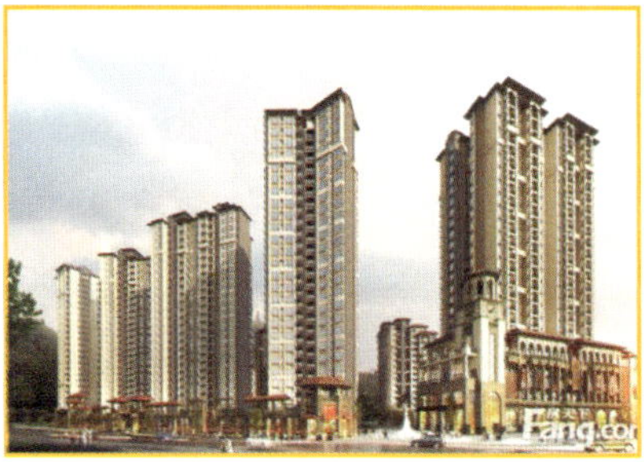

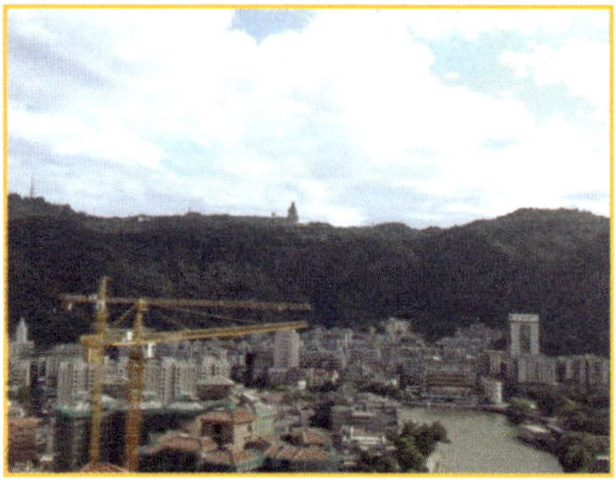

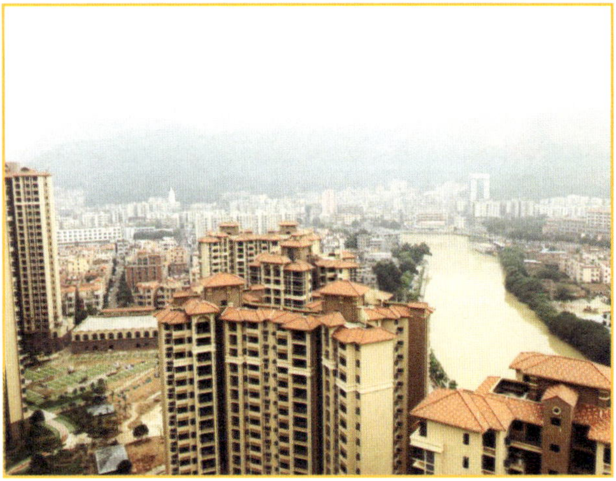

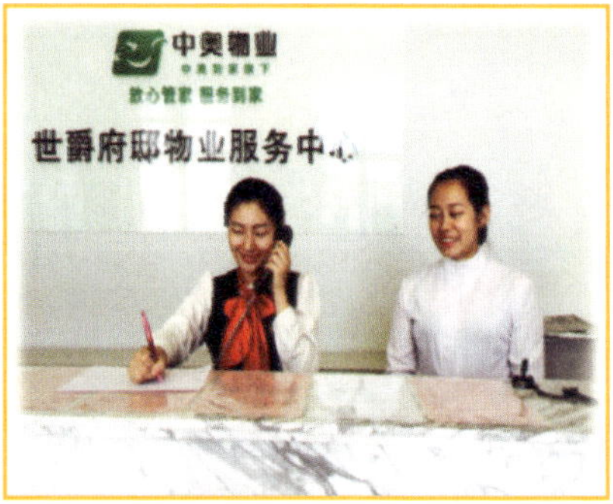
中奥物业
世爵府邸物业服务中心

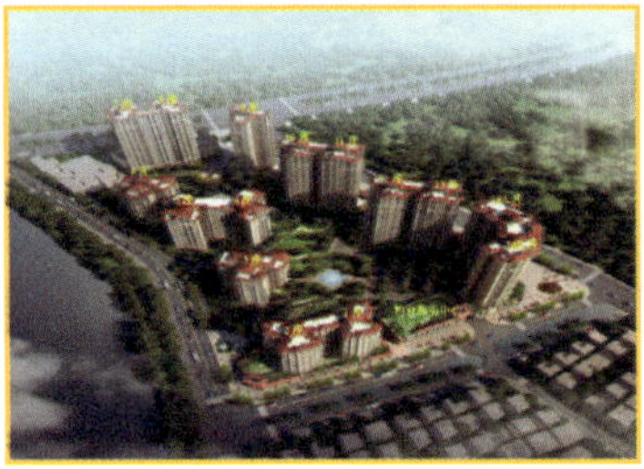

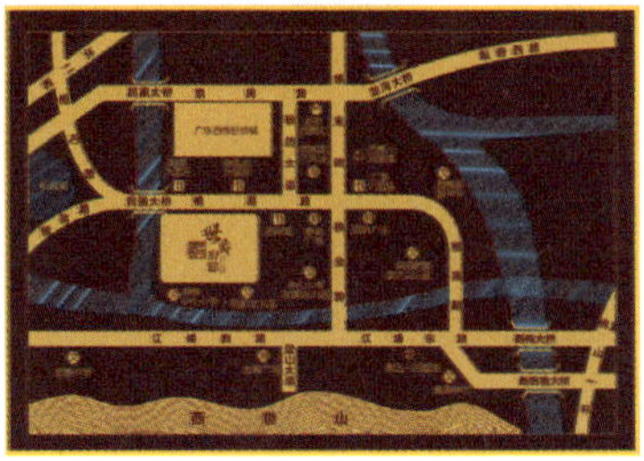

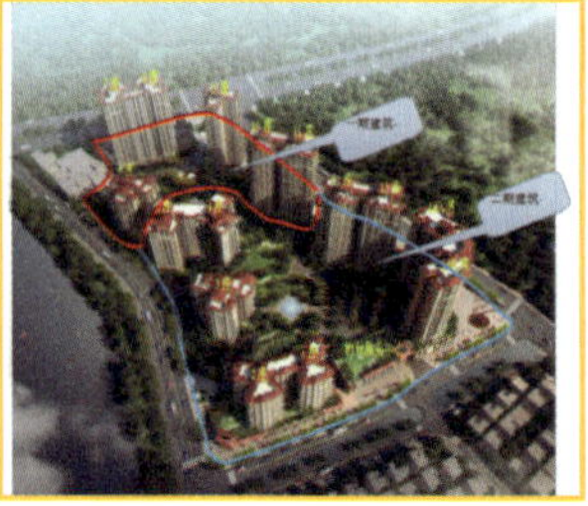

九、天玺公馆：有温度的物业管理

名称： 湖州分公司天玺公馆项目
地址： 安徽省宣城市广德县
项目经理： 缪斐

建筑沿袭风行欧美百年的 ART-DECO 建筑风格，借鉴元大都皇城的布局法则——外圆内方，成就上风上水的方圆之局。园区依托自身的地段优势，在自身景观规划由外围汾河、滨河公园再到园区内合围园林的"三重渐进式"景观体系。倾力打造1.8万平米的法式宫廷式园林景观，与园区外的滨河公园和汾河美景有机融合，形成高低错落有致的私属花园。

"做有温度的物业，干温暖人心的服务。"这是天玺公馆社区物业的行为准则。天玺公馆社区物业，在秉承服务、诚实、进取、共赢的价值观同时，持续关注并改善园区环境和社区文化建设，积极倾听客户的声音和需求，不断追求、提升物业服务标准，让小区充满温馨，让物业带有温度。

（一）人文关怀的管理理念

走进天玺公馆，给人感受到的是现代技术安全防范给居家生活带来的方便和安全。先进的门禁对讲系统、全方位的闭路电视监控系统，严密监控着小区的关键位置。尽管随着各物管意识的深入，目前各类硬件设施在许多新的小区里不足为奇。中奥物业的不同在于，对于设施的反应信号的响应速度，物业人防队伍给于充分配合、及时响应，以管家式的服务，全方位为业主考虑，随时回应业主的各方需求。

物业对小区内绿化养护也是尽心尽力，力求做到绿树成荫、环境宜人。中奥物业一切为业主出发，安排绿植管理专业知识强的绿化工定期对园内植物进行养护、修剪、治病除虫。"三分种，七分管"，经过精心养护，天玺公馆内的绿化工作受到业主的一致好评。

在对公共资源有效利用的过程中，也充分融入"人文关怀"的管理理念。"物业站"设立于各单元楼中，关注每一位业主的所需，并能随时随地与业主面对面沟通。小区还设置了图书角、小教室、休息区、休闲吧等场所，充分体现了物业工作人员的良苦用心，也拉近了物业和业主之间的距离。

对公共资源的管理方面，中奥物业也做得非常到位。小区内建有喷泉，物业从安全、水量控制、环境污染几个方面都做了充分考虑和精心安排，既保证制造出最漂亮的水景，又杜绝水资源的浪费，同时还严格控制水景污染、设备污染的产生，定时做到清洗，让业主深深感受到物业的服务确实是物超所值。

（二）社区活动的广泛拓展

丰富多样的社区活动，是中奥物业在社区服务上的一大特色，天玺公馆也不例外。物业一直致力于关心业主精神文化的追求，在社区文化建设方面通过前期大量的调查问卷方式，甄选出各业主感兴趣的项目，在园内开展了一些列围绕邻里的活动。

1. 把业主的孩子当做成自己的宝贝

物业将满足儿童乐趣作为提高参与社区文化建设的一个重点，经常举办各类文化学习课堂和创意课程活动，体现了物业对业主孩子关爱的体现。从2017年初联合当地今日广德报社少年新闻学院成立小记者站起，小区内围绕儿童开展的各类丰富的课程，既有半月开展一次的系统性理论知识的讲授，辅导孩子们的学习，又有一周举办一次的趣味创新性的游戏课堂，培养孩子们的创造创新精神。各项围绕儿童开展的活动不仅丰富了孩子们的生活，也让天玺公馆的小教室成为了家长放心，孩子满意的好去处。

2. 把业主的父母当做成自己的爸妈

中奥物业充分认识到老年人在社区文化建设中的积极作用，通过开展各类老年人喜爱的传统如包粽子、百家宴、话家常等活动让老年人们在社区里能感受到大家庭的温暖，能安享晚年生活。

3. 把业主当做自己的兄弟姐妹

中青年业主是社会的主角和中坚力量，中奥物业一直努力让那些辛苦忙碌的业主回到家中能感受来自社区的关爱和温暖，一些为业主精心打造的温暖活动也在天玺公馆小课堂和各位业主见面。插花、制作精油、DIY小饰品等等，这些精心设计的小活动为业主的生活增添了一抹颜色，让大家在丰富自己、陶冶情操的同时，能结识更多志趣相投的朋友。

十、敬亭山君：温馨的港湾

名称：湖州分公司敬亭山君项目
地址：安徽省宣城市市区
项目经理：暂无

（一）给你温馨舒适的物业服务

敬亭山君项目位于安徽省宣城市国家 4A 级风景区敬亭山脚下，西临安徽省八大名校百年新宣中；东面敬亭湖，南近水阳江大道；背靠敬亭山，位置极佳。

秉承"更好、更美、更满意"的管理服务宗旨，中奥物业倡导"高效、诚信、务实、奉献"的企业文化，创立独具特色的"白金管家"物业管理服务模式，寓管理于服务之中。以科技、环保的先进管理理念为基础，以多元化物业经营为依托，充分展现优美生态、人文环境，营造舒适、快捷、便利、温馨和谐的生活氛围。在成熟丰富的物业管理经验的基础上，在实践中不断摸索、总结积累出符合物业管理特色的管理服务具体操作规程，以和谐稳定为前提，换位思考为工作方式，全力保障品质如一的管理服务水平，保证小区安全、和谐、便捷、稳定的良好生活秩序。

(二）从细节处体现一片爱心

本着"把经验变成制度和知识是对组织最大贡献"的初心，物业中心细心服务于小区，将每天琐碎的事情坚持做好。保洁人员定时打扫空置房，打扫园区主干道，定期冲洗路面，冲洗地下车库，给业主一个整洁干净的环境。工程人员每天要检查设施设备，不仅事无巨细，还得四处奔波，劳心劳力。保安人员不仅负责站岗值班，更是哪里需要就哪里帮忙的服务员，除草，清理装修垃圾，任何杂活累活都干，并且从来都不抱怨。

有时候遇上小区停水，为了不影响业主的正常生活，安管人员就挨家挨户拜访，为有需要的住户送去基本的生活用水，把业主当家人一样对待，力求服务能让每一位业主都满意。

（三）书写更美的物业服务篇章

园区管家每天都会在园区巡查，不仅是为了检查园区环境卫生，同时还要及时发现园区存在的问题，有时候也会亲自带领保洁人员对一些公共设施设备进行清理，共同努力给业主一个满意的居住环境。有时保安在小区内碰到走累了的老人，就会主动用观光车送他们回家，给业主们一份亲人般的关爱。

中奥物业以"超越客户期望，构筑员工平台，实现多方共赢，共建社会和谐"的使命，让更多用户体验服务之美好。秉承认真追求细节的态度和不断进取的学习精神，不忘初心，牢记使命和服务准则，书写更加美好的服务篇章。

美丽的宣城钟灵毓秀，人杰地灵，这里是诗人梅尧臣、数学家梅文鼎、红顶商人胡雪岩、新文化运动旗手胡适、徽墨名家胡开文、学者吴组缃、书法家吴玉如、书画家吴作人等一大批名人雅士的故乡。这里盛产的宣纸，早就名扬四海，享誉世界。敬亭山君项目，作为中奥物业的重点项目，也在这块物华天宝的地方以独有的温暖情怀，散发着迷人的光芒！

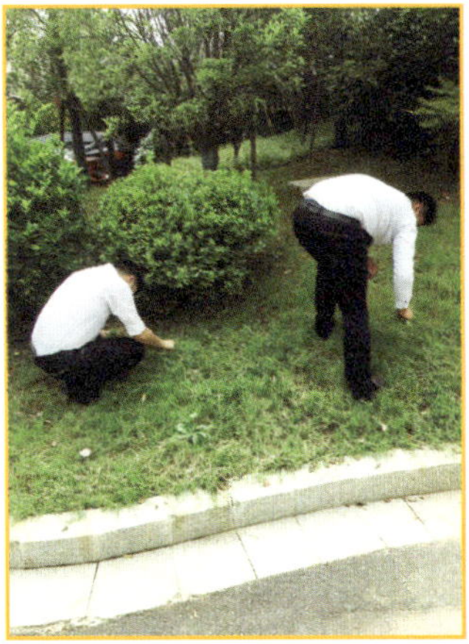

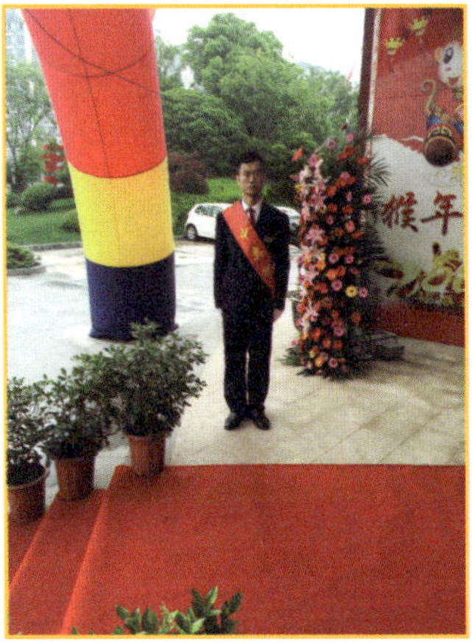
猴年

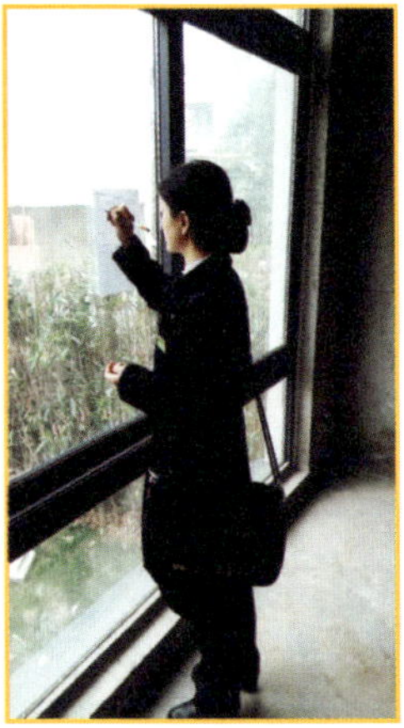

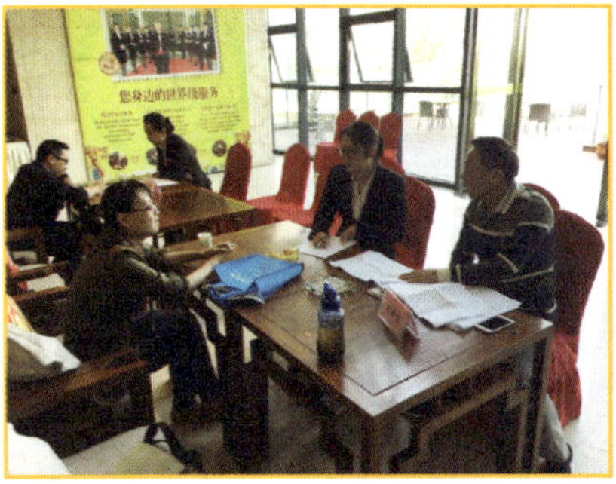

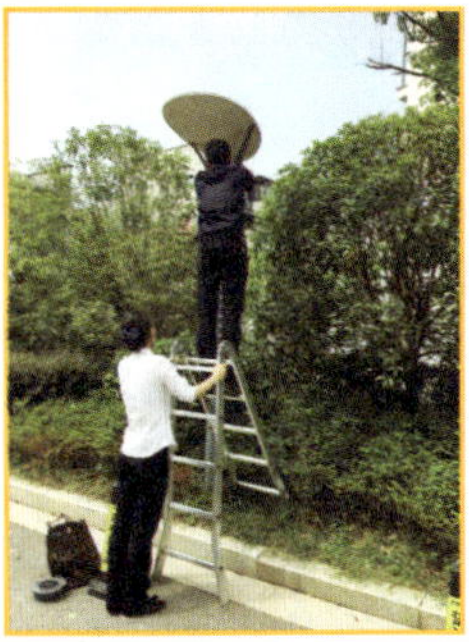

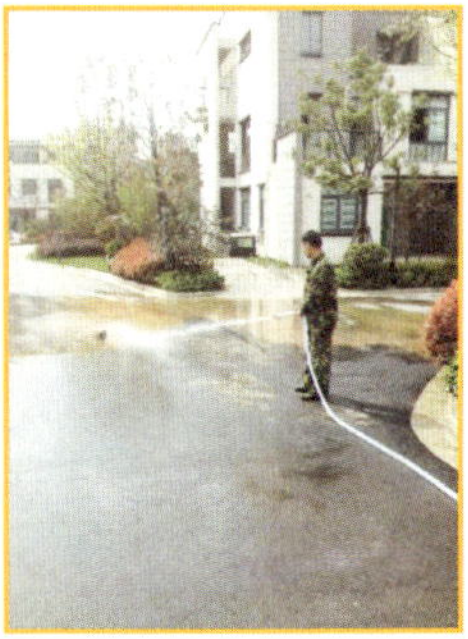

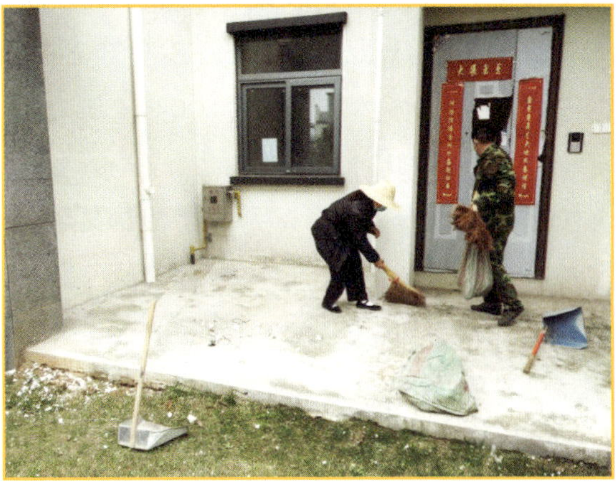

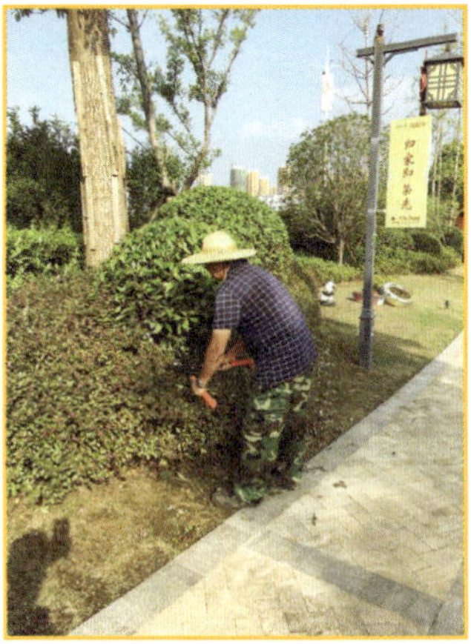

十一、优山美地：五项措施保服务

名称：苏州分公司优山美地花园项目
地址：江苏镇江市京口区
项目经理：王勤俭

在江苏省的镇江，与百年名校江苏大学仅一路之隔的地方，有一个闻名遐迩的社区叫优山美地。社区位于镇江的行政文化中心"京口区"，谷阳路和禹山北路交汇处，项目融入于优美的自然环境，北面远眺长江以及滨江风光带，将自然风光尽收眼底。项目结合禹山自然风光，集多种建筑形态于一体，在禹山脚下打造镇江一所拥有公园化的国际生态园林社区，一所拥有浓郁人文沉淀的山水大宅。

（一）不断丰富项目，开展社区文化活动

优山美地项目规划占地37万平方米，规划建筑面积46万平方米。规划有别墅、洋房、小高层、高层、公寓式酒店，商业街和学校，绿化率达到43%。社区规划上从现代人的客观需求出发，共分为南北两大区域：南面的别墅区和北面的住宅区，而两大区域的景观和建筑既可以有机的结合在一起又各有独到之处。

镇江优山美地项目总建筑面积384273.91平方米，项目分为高层、多层、

别墅、低层、商业和公寓式酒店等类型，为了创造一个优美、舒适、安全的居住环境，中奥物业不断提高管理服务水平，体现了"放心管家、服务到家"的服务理念。

针对一年一度的春节假期、"三八妇女节"等节日，开展了丰富的社区文化活动。

1. 服务中心全体员工对优山美地园区进行大扫除，并购置材料对园区进行春节装饰，给业主们一个喜庆的节日氛围。

2. 在"三八妇女节"时为小区女性业主和项目女员工送上鲜花，祝福节日快乐。

3. 在小朋友暑假期间，多次开展针对对我们小朋友的社区文化活动：协同泳池经营单位，采购一些水上游乐设备，给小业主们带去清凉一夏的水上项目；针对有绘画天赋的小业主们举办关于低碳环保的绘画比赛，让社区小选手一展才艺。

4. 针对小区老者较多的现状，举办社区年长者集体生日会活。把管家服务管理区域的部分高龄老人召集在了一起，通过集体生日祝寿的形式，集体为老年人唱生日快乐歌，祝福老年人健康、长寿、幸福。

(二) 加强安全管理，保证业主安康幸福

优山美地的物业管理，为了能从根本上保证业主的安康幸福，制订了一系列科学合理的规章制度，并认真落实，严格实施。

1. 管理人员领班办公地点移到监控室，指挥平台的作用正在发挥。园区每天24小时不间断巡逻，发现可疑情形立即向上级领导或有关部门报告处理。做好门前和小区内保纠察工作。

2. 加强对保安工作的培训，保安岗前形象有了很大提高，站姿、动作、服务态度得到进一步规范。文明执勤，礼貌待人，遇到客户做到让道、微笑问好。对于园区外来车辆及人员进行询问并登记，共同做好整个小区的治安保卫工作。

3. 加强对保安工作的培训，文明执勤，礼貌待人，遇到客户做到让道、微笑问好。除了日常的工作外，保安人员对需要有帮助的业主热情主动，有求必应，针对楼道单元内电动车乱停乱放现象定期清理。

4. 各项记录管理更加规范、健全。当值保安员必须严格履行职责，认真完成各项任务，规范填写各种登记资料，做好交接班记录，向接班人员报告本班次的工作情况。

(三) 设备及时维护，做到系统正常运转

物业管理需要软硬件的配套，缺一不可。硬件是设备，软件是管理，优山美地的物业严格按照中奥集团的服务标准，做到一丝不苟，达到高标准。

1. 按照园区日常管理要求，为保证水电系统正常运行以及应急事件得以及时有效的处理，安排工程人员分区域对园区内的设施、设备进行一日两次的巡查，以便发现故障能及时处理并且按照要求规范填写日常巡查记录表。

2. 日常报修处理以各区域管家派发报修单的形式受理。根据园区情况划分，按照区域责任制落实到个人，及时处理当天受理的维修内容，确保所有园区内公共部位的维修工作要有效率地完成。

(四) 运行管家事务，提供高标准服务

项目管家除了正常的日常接待工作，每天会根据服务管理要求在小区出入口迎送的业主，日常巡查中发现问题或安全隐患，及时跟进、处理，协助工程部对公共区域内设施设备进行修复，为业主车位号使用模糊的车位进行重新喷涂油漆车牌号。

园区内所有区域实行分管制，责任到人。各位管家对各自区域做到每天巡查，发现工作中存在的问题或安全隐患，跟进、处理有关违章整改事宜，及时将巡查发现的问题以"工作联系单"方式报与相关部门处理，并做好跟进处理。

前台工作人员负责办理业主的入住手续及后续服务工作；对业主反映的问题做到及时反馈；收集业主信息，建立前期客户档案接待处理业主投诉，对投诉的处理结果进行回访，并做好回访记录。

保洁绿化师傅负责对园区内公共区域环境进行清理，对小区绿化进行

定期维护保养。园区内环境干净卫生，绿化公司定期维护保养，发现问题及时跟进相关人员处理。

（五）采取积极措施，为业主提供方便

中奥物业根据业主服务需求、报事报修积极开展工作，得到业主的认可，在多种经营方面，物业一方面利用小区公共部分在为小区提供便利，如安装快寄柜和小区信号覆盖放大基站建设等配套工作。

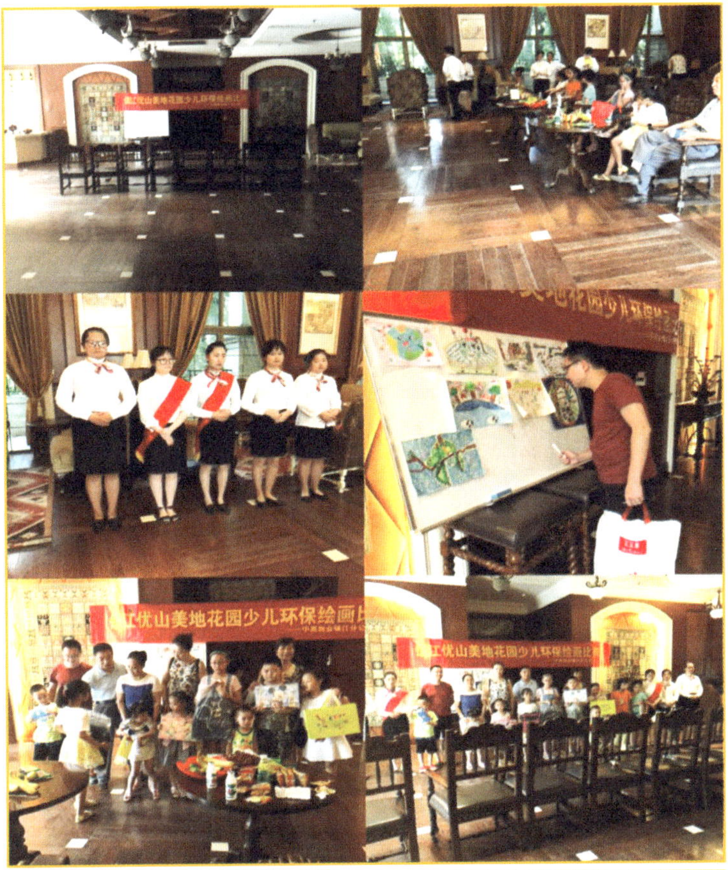
江优山美地花园少儿环保绘画比
江优山美地花园少儿环保绘画比

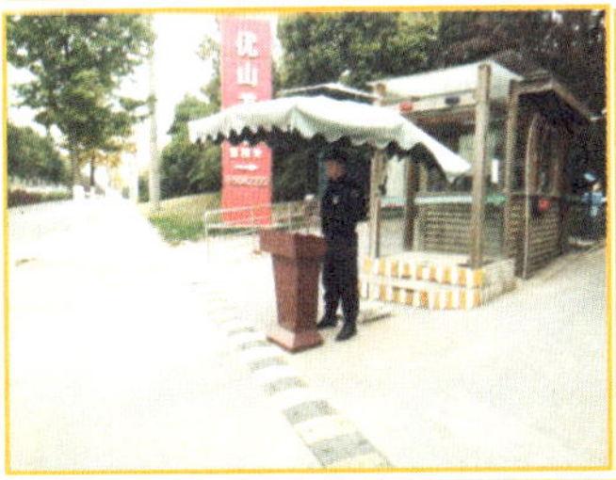

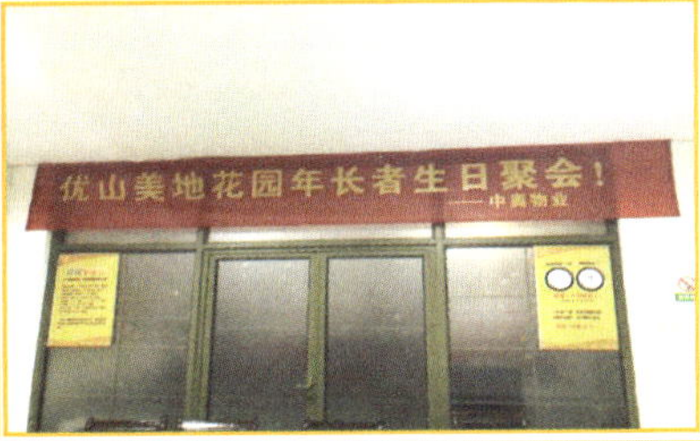
优山美地花园年长者生日聚会！
——中英物业

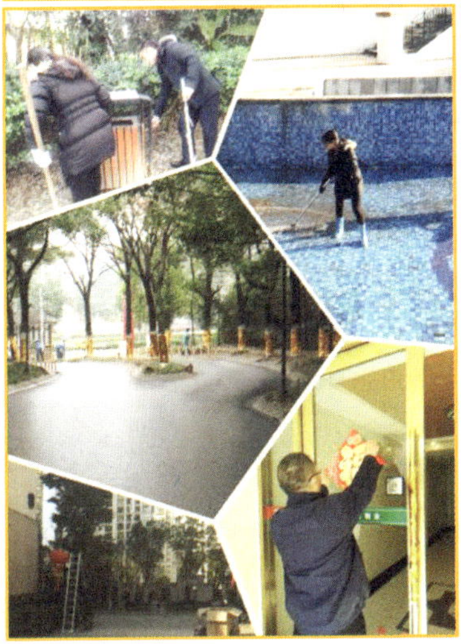

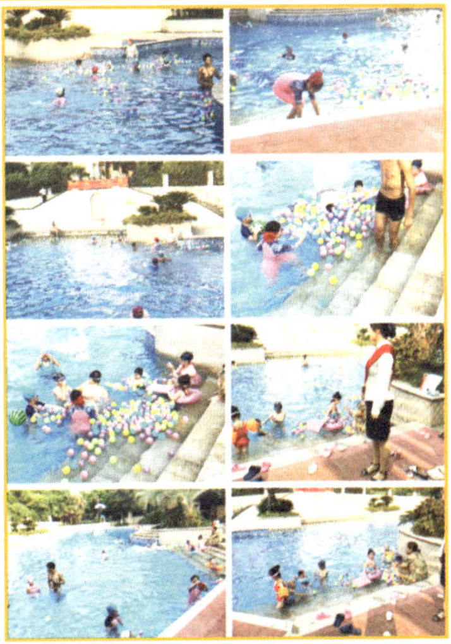

十二、中房翡翠湾：英式的白金管家服务

名称： 苏州分公司中房翡翠湾项目
地址： 广西南宁市
项目经理： 袁怀文

在广西南宁市中房翡翠湾项目里，拥有一支优秀的国际白金管家服务团队，是中奥物业白金管家服务的标杆。

2007年，中奥到家将国际白金管家引入到了内地，2014年9月，中奥国际白金管家服务正式引入南宁，落于南宁市中房翡翠湾项目，截止今天已经过三年的管理历程。

（一）特色：英式皇家的经典

中房翡翠湾项目是由中房集团南宁房地产开发公司开发建设，项目占地约67亩，总建筑面积约13.77万平方米，是该集团33周年"青山战略"倾力打造的"英范绅士别墅"社区。项目主要位于凤岭南桂花路1号，东盟领事馆商务区，地处东盟商业圈，占据南宁"公园带"，北邻东盟商务区，南为景区青秀山，东为李宁体育园，西与规划中的湿地公园仅一墙之隔。同时享有包含华润万象城、航洋国际、李宁体育公园，青山高尔夫球会等休闲娱乐配套。

中房翡翠湾项目是按照建于1753年的大英博物馆的风格来打造的，翡翠湾项目每一个雕塑、每一幅画，都与英国经典文化有着深厚的渊源，包括每件家具都是根据英国皇室风格进行专门定制，独一无二，处处细节延续着英式皇家的经典传承。

为了能够提供良好的居住体验，中房翡翠湾引进了"全智能化管理系统"等多项科技功能。别墅与大平层加装了新风系统，实现了室内空间的空气过滤以及噪音污染；每一户高层加装了太阳能热水器节能环保；无线wifi全社区覆盖，畅通无阻；全智能安防系统管理提升居住安全性。

中房翡翠湾项目打造的是国家"三星绿色建筑小区"，三星绿色小区具体体现在"节地、节材、节水、节能、一环保"的全新绿色环保小区，如我们小区所有的公共照明系统都采用的是太阳能光伏发电。小区绿化灌溉用水用的是我们专门设立一个雨水收集系统和小区住户的用水回收系统，大大地降低了住户的公共水电费用。

总的来说，整个社区结合了南宁自身的气候特点，融入现代化的智能绿色科技元素，减轻建筑对环境的负荷，保证了建筑与自然环境的和谐发展；在环保节能的同时大大的提升了社区居住品质，为客户提供安全、健康、舒适性的生活空间。

（二）服务：为客户量身定制

在中房翡翠湾，国际白金管家188项特色服务，专门为高端客户量身打造。

根据业主需求从接机预约、入住、室内清洁、宴会预定等全程提供服务，针对业主还提供个性化服务，如代为全程办理家中宴会，提供酒店大厨现场服务、专属24小时秘书服务，有任何服务问题全部都可以交给管家来进行处理。

国际白金管家物业服务不仅仅代表了物业管理服务领域的至高境界，更是代表了一种追求极致的服务精神。打造中房翡翠湾这样的英范豪宅，肯定少不了规范、严谨、细致、贴心的物业管理服务。项目高品质的配套设施加上国际白金管家顶尖物业管理服务理念，使中房翡翠湾成为了南宁市首屈一指的高端别墅项目。

自中奥物业进驻中房翡翠湾项目以来，白金管家团队一直都以最佳状态迎接各种接待，获得了一致的高度评价。

在物业行业竞争加剧的形势下，中房翡翠湾白金管家服务以高品质的服务，不断加强修炼自身内功，强化服务观念，在业主心中树立了良好的形象，在业界形成了良好口碑，也为中奥到家品牌形象的树立起到了很好的推动作用。

（三）责任：管理中的核心理念

一个高端的服务项目，一支优秀的管理团队，其核心的管理理念就是责任，对客户负责，对公司负责，对自己负责。

在日常管理工作中，注重对员工的培训和日常引导，让员工充满集体荣誉感和归属感。让员工清楚只有靠集体的力量，才能出色地完成各项任务，队伍才能一直有战斗力的团队。对于管理人员来说，要具备很强的责任心和执行力的能力，要高标准、高要求、高质量地完成每一项工作任务，向规范化、制度化、专业化方向去发展自己。

一个高端项目，首先从人员的服装、人员的身高、人员的五官、人员的妆容、人员的精神面貌，人员的一言一行一举一动等方面，都要有一个严格的标准和要求。在服务方面，项目注重服务细节和服务的感受，每天进行一次VIP重点客户流程演练来巩固技能和持续提升，通过演练来提高团队服务意识，不断优化服务，使服务的细节更加细致和规范，给客户体验不一样的服务感受。

项目的白金管家团队除了重视服务品质和服务细节外，我们还掌握了一些其他的技能，如：花式拉花咖啡、经典蛋糕、精美水果拼盘、茶饮品、红酒洋酒的各种调式，还包括养生知识等方面技能，这也是翡翠湾项目的独特优势和创新服务。白金管家团队也正是具备许多他人所不具备的能力和服务意识，才能在服务中脱颖而出，成为物业服务的标志性品牌。

十三、次渠嘉园：京郊的安居之所

名称：北方分公司次渠家园项目
地址：北京市通州区台湖镇
项目经理：王宇

次渠嘉园坐落于北京市通州区台湖镇，东至太平西一路，南至次渠东南路，西至太平西三路，北至亦庄北小营路，建筑面积520570.81平方米，5952户，被列入北京通州区"两站一街"项目的重要组成部分，承载着台湖镇14个行政村村民安居乐业的美好寄托。

中奥物业通过激烈的竞争，凭借自身品牌，"放心管家，服务到家"的管理理念，成功中标北京通州区"两站一街"定向安置房项目次渠嘉园。公司于2016年7月入驻项目，在不足一个月时间内对小区公共设施设备及近6000户户内三轮查验，督促并协助施工单位完成公共区域及户内缺陷近10万余条修缮，并分别完成开办物资采购进场、物业服务中心装修、交楼及装修资料印刷，交楼现场布置等一系列工作，其工作效率之高得到了广大业主的一致认可。

到2017年7月，在入驻小区的一年时间里，次渠嘉园在全体中奥员工的努力下，园区的居住环境发生了巨大的变化，优美的小区，个性化的服务，得到了业主的好评。而且荣获了北京市通州区2017年精神文明建设先进单位的荣誉称号。

加强园区监管，创建优美环境

在交房初期，装修较多，装修垃圾随处堆放，影响小区环境及行人出行，针对这一现状，在指定的区域，分别建立临时垃圾池，规范装修垃圾随处乱倒。目前小区内设有固定垃圾存放点，每天有专业的人员按时运送，园区的垃圾不再到处堆放，为园区环境逐渐趋于美化。

工程部对园区设施设备进行维护、保养、定期检查工作；在与开发单位及建筑施工单位现场查验检测设施设备后，逐步对小区设施设备进行接管验收；针对业主家中维修问题，未在维修周期内进行维修的，与开发单位、施工单位、物业公司成立第三方维修队伍，针对超期限未维修问题进行维修，此项工作开展后极大地推动小区户内维修进度，解决了问题提高了业主对中奥物业的满意度。

加大园区机动车管理，确保消防通道畅通

随着业主陆续入住增加，小区内的车辆也日渐增多，许多车主不按指定车位停车，车辆停在绿化草地上、小区公园内，给小区内的绿化带造成严重的影响，也把小区公园内的地面损坏严重，也给业主带来了安全隐患，针对这一现象，物业工程部在草坪边上及公园出入口处安装隔离桩，有效地制止了草坪破坏及公园地砖破坏现象。严格管控消防通道，生命通道，禁止一切车辆停放和占据。通过加装路桩、石礅、树立警示牌等方式，有效管理了各个交通堵点，确保了各类通道的畅通，严格的管理也提升了物业的服务水平，增加了企业的口碑。

区域化特色管理，实行"白金管家"服务

"白金管家"服务模式，就是针对公司的中高端客户，采用信息化的高科技手段，将项目的物业管理按业户缴纳物管费用的高低及户数分割成若干个组团，将项目客户服务中心前移到每一个组团。每一个组团设置一名"管家服务中心"主任，下设管家助理、综合维修技工、保洁员及绿化工等岗位，形成一个管家服务团队，全权负责该组团业户的物业管理及业

户的各类服务。简言之，就是采取物业"服务前置、移动管理、走动服务"的服务方式对组团内的业主进行管理和服务，从而形成中奥物业特色的"管家服务中心"服务业主的模式。区域管家对所管区域进行上门拜访，认证物业公众号，住户可在公众号上进行报事报修、物业缴费及通知通告查看，开通车位认证及门禁使用功能，方便了业主车辆出入，也便利了物业的管理。

精细管理，精诚服务

物业服务重在细节，中奥物业始终保持便民服务活动，以细致入微的服务得到业主的一致好评。在次渠嘉园小区定期组织物业工程人员开展免费磨刀磨剪子活动，方便小区住户日常生活，让小区的住户足不出户就能享受免费体检等贴心服务；小区还引进中集快递柜、丰巢快递柜，安装在小区合适的位置，业主回到小区便可拿到快递，避免了快递员送货上门，家中无人接件的问题，方便了住户日常生活。

每年在三八国际妇女节，物业公司还为小区的妇女送上美丽的鲜花以及节日的祝福，通过真诚的"热心、诚心、贴心"的服务感动业主，拉近了物业公司与业主的距离。为了丰富社区文化，物业公司针对不同的节日、时令，组织相应的社区文化，例如长者生日会、"巧手大比拼"包粽子比赛、夏季电影节、秋季运动会、冬季暖心红糖姜汤水发放活动等等。丰富小区居民的业余生活，拉近了邻里之间、业主与物业公司之间的关系，为创建幸福社区做出了贡献。

不忘初心，砥砺前行

中奥物业北方分公司，深谙企业生存之道，良好的经济效益来自于低成本、高效率的管理运作。而节能降耗不再是一个人或一个部门的工作，而是得自于由上之下，养成良好的意识习惯的高效能团队的精细化管理。把目标刻在心上，把执行视为铁律，把担当作为自觉。中奥物业北方分公司的全体员工，在陈霖总经理的领导下，秉承"更好、更美、更满意。"的服务宗旨，认真落实总公司的各项任务。创建优秀团队，打造卓越品牌，把中奥物业的宏伟蓝图，推向一个新的高度，成为物业服务行业的典范企业，为中奥到家集团的美好前景，书写出更新更美的篇章！

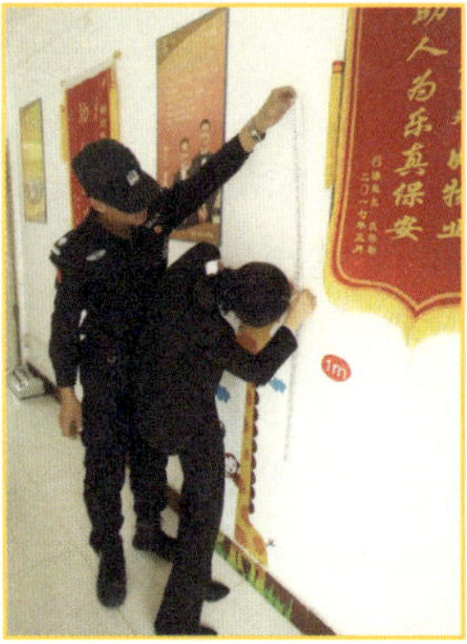
助人为乐
真保安
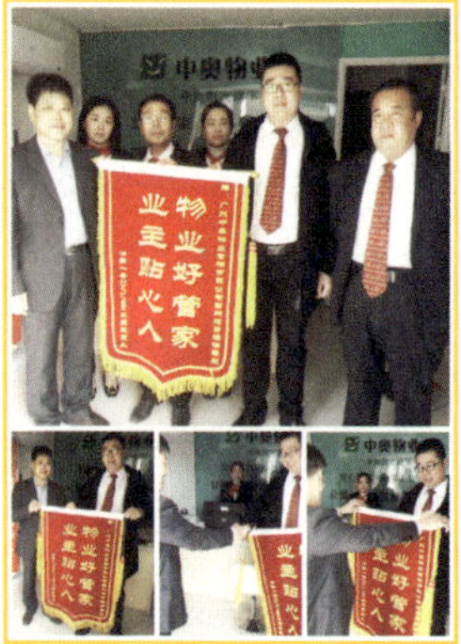
物业好管家
业主贴心人
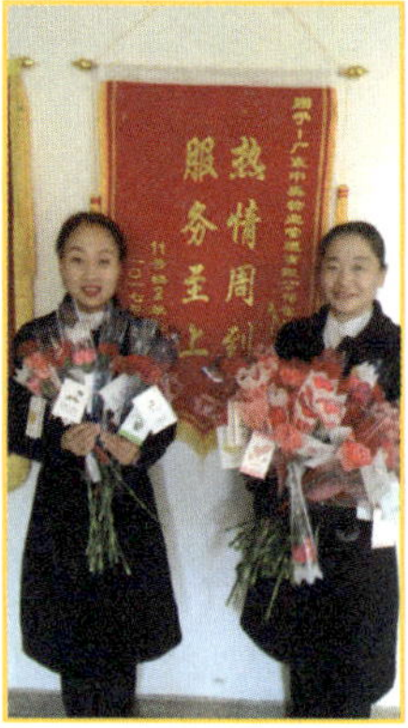
热情周到
服务至上
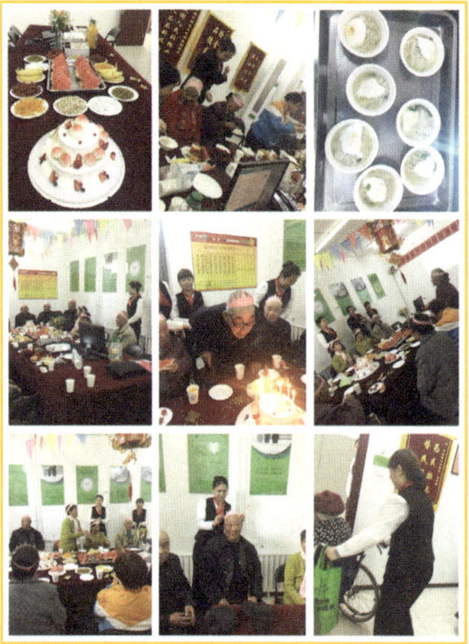
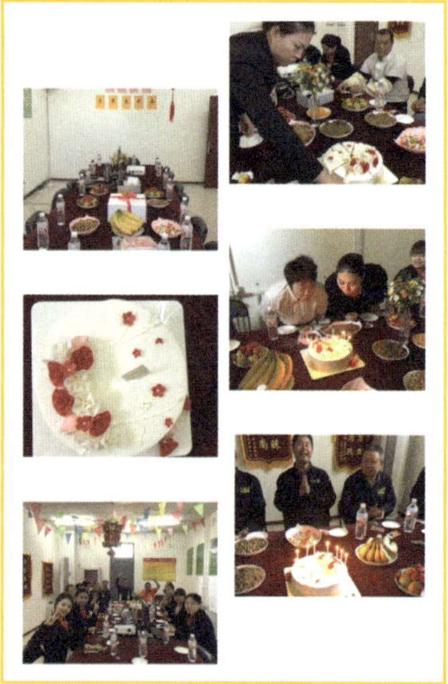
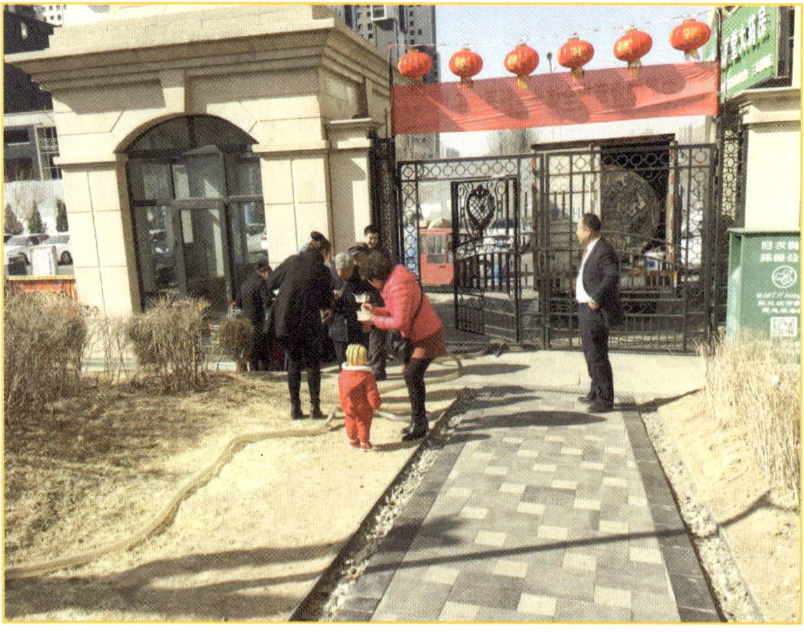

第三章

平凡・非凡

中奥到家

更好 更美 更满意

见证中奥到家的成长 下部

到 2018 年，中奥物业已走过 13 年辉煌的历程。

13 年潮涨潮落，13 年风雨兼程，13 艰苦奋斗，13 年硕果累累。中奥人用自己勤劳的双手和务实进取的精神书写了中奥辉煌的岁月，留下了一串串闪光的足迹。

中奥是一个大海，组成它的是一颗颗水珠；中奥是一个花园，构成它的是一朵朵鲜花儿。中奥物业应该感恩曾经与中奥共同走过的每一个人，感恩每一朵鲜花，它带给了中奥芬芳；感恩每一片白云，它给中奥编织着梦想；感恩每一缕阳光，它托起了中奥明天的希望！

怀着这样一份感恩的心情，编者在大海一样的素材里，撷取了其中的几束浪花。中奥的故事有很多很多，虽然没有惊天动地的壮举，但却能春风化雨，扣人心弦，折射出了时代的阳光，承载了人间大爱的真谛。

是的，中奥物业感谢为公司发展壮大付出辛勤努力的每一位中奥人。

今天需要表彰的"最美中奥人"有多少？很难用一个确切的数字来统计，也不好说哪位员工就是其中的最美最优的佼佼者。尽管或许有人会对我们浓墨重彩书写的这些人物事迹感觉到没有轰轰烈烈的内容，但这却是日常生活里真实的存在。

中奥坚信，这些来自中奥人的讲述，是发自内心的热爱，是记录着青春与梦想的颂歌，是折射着新时代、新思维、新担当的风采。这些感人事迹就是中奥人真诚服务、默默奉献的写照。

作者把这些故事写下来，一是留给历史，二是激励后人。

作者希望这样的事迹，在以后的中奥发展历程中越来越多，也希望全体中奥人要以他们为榜样，从身边做起，努力为业主提供"更好、更美、更满意"的服务，为提升客户满意度，为创造中奥新的辉煌贡献力量！

让我们一起倾听来自中奥的声音，那是花开的声音，那是阳光奔跑的声音……

春风化雨

广奥花园的管理养护者

俗话说得好："再美的风景也比不上回家的路。"经过园区门岗，刷卡经过处于安保状态的大门；踏上园区小路，一排座椅，一簇簇花丛，一条条石板路，一声声鸟鸣……熟悉而温暖的场景不由得让人加快了归家的步伐，迫不及待地想与家人团聚。

广州奥林匹克花园自1998年创建以来，创造了一处又一处的美景，增加了更多归家的感动。然而，再美的风景也离不开科学的管理和适时的养护——中奥物业就是这归家风景的管理者、养护者！

作为物业工程人员，不但要有一定的专业知识，最好还要是个多面手。工程部作为物业公司的一个重要部门，其对设备设施维修、保养、维护的质量，直接影响到小区的品质和档次。你或许并不能清楚地了解和理解他们，但你却从来没离开过他们。与许多工作一样，他们是最忙碌的、最辛劳、最繁琐的那一部分，总是藏在"水面"之下。他们的"主战场"，或在地下车库不起眼的角落，或在你难以抵达的楼顶天台之上。人们常看到的维修，只占他们工作的很小一部分，而检修保养设备，预先排除隐患，才是他们最平常的工作。

在广奥花园就有这样一支服务到家的维修团队，主管王芳勇是2000年入职的老员工，多年的工作让他对广奥花园小区的建筑设施设备了如指掌。

在2014年4月21日下午2点，客服部电话紧急的响起。

"您好！中奥物业客服中心为您服务！"

"我是×街×座×××房业主，我们家里的下水管道堵了，你们快派人过来维修！"

客服部第一时间通知了工程部当班人员王芳勇，王师傅叫上另外一位维修师傅田永福去了事发地点，根据多年的维修经验，在路上边走边通知客服管家，让该户型的业主暂时不要使用卫生间排水，以免造成更大的损失和维修不便。到达地点后，王师傅先是分别检查各处的卫生间。初步了解确实了堵塞的位置，王师傅和田师傅便开始了破管取物的工作。在破管的一瞬间，积压在管内的污水粪便一下子喷射出来，虽然已做了保护措施，但还是有些脏污喷在了两位师傅的衣服上。等管内的积水排完后，他们顾不得刺鼻的气味就开始清理堵塞物。半个小时后，终于取出了在管内堵塞的一团电线皮。王师傅怕还有堵塞物，又往管道内灌进了大量清水，检查是否排除通畅，在没有其他问题后，才开始了恢复补救的工作。

时间一分一秒地过去了，在下午五点的时候，终于把排污管接好了。看着业主们可以正常的使用卫生间，两位维修师傅终于松了一口气。随后又对卫生间进行清洗，确保卫生间无异味后并再次将排污管检查了一番，确保使用正常。直到晚上七点多，把收尾工作完成后，他们带着满身脏污异味的衣服拖着疲惫的身体，回去洗澡。

多少次夜里业主说家里突然没电了，哪怕半夜来电话还是寒冬酷暑，他们都会赶过去。小区的排污管堵了，他们都顾不得捏鼻子，赶紧疏通。他们是想尽力做好自己的工作，每次业主报修不知道又去业主家中跑多少趟……即使很多工作超出了物业应负的责任，超出了工程部员工应尽的义务，上班经常迎面来来的是业主的抱怨，他仍然不怕脏不怕苦，默默地在岗位上奉献着。看似微不足道的事情，反映出中奥人的敬业精神，小区公共设施的改观看得出工程人员们工作的细心、用心、诚心！

2016年5月13日夜已深，广奥花园小区静悄悄的，劳累一天的人们已进入梦乡。可是对于广州奥园项目工程部的维保员工来说，今晚又将是一个不眠之夜。下午3点左右，广奥物业前台连续接到业主电话，部分高层家中没水。接到业主电话，值班人员立即通知工程部，工程维修人员赶到水泵房检查设备运行情况，发现设备运行正常，但显示没有水压。工程部主管王芳勇到现场进行确认，经现场检查是设备老化，导致节能水泵与电机齿轮的磨损程度过重，需要进行更换，于是马上与供货商联系。这时已是下午5点，情况比较紧急，供货商答应明天一早就送货。最后启动了应急措施，将节能泵停止运行，启用了旧的恒压供水泵。到了下午6点，又有小区业主打电话反映家中自来水的水流小、水压小，工程人员来到水泵房检查水泵运转情况。由于这个时间段是用水高峰，业主的用水需求增大，旧的恒压供水泵压力不稳定，导致两外管网爆裂。如果照这样的情况进行下去，不会维持到新的配件送来，明天又是周末用水高峰，停水给小区内的业户会造成了非常大的影响。此时除留守值班人员外其余下班回家，部门主管一边电话召集下班人员回来进行抢修，一边给深圳的供货商电话联系送货，最后终于在工程部主管王芳勇耐心的恳求下，供货商答应连夜送配件过来。维修人员们看到了希望，干劲儿十足，同时通知前台值班人员，答复业主今晚一定能维修好。接下来，工程维修部的员工分工配合，抢修管网、拆除节能泵同时进行。几个小时的抢修管网，旧水泵又开始运作，拆除工作还在继续，直干到凌晨1点，供货商将配件从深圳送到了广奥花园。又经过3个多小时的组装与调试，到了凌晨4点多，节能水泵开始供水正常。此时的维修人员们都拖着疲倦的身体，脸上却露出了开心的微笑。

　　对于物业工程人员而言，最佳状态就是只维护，不维修，让业主住得顺心，住得舒心。而业主的理解和适当的尊重，对他们来说，就是最好的支持和回报！

水火之中见真情

北京，通州，次渠嘉园就位于这里。

这个社区地理位置优越，紧邻着地铁和已规划的重点学校，附近还有多处商业区，环境好，而且这里的房子建造精度美，高中档装修，显示着京都的生活水平。从次渠嘉园小区到旁边的地铁亦庄线，走路仅需五分钟。

中奥集团的物业管理入驻次渠嘉园，让这个小区的业主们更加真切地体会到了生活的美好和温暖。

抢修在深夜的冰水中进行

寒冬冰水无情，中奥物业人有情。

2017年12月13日凌晨2点30分左右，由于机器设备老化失修，中奥物业次渠嘉园项目设备泵房地面上存水水位高达1米左右，水已经接近高基变配电室之间设置的挡水墙边，现场情况很危急，高基变配电室里的设备设施岌岌可危。

这个时间正是人们入睡的时刻，白天喧嚣的北京城，此时已经进入了梦境。但中奥物业的员工们，却被一阵阵电话铃声叫醒了，他们在第一时间火速赶到了事发现场。

一场抢修设备的大仗，在深夜里悄无声息地打响了。

为保证设施设备的安全，减少经济损失尽快排除水泵房故障，保障社区业主的正常用水等诸多方面的考虑，在零下十多度的天气，工程维保部工程主管李大鹏、综合维修工郭太山师傅及管家主任国中政三人，在项目经理王宇的现场指挥下不顾个人安危，不计个人得失迅速脱掉衣物下到冰凉刺骨且齐腰深的水里关闭设备抢修管道。在水里工作了一个多小时，直至将中水管进水截门和给水、中水设备开关全部关闭。

  冰冷的水刺痛着员工的皮肤，像钉子一样扎着他们的心。可是一想到，如果不及时把故障排除，给这个社区带来的影响将不堪设想。马上就要过新年了，这样的一个大冷天，居民如果没有了正常的供水，那将给他们的生活带来怎样的不便。所以，尽管水冷刺骨，却没有一个人退缩，他们坚持在冰水中战斗着。

  一个小时过去了，两个小时过去了……

  3名同事冻得全身通红，哆嗦不止，尤其是郭太山师傅爬上水箱关完阀门后腿部抽筋无法从水箱上下来，险些栽倒水中，经其他两名同事紧急支援后这才离开现场。

  项目经理及3名员工从事发后一直坚持在现场进行抢修工作，直到次日下午事发的园区正常供水后因受寒、发烧体力透支倒下了。

  次渠嘉园项目项目经理王宇、工程主管李大鹏、综合维修工郭太山和管家主任国中政的敬业精神，以及在危急时刻一心为公、舍己为人的行为值得我们学习。

  中奥物业是一个大家庭，业主更是我们守护的家人，为了家庭的和谐美好，我们更应该发扬守护家园的园丁精神。

烈火显雄风

这是2018年3月29日。

  次渠嘉园的安保像往常一样，漫步在小区里，开始进行例行的安保检查工作。安保的脚步虽然走得不快，但他的双眼却像一对探照灯似的不停地在各处扫描着，如遇过可疑的人，一般都不会躲过他们的眼睛。

  突然，安保看见一股黑黑的浓烟，从一家窗户里往外冒着。

  那是次渠嘉园小区×区×号楼××层一个住户家。

  是炒菜做饭冒得烟吗？不像！做饭的烟不会有这么大。有情况，一定是这家里出问题了！安保人员没有一丝迟疑，立刻跑到了4号楼，要迅速了解情况，解决问题。

咚咚咚！

安保人员把房门敲得山响，却没有任何反应。

是不是没有听见？

咚咚咚！

他又用力地大声敲门，还是没有应答。

大门紧闭，敲门无用。怎么办？

事不迟疑，不能耽搁。这个巡逻岗立刻上报安保主管，安保主管马上第一时间上报项目经理，项目经理立刻启动火灾紧急预案，组织工程人员、保安人员、保洁人员两分钟内赶到现场进行救援。

上面的这套动作，都是在分秒中进行的。只是在一个瞬间，物业的抢修队员全部集合完毕，一套完整的救火方案已经形成。

首先安排工程人员破门而入，马上断电断气并同时查看是否有被困人员；然后安保人员分成两队，一队进屋使用灭火器灭火，另外一队打开消防水袋进屋灭火。

火势终于被扑灭了。随后保洁对楼层消防水进行清理，物业前台接到通知第一时间已通知业主前来查看，经查着火原因是家里燃气灶没关，才引发火灾，所幸并未造成人员伤亡，也避免了业主家的财产损失……

中奥物业显雄风，水火之中见真情。次渠嘉园里，因为有了中奥物业，才有了安全，有了幸福，有了温暖和谐的生活！

跑丢的孩子找到了

这是 2017 年 5 月 7 日。

中奥物业北方分公司包头新星美地项目的物业楼的大门被推开了,一位大爷领着一个 3 岁多的孩子,后面跟着孩子的父亲母亲。他们的脸上带着笑容,一进门,那位老爷就嚷嚷着要见领导,还点着名说,必须要见一个叫"王鸿"的人。

这是怎么回事?看他们脸上的表情,也不像是来投诉的。另外,咱们物业的王鸿的品行为人,大家谁不知道,那是一个又有热心又有办事能力的人啊!

"你们的领导在不在?王鸿在哪里啊?"

"是呀,快点儿出来!"

物业的房门都开了,大家探着头朝外看着,谁也弄不明白他们来这里是做什么。

这时,走在最后的孩子的爸爸,把手里的一面鲜红的锦旗举了起来。

"我们是来给你们送锦旗来了,是来表示感谢的!"

"赠人玫瑰,手有余香。献出一片爱心,托起一片希望。"这锦旗上写的字,表达了业主的真诚感激之情。

物业的领导还有王鸿赶紧迎上前去,热情地打着招呼:"欢迎,快请进,坐下喝茶!"

哦,原来是表扬咱们物业来啦!

送锦旗这是怎么回事呢？

原来，在5月4日中午12点30分，正在院里看孩子的这位老人，忽然发现孙子不见了。老人先是大声地喊着，没有回音。接着老人又在房前屋后开始寻找，也没有看见孩子的影子。一个三岁的孩子，能上哪儿去呢？

问孩子的父母吧，他们又没有在身边。这可怎么办？万一要是被坏人拐走了，这天可真是要塌啦！老人吓得出了一身冷汗，血压都升高了，手脚都有些发凉了。

就是这个时候，新星美地项目的客服领班王鸿恰巧路过这里。

"大爷，您这是怎么啦？惊慌失措地，有病了吗？我送你上医院！"

"不是的，是我家3岁的孙子找不到了。"

王鸿听完了大爷的述说，连忙劝他，"别着急，咱们小区有监控的，孩子丢不了。再说，咱们的物业人不少呢，发动大家都来帮忙。"

王鸿本来还有别的事情要做，他都推掉了，带着大爷就去查看小区的监控录相。果然找到了线索，监控显示，这个孩子在11点50分左右就已经离开了小区。

王鸿又通过手机微信的朋友圈追寻着孩子的下落。

微信朋友圈真是万能。在下午1点30分时，王鸿看到了昆河派出所发出了一条寻人启事的信息，还配有孩子的照片图像。

"大爷，你快看看，这是不是您家的孩子？"

"是，是！就是！"

"您家的孩子已经被昆河镇派出所的民警找到了，快去认领吧！"

孩子的爸爸感激地说："中奥物业，你们就是亲人哪，这面锦旗表达的就是我们全体业主对你们的真诚感谢！"

王鸿却谦逊地回答："一家人，一家亲，这都是我们应该做的！"

送了一面锦旗

杭州的 5 月，雨洗后的天空更加明净。对中奥物业杭州区域分公司东方花城项目的姚晨元像往常一样，迎着早晨的太阳，开始了他新一天的工作。

小姚喜欢自己的这份工作——小区秩序维护员。小区是大家的，物业管理就是为人民服务。车子不能乱停放，垃圾也不许乱丢。该检查的，该管理的，就要认真起来。

正在巡逻岗位上的小姚就是带着这样一种昂扬的心态，挺胸抬头，迈着稳健的步伐，踏在小区的甬路上。小区的路，他熟悉的如同手上的掌纹，哪儿是车位，哪棵树需要剪枝修理，哪家儿的窗台上花盆没摆稳，都逃不过小姚的眼睛。

咦？在前面的墙角处好像有一个东西。小姚眨了眨眼睛，快走几步，低头一看，果然是一个小手提包。

这是谁的包呢？是故意放到这儿的？还是不小心丢掉的？小姚四处看了看，没有人。

他弯下腰，把包拾了起来。同时，他高声地喊了起来："谁丢包啦？谁的包丢啦？"

没有人回答。

上班的人都走了，上学的学生也都走了。此刻的小区里显得很安静。

小姚想了想，看看这个包里都有什么东西。

哇！打开一看，除了几千元的现金外，还有各种卡，银行卡、社保卡、会员卡……

　　这是谁马马虎虎地竟然把这么多重要的东西都丢了。小姚翻看着，一张身份证映入了他的眼帘。嗯，十有八九，这个身份证上的人，就是这个小包的主人。此时，也许这个钱包的主人正着急地在寻找呢。那么多钱和卡，还有身份证都丢了，失主肯定会急得不得了。

　　此时的小姚倒是十分冷静。他要做的事情是：首先要确定一下失主的身份，是不是居住在这个小区里的业主。做这样的事情并不难，到物业的客户服务中心一核查，就会马上弄明白的。

　　果然，钱包的主人，就是东方花城×幢的业主吕先生。

　　完璧归赵，丝毫不少。当吕先生从小姚的手里接过这个钱包后，感动得他紧紧拉住小姚的手，不知道说什么好了。

　　他从钱包里抽出500元钱，硬是往小姚的口袋里塞。

　　"吕先生，您太客气了，这是我们物业应该做的事情，我怎么能要您的钱，收起来吧！"见小姚执意不肯收下钱。吕先生非常感动，就送了一面锦旗，来表达他的感谢！

　　那面写着"拾金不昧、品德高尚"的锦旗，如今就挂在物业的办公室里，那是对中奥物业服务的赞美，更是业主们对中奥物业的表彰与鼓励。

小事更能暖人心

绍兴九城公园里，这是中奥集团属下的一个物业服务单位。

三月春风，吹拂着珠江两岸，绿树葱茏，青草摇曳，到处充满了勃勃的生机。春天不仅仅是属于大自然，三月里学雷锋的多年惯例和风气，让这个季节洋溢着浓浓的深情厚意，那是温暖，是关爱，是和谐社会散发着了沁人心脾的花香。

九城公园里，物业办公室的工作人员，早就听说有两户物业要来给他们送锦旗了。

工作人员要婉拒，但是还是没拦住两个前来送锦旗的业主。

第一个业主，是依云堡的张女士；第二个业主，南区×幢的汪先生。

两位业主几天之内，脚前脚后地跑来将表达的心情，用这个鲜红的锦旗承载，送到了物业的办公室。

物业与业主间，就是一个服务与被服务的关系。从情理上讲，人家业主付出了费用，作为物业方面，理应当竭力服务好。但怎样能做到像春雨润物细无声，让真诚与爱鱼水相融在一起，其实难度很大。

两位送锦旗的业主感谢物业，其实让业主真心感动的，真的是一些看起来并不起眼的小事。而每天常见的琐事小事，恰恰才是检验物业服务水平的试金石。

张女士说："我感谢秩序维护部的钟明！她说，"我母亲年纪大了，一天下楼时不小心摔了一跤，我母亲疼痛难忍一筹莫展的时候，是秩序维护部的钟明急忙赶了过来，通知我们家属，帮着我把我母亲背回家。不管我家里有个大事小情，只要碰到都会主动来帮忙！"

南区2幢的汪先生，说的也是小事情："我住的那个楼房，可能是安装管道时时留下了隐患，上下水一直有毛病，总是往外渗水，虽然不是什么大事，每天看着那一片片的渗水印，让你天天闹心。我也多次找过施工单位因工程安排的周期问题，也是一直没有处理好。在我十分着急的情况下，我找到了中奥物业的维修师傅请求帮助。物业的园区管家冯佳琪听了我的情况介绍后，他像自己的事那样热心，终于在我们家装修前，把渗水的事给解决了。没有渗水的隐患，我们家就可以放心地来装修房子了！"

比亲儿子还要亲

郦军自 2012 年 5 月进入萧山分公司维多利亚项目以来，在领导和同事的支持和帮助下，经过 3 年多的学习和磨练，积累了丰富的工作经验，个人能力得到了很大的提高。

他工作认真负责，遇到问题善于换位思考，急业主之所急，想业主之所想，尽心尽力为小区业主服务。

业主也拿郦军当自己的亲人，家里有什么大事小情，一喊就到，特别是那些年纪大的老人们，都把郦军的电话号码抄在小本子上，一低头就看见了。老人的儿女们，都在忙工作，有时候叫他们回家吃顿饭都没有时间。可是老人最怕的是孤独，没有一个人陪着说说话，那样的日子太难过了。所以，一些小区的老人时不常地给郦军打电话，一半是真有事，需要帮忙，还有一半是想和这位热情的物业人员，在一起聊聊天。

"小郦啊！我家里的灯泡坏了，我年纪大不敢爬得太高，你有空来我家换一下灯泡行不行啊？"

"小郦，我家的水龙头总是滴水，你来看看是怎么回事？"

"是郦军吗？我订的报纸怎么好几天没来了，你帮我查查是怎么回事，你先找两张最近的报纸给我送来吧。是的，我也看电视，但是看报看了一辈子，是老习惯了。你要是找不到新报纸，到我家来，和我说说话好吗？"

就是这些小事，让郦军和业主们有了亲人般的联系。

小区内一些退休的业主，每当家中有了大小事首先想到的就是郦军，郦军也总是尽力地为业主解决。有时，其他工程技工碰上了不能解决的问题，郦军即使休息了，也会帮忙解决。

2013年，冬天的一个晚上，×号地下车库内一个消防阀门出现严重渗漏，车库内已有大片积水。寒风呼啸，气温很低，当时还下着很大的雪，为尽快解决渗水问题，避免影响业主出行，郦军接报后，立即从暖暖的被窝中爬起来，迅速赶往现场。

在路上，小郦感觉到寒风刮在脸上像刀割一样难受，但郦军心里只想着一定要尽快维修，不能给业主的生活带来影响。

维修的过程中，冰冷的水不住地往他的身上滴，冷得令人颤抖，但郦军顾不上衣服被打湿，全神贯注地忙活着维修。由于气温实在太低，手和脚被冻得已不听使唤，维修的速度明显比平时要慢。可是郦军并没抱怨，继续有条不紊地维修。

经过近两个小时的努力，终于将阀门渗漏维修好，而郦军全身已经湿透了。

维修中，郦军心中装着一颗责任之心，忘记了自己的冷暖，在寒夜里奋战的身影，令人为之感动。

我现在就赶过去

邓天权现任职中奥物业广佛分公司金威郦都工程维保部领班,从普通技工到现在成为领班,他无私奉献、兢兢业业,在物业公司里有着非常好的口碑。

无论你遇到了什么方面的困难,只要他一出面,总是以最快的速度为业主解决问题,所以,一提到邓天权,无论是业主还是物业的同事,都会竖起大拇指来称赞。他的工作得到了项目领导和业主的好评。

记得那是2014年12月20日,晚上9点多钟了,邓天权已下班回家。这几天,工作太累了,疲劳的他想好好地睡上一觉。

就在这个时候,手机突然响了。一看手机号,是物业公司值班同事来的电话。

"我是邓天权,有什么事吗?"

"刚接到业主打来的电话,是秩序维护部转过来的,×座楼梯处严重漏水!"

"是吗?很着急吗?"

"是的,已经影响到楼层的业主了,必须连夜检查维修。"

"好吧!我现在就去!"

这样的事情邓天权来说,并不稀奇了,其实他早习惯了这种工作。虽然已经下班了,但业主遇到困难却不能等到正常的工作日才去解决。业主的需要,就是我们的工作时间表。

像往常一样，无论自己怎么累，怎么不愿意出门，他还是在接报后连一分钟也未耽误，在第一时间里就从家里赶到现场。

经现场查看，发现水已从高层楼梯不断流向低层楼层的楼梯上，如不紧急处理，很可能会造成水流进电梯，如果那样的话，很可能造成电线短路，停运都是小事，万事有人乘电梯时出现电样的故障，或被电击伤，那样的话后果将不堪设想。

邓天权一路小跑沿着水源一层一层地观察，凭着他多年的经验，终于发现问题出现在×楼。

此时×楼走廊已全部是水，邓天权就在水里趟着，他的鞋都湿透了，也顾不得去换水鞋了。他继续观察哪户的水表是以非正常的速度在转动，最后发现是××房，邓天权立即上前迅速关闭了该户水阀，然后，前往××房敲门进一步核实情况。

他把门敲得咚咚响，但发现屋内没人响应。户主不在家，怪不得出了这么大的事，他家也没有一丝的反应呢！

邓天权马上拿出电话，通知物业前台的同事，迅速联系业主，马上告知情况。

业主接到通知后，也非常着急，立刻赶回了家中。

在等待业主回来的过程中，邓天权并没有马上给自己换鞋子和衣服，而是取来清洁工具，将走廊和楼梯的积水清理干净。等业主赶回到家门口，看见邓天权正在清扫楼梯和走廊的积水，非常感动，对邓天权这种为业主着想的作法，从心里感激。当然，对他家里的这个因疏忽造成的事故，也立即深表歉意。

处理好这一切，已经是夜里11点了，邓天权才安心地回家。那一刻，邓天权走在回家的路上，看见夜空中的满天星斗，嘴里轻轻地哼起了歌儿……

其实我也有恐高症

　　张光召于 2013 年 5 月，入职中奥物业广佛分公司雅居蓝湾项目，是一名维修技工，算起来，也是公司的一个老员工了。这些年来，他始终保持认真负责的工作态度和一丝不苟的工作作风，勤勤恳恳做事，与公司共同成长。

　　那是 2015 年 2 月 9 日，张光召接到业主报事，×区×栋有排水管漏水带有很大异味，他立即赶到现场。

　　作为维修技工的张光召，遇到什么排水漏水的事情，那太正常不过了。维修工吗，干的就是维修活儿，有问题了，才会想起你来。你的存在的意义，就在于给解决问题嘛。

　　经过一番查看，问题的原因找到了，发现漏水点在×楼。

　　随着张光召一起来到现场的业主人员，突然看到张光召的脸上掠过一丝不易察觉的表情。

　　"是不是不好修？我看你……"

　　"没有，没有什么。"张光召只是迟疑了一下，立刻振作起精神来。

　　"我还需要把这个出问题的地方，好好地捋一捋。你们别急，有我在，什么也不用担心！"

　　张光召认真地检查着管道。

　　原来是管子出现了漏点，管内流出的污水沿着管壁一直流向楼宇大堂出入口正上方，导致大堂出入口滴水，异味很大，给业主出入带来很大影响。

"必须马上进行维修补漏，不能再等了。"业主在一旁说。

"是的，必须立即来维修。容我想想怎么操作呢？"张光召上上下下前后地打量着这个工作现场，要寻找一个合适的工作面。

嗯，维修的方案迅速就确定了。

由于是外墙排水管，×楼的高度，如要补漏，必须要有支撑点且维修人员须系安全带操作。怎样搭建支撑点，为了尽快维修好水管，张师傅等不及再考虑其他办法，他找来两根木条及木板，带上补漏材料，征得×楼业主同意后，在业主家中小阳台栏杆到洗手间窗户用木条和木板搭建了一个支撑点，固定牢固后，张光召佩带好安全绳爬上支撑点，站在×楼只有双脚可以站立的临时支撑点上，小心翼翼地进行补漏，在一旁帮忙的师傅和业主都替他捏把汗。

一直到确定水管不再漏水，张光召才从支撑点上下来。

一旁的业主忍不住伸出大拇指："我站在阳台往下看，都会脚软，你真是太棒了！这种工作精神值得称赞！"

张光召有点儿不好意思地说："其实我也有点儿畏高，就是你们常说的恐高症。刚才一到现场时，我一看那高高的×楼，心里也在打鼓。你可能也看出了我的犹豫。"

"是吗？你也有恐高症？"

"有是有，但我得克服，慢慢适应就好了。你们看，我现在不是在×楼上把活儿干完了嘛！每一次登高，就是对我治疗恐高症的锻炼！"

"太感谢你啦！你们物业这种敬业精神，太值得我们学习啦！"

"只要业主需要，我们就把工作竭尽全力去做好！。"张光召憨厚地笑着说。

不忘初心

元宵节"泡汤"了

唐广湖入职中奥已有多年时间,现任职佛山风度国际项目工程技术主管。几年来,他很少休假,一心扑在工作上,经常受到业主和项目领导的表扬。

2015年3月5日,刚好是中国的传统节日——元宵节。这一天的夜生活,唐广湖早就安排好了,买好了元宵,用油一炸,再炒几个小菜,烫上一壶酒,家人们坐在一起一边吃元宵,一边看电视里的元宵节文艺晚会。

晚上6点15分,已经下班回家准备与家人聚餐共度佳节的唐师傅,亲自下厨,扎上了围裙,一副厨师的样子,嘴里还哼着小曲儿,准备炒几个好菜。

就在唐师傅刚把炉火点着的时候,电话响了。

来电话的是物业的同事,声音很急,唐师傅一听,立刻把炉火先关闭了。

他脸上带着愧疚地笑意,对家里人说:"又来紧急的任务了,我得马上走!"

"什么事,又是这样急三火四的?"

"刚接到秩序维护部同事电话,说×座×楼水井房天花板严重滴水。"

"那咱们家的这个正月十五的团圆饭……"

"你们先吃吧,别等我啦!"

"难道就这么着急吗?"

"天花板严重滴水沙,不马上解决,会出大事的!"唐广湖把围裙解下来扔到了椅子上。

"那你也不能饿着肚子走呀?"家里人关心地说。

"时间来不及了！"唐广湖说着推开了房门。

唐师傅说服家人，在第一时间从家中赶到现场。

他来得很及时，发现水已从楼栋流淌出来渗透到大堂地板，如不紧急处理，会给业主们的生活带来很大影响。于是唐师傅一层一层爬楼，打开每层水井房进行仔细观察，最后发现5××房的水管有问题，他立即关闭水阀，然后前往5××业主家轻敲房门，无人回应，后经客服中心联系到业主。原来业主正在广州参加喜宴，一时无法赶到家中，业主担心自己回到家时，维修人员都下班了，自己无法处理，显得非常焦急。

唐广湖安慰业主一定会等他回来。就这样，唐广湖一边等待业主回来，一边拿来清扫工具清扫大堂积水。

一波未平，一波又起，在此过程中，2××的业主投诉有水流进了自己家里，导致小孩不慎摔倒，人家要追查责任，话说起来，充满了火药的味道，唐广湖立即前往2××业主家帮其清扫并耐心向业主解释事情缘由。

一番解释后，2××业主很开通，表示理解了，并与唐广湖一起清扫大堂积水。

一个多小时后，5××业主从广州赶回小区，唐广湖经过检查发现原来是5××业主家热水器的连接水管爆裂所致，他立即帮业主更换水管。

当把这所有的事故都处理好之后，已是晚上9点了。

这时，唐广湖才感到自己饥肠辘辘，策划好的元宵佳节家人聚餐活动，也就此"泡汤"了。

虽说自己过了一个"泡汤"的元宵节，却让×座×楼的业主们度过了一个平安的元宵节，值了！唐师傅在心里对自己说。

任劳任怨的好厨工

毛爱娟是 2008 年来到公司工作，在食堂做烹饪工作。

在公司工作的几年来，她在这个平凡的岗位上，任劳任怨地做着自己的本职工作。食堂是中奥物业公司的一个重要部门，它担负着项目全体员工的就餐任务。物业公司员工每天三餐，每餐都有 20 多人就餐，总的来说，每天的工作量是比较大的，为了做好自己的本职工作，为了保证员工能准时开饭，毛爱娟一个人担负着做早饭的工作。

每天早上 6 点起床开始为公司里的员工们熬稀饭、蒸馒头、煮面条等，8 点左右又开始准备午饭和晚饭，每天工作时间完全超过上班规定的 8 小时，两只脚不停地在食堂里走来走去，休息时间却很有限，但毛爱娟从未叫过苦、喊过累。

大家都知道，食堂工作看起来很简单，而实际上却是一件很烦琐、需要细心和耐心的工作。要真正使员工都满意，也不是一件容易的事情。为了做到这一点，毛爱娟也想了不少的办法和动了不少的脑筋，对每天购进的蔬菜和肉食严把食品卫生关，不仅要保证菜品的质量，还要保证菜品的种类，做到随时更新，紧跟时节变换，并且注重营养搭配。

因公司的员工来自东南西北各个地方，有喜欢吃味道淡点儿的、有喜欢吃味道浓点的、有喜欢吃硬点儿的、有喜欢吃软点儿的、有喜欢吃麻辣的、有喜欢吃带甜酸的，这些都是在做菜时必须考虑的因素。所以毛爱娟为了每周制定出合理的食谱，经常征求大家的意见，尽量满足员工们提出的要求，力求做到使每一位员工在公司都能享受到可口的饭菜。

毛爱娟经常说:"我是炊事员,就是要保证大家吃好,准时准点开饭,一定要做好!"

一个普通的员工,说着普通的话,这话是发自内心的,却意义深刻,体现了一名员工对本职工作的热爱。再平凡的岗位,只要踏踏实实地去做,也会取得优异成绩的!

工作不分分内分外

江天养,是中奥物业广西分公司邕江明珠项目的一名管家,虽然入职中奥的时间不是很长,但他在工作中认真负责,对待业主积极热情,对待同事团结友爱,得到了领导、同事、业主的一致认可与称赞,并获得了2014年"优秀员工"称号。

2014年8月3日,邕江明珠×栋××××业主到前台办理业务时提起自家入户花园的墙壁下人雨时会有渗水情况发生,并且由于墙角处是户内电源箱,如果继续渗水会造成危险,因此业主非常着急。

江天养立刻跟随业主上门查看,经过户内十几分钟的观察,初步认定是外墙渗水,为了确定渗水源头,江天养在楼层过道上冒着危险,俯身在栏杆口上,最后卧倒在地上,伸手到外墙查找,最终在外墙上发现了一段空洞,确定是从此处渗水到内墙的。

江天养确定渗水源头后,回到前台立刻在房屋维修台账上登记清楚,并第一时间向开发商维修负责人报修此事。可是三天后,仍未见开发商维修负责人进行维修,眼看着天气阴沉,可能又要下大雨,想到业主家再渗水就可能泡到电源箱,可能会对业主的生活与财产造成影响和损失,而工程部同事正在抢修另一栋架空层厨房排污管漏水问题,实在抽不出时间去维修渗水问题。这时,江天养坐不住了,他自己找到工程部同事要了防水材料和工具,一个人爬到18层的过道上,将渗水的空槽处全部堵上,做好防水处理,并告诉业主下雨时多观察还有没有渗水的情况发生。

业主知道是江天养亲自处理好问题后，激动地抓住江天养的手不放，一直问："小伙子，你叫什么名字？你不说你叫什么名字，我是不会放你走的！"

最后江天养没办法只能告诉业主自己的名字。

2014年8月8日，业主朱先生到前台送来了一封表扬信，信中业主希望中奥员工们向江天养学习，学习他对工作满腔热情，分内分外抢着干的精神，共同把物业服务工作做好。

2014年8月27日，南宁分公司对江天养的优秀事迹进行了通报表扬，并奖励200元奖金，项目也开展了对江天养优秀事迹的学习动员会议，号召全体员工向江天养学习。

雨衣遮车窗

　　李孙明是物业的一位普通的秩序维护员,可是,你如果听完业主刘先生聊聊李孙明的故事后,你一定会从心里感受到:平凡普通的背后,是崇高和伟大!

　　业主刘先生清楚地记得,那是3月16日,早晨5点多钟。刘先生很早就起来了,他要开车去办一个业务,就早点儿起来了。路上人少,车少,不会发生堵车的情况。一想到车,刘先生,就心里高兴,他的爱车是一个银灰色的名牌车。平时,刘先生对这个车子爱护得就像自己的眼睛一样,每天开车回来,又是洗又是擦,都把车收拾得干干净净的。车子是一个男人的脸面,弄得脏乎乎的,怎么去见人呢?

　　想到这时候,刘先生突然有些担心起来了。外面现在正下着雨,虽然不是很大,但肯定会浇到了自己的爱车了。因为昨天就打算好要早起出门,他没有把车停在自己的车库里,而是随手停在了悉尼三区露天停车场,谁知道,老天爷突然又下起了雨呢!

　　刘先生走到了离车子的不远处的一个拐角点,咦?就在自己的车子旁分明站着一个人,就站在车子的车窗边。这是谁呢?是不是小偷?砸开我的车窗偷里面的东西呀?!想到这儿,刘先生加快了脚步,来到了自己的车子旁边。

　　"喂!你是谁呀,站在我的车旁干什么呢?"

　　"先生,您不认识我,我是这个小区的秩序维护员,我叫李孙明。"

"你是保安？怎么不穿雨衣呢？你这不挨浇了吗！"

李孙明没有回答，而是用手指了一下小轿车驾驶位置的车窗："喏，你看……"

刘先生回头一看，立刻就明白了。昨天晚上，他停车后，走得匆忙，车子的窗子没有关严。今天早晨突然下雨，风吹着雨点往车子里面钻。

秩序维护员正冒着雨在停车场巡视，当他来到一辆银灰色的小轿车前时，突然停下脚步，他怕雨把里面的东西淋湿了，就脱下自己身上的雨衣披在车窗上，自己淋着雨继续巡逻。

刘先生的心里从疑问到感动，他的情感瞬间发生了极大的变化。我和这个物业的秩序维护员，非亲非故，人家没有责任，更没有义务来脱下自己的衣服保护车子。

"您……您怎么会这样做呢？！"刘先生的话语里充满了感激之情。

李孙明说："这雨要淋进了您的车子里，把东西浇坏了，多耽误事呀！"

"可是你……你的雨衣盖在我的车上了，你自己……"

"没关系，你有事，赶紧上车走吧！"说着，李孙明把盖在车窗上的雨衣拿了下来，请刘先生赶紧上车。

刘先生觉得自己的双脚十分沉重，今天的这个小事真的让他感动了。

"没想到，你们物业的，都是这样的好人啊！"

"遇到这样的事情，我们应该要这样做。记住以后锁车时，一定要注意把窗子关紧！"

小伙子自然的善意举动、朴实的回答话语让刘先生非常震撼。

刘先生逢人便说："也许这只是一件小事，每个人都能做得到，但是生活中有几个人会去这样做，他脱下身上雨衣遮住车窗的那一刹那，足以让我们为之起敬！这件事让我真实地感受到中奥的物管们是在用心服务业主！"

浓烟一起物业来

2017年4月6日早上8点,太阳照耀着美丽的广州城市。南国奥林匹克花园的大街上车水马龙,行人匆匆,生活在紧张而有序地进行着。

就在这时,×区附近有人突然闻到了一股刺鼻的异味,那是一种塑料烧焦的味道。抬头一看,呀!不远处的楼上,竟然冒出了一股股的浓烟。这样的烟绝不是哪家厨房做饭炒菜冒出来的,情况异常,赶紧报告吧!这是哪里着火了呀?!

出现了火情,当然要打报告119了。

同时,发现火情的居民也把电话打给了南国奥园的物业。因为离火点最近的消防队来到这儿也得需要一定的时间,而物业的人就在眼前。

"你们快派人来吧,就在×区有一座房子起火啦!"

"看到了,我们现在正往事发现场赶呢!"

浓烟就是命令。在还没有接到电话之前,奥园物业的几位保安,就开始迅速地行动了。

是×区×座×××房起火了。

在3分钟内保安员带上灭火器就赶到了现场,由于来得非常及时,很快就扑灭了大火。

灭火后周围邻居和围观业主在问过保安后了解,该单元业主并不在家,洗衣机在洗衣服过程中线路起火,火势很大,而洗衣机又靠近厨房的煤气罐,如果抢险时间晚一点儿的话,可能会发生爆炸!

围观业主们纷纷夸赞物业及时灭火，为整幢大楼及周围居民楼挽回了重大的财产损失和人身安全伤害。

　　灭火以后，保安又通知了维修工对该户水电进行全面抢修，以保证小区里的各个业主的正常生活。

　　后来，据说这家因不慎着火的业主回家了解了事情经过后，非常感动。为感谢保安人员的及时扑救和安排维修水电、清理现场等工作的贴心服务，送去了锦旗一面和一个红包，红包被保安人员婉言拒绝。他们表示："这是我们的工作职责所在，物业与业主本一家。以后大家一定要多注意安全，清除各种隐患才好哇！"

　　业主们也纷纷表示：一定要听物业的话，在安全方面不能有一丝的马虎。同时，物业的工作人员坚决拒收现金，一心想着业主的这种工作态度和服务精神，一定要好好提倡，好好表扬！

老人交给我们请放心

俗话说的好："年盼中秋，月盼十五。"这个时候所有人的脸上都洋溢着笑容，也包括翠湖香堤项目的所有还在岗位上辛勤劳动的同志们。

"韩东，今天中秋，一会儿准备一下给小区业主送些月饼！"

"收到。对了，主管，王阿姨今年又是一个人在家，要不要去看一下？"

想到王阿姨，韩东脑海里就浮现出偏瘦，面容慈祥的身影。

"嗯，王阿姨的儿子因为工作忙的原因，经常在国外出差，平常家里除了保姆就是王阿姨一个人了。今天又是中秋，保姆也回家团聚去了，是应该去看一下，王阿姨平常对你们几个不是挺好的嘛，哪次没给你们门岗的送吃的。不能看着王阿姨一个人过节，小魏你一会儿把其他业主拜访完，和韩东一起去王阿姨家看看！"

"好的，主管你放心吧，王阿姨就交给我们了！"韩东和小魏一起说道。

时间渐渐到了下午。

"韩东，我这边业主都拜访好了。你那边准备的怎么样？"小魏拿起电话问。

"我都准备好了，我们现在就去吧！"

"嗯，我在楼下等你，记得带点儿工具，我记得王阿姨家水管好像上次没修好，这次去直接搞定！"

说着两人来到王阿姨家的门口。其他业主家基本都是人来人往，因为是中秋显得很热闹喜庆，只有王阿姨家这里透露着一种冷落的惆怅。敲了敲门。门慢慢地被打开，屋里很黑，没有开灯，王阿姨瘦弱的身影缓缓地出现在两人的眼前。

"哦，是物业的啊，你们来的可真是时候，家里的热水器不知怎么的，打不火，换了电池也不行；洗手盆的管道也堵住了流水不畅；客厅的柜子抽屉滑轴出了问题，开了就关不上。我一个人在家也不懂这个，你们快进来帮我看看！"王阿姨笑着说，丝毫没有过节却一个人在家的无奈和伤感。

"王阿姨，今天是中秋，这是我们的一点儿心意，节日快乐！"说着韩东拿出准备好的月饼礼盒。

"哦，谢谢！你们物业还真周到，你们赶紧进来吧，我去给你们切点儿水果！"

王阿姨礼品都忘记拿，又急急忙忙回屋里准备水果去了。

"小魏，我们赶紧进去先把问题解决了吧。"

"嗯，王阿姨这么好，简直和自己家人一样。"

小魏也被王阿姨的真诚所感动。

"我去修洗手盆和抽屉，你去看下热水器的问题。"

"好！"

两人拿起工具，就开始各自地忙活起来。

不一会儿问题就全部解决好了。热水器是电池的弹片的问题，而且王阿姨还把电池装反了，调一下就好了。洗手盆的管道是因为沉水弯装得的太下去了，弄点儿旧布垫一垫就行了。而抽屉只是螺丝没上好，调整一下位置就可以了。

这时，王阿姨端着一大盘水果出来。

"王阿姨，您说的几个问题，我们都帮您弄好了。"

"这么快啊，我还说让你们吃点儿水果休息下再弄呢！太谢谢了，不然我还真不知道怎么办才好！"王阿姨开心地说着，心里也感觉到很温暖，选择这个物业没有错！

韩东对王阿姨说"您这边还有什么问题,随时打我们24小时的服务电话，保证随叫随到！"

"好，好。你们不吃点儿水果再走吗？"

"不了，王阿姨，我们还要去拜访其他的业主"

"那这样，明天我送你们办公室去，你们太辛苦了！"王阿姨口气坚定地说。

"这……那谢谢王阿姨，那我们去忙了！"

到了晚上，王阿姨的女儿女婿回到小区，拿着月饼和水果找到项目主管，激动地连连感谢："你们保安太好啦，我妈妈把你们的事都告诉我们了，她老人家感动得都哭了，我们有几套房子，只有你们物业做得最好了！有你们在，老人家一个人住，我也很放心！"

孩子笑了是感谢

　　细雨绵绵，工程维保部王工和往常一样开始了新的一天。

　　早会过后，安排日常工作。下雨天地下车库排水系统巡查，设施设备是否正常运行是安全隐患的基本措施，因此王工不敢有丝毫懈怠。王工从中奥物业进驻管理南岸花城项目已有八个春秋了，记得那时南岸就像个刚出生的婴儿，新楼盘小高层在交楼，排屋、别墅初具规模，建筑风格独特，一切都是那么美好、可爱，未来给人很多的憧憬，梅洲苑、樟泉苑别墅区都还在建，一路走来，多少日月，多少风雨，伴随着她的成长。如今的花城仿佛是阿娜多姿的少女，逐渐成熟，居住环境已让人心旷神怡，这其中发生的故事已数不胜数，在这宁静的小区里，今天就发生了这样的事——

　　电梯作为一种交通工具，与我们生活息息相关。王工工作了一天，就快下班了，突然接到监控电话，说枫江苑×××业主报楼道有哗哗的水流声。接到电话王工脑海第一时间反映必须要快，因为经验告诉他一旦有水进入电梯，将会给公司和业主带来不便和巨大经济损失。

　　他一边跑一边继续给监控说，请立即通知电梯维保工作人员小姚带好钥匙和工具到现场。当王工气喘吁吁跑到枫江苑×-×架空层大厅，眼前一幕让他大吃一惊，楼梯口已经流出很多水，楼梯成了水帘洞还在不停地漏水，王工没有犹豫，立刻找到楼道管道井关掉单元总水阀，正好这时电梯工小姚也迅速赶来。

　　王工说："小姚你快去把电梯停在楼顶11层，以免电梯进水，我去查看水的来源!"

于是他们一层一层往上跑,到六楼才发现是电梯前室水阀坏了,水渐渐小了,电梯也停在楼顶。

这时突然有个女士尖叫:"哎呀,完了,我家门被锁了,卧室还有个一岁多的小孩!这可怎么办呀?"

真是忙中出错,雪上加霜。这位女士着急地上前拉住王工,急得眼泪掉下来了:"快帮我想办法,你听,我儿子哭得很厉害啊!。"

王工赶紧安慰她说:"你不要着急,我会来想办法的!"

他立刻拨打汪师傅电话,通知他快点儿带工具到枫江苑5××楼。

一会儿汪师傅赶来,只听小孩在里面不停地哭着,情况很急,王工拿起铁锤和螺丝刀从锁舌处开始撬锁,大约十多分钟终于把锁弄开了。

女士一把抱起泪流满面的孩子,不停地说:"谢谢你们,谢谢你们!"

随后工程人员赶到,因为正好是做饭时间,停水时间不能太长,要抓紧加班把水阀修好,维修中阀门不能彻底把水关死,水管无法焊接。王工说:"快去关掉水泵房加压泵,通知前台暂停小高层供水,我们尽快恢复!"

就这样,问题得到很快地解决,恢复了供水。经过工程人员配合电梯工仔细检查,两小时后电梯也没有损失,恢复了正常运行。

当王工和工程人员拖着疲惫的身体收拾工具的时候,那位女士端来几杯茶,真诚地说:"你们辛苦了,感谢你们!物业有你们,我们住得放心!"

她又把孩子抱了出来,感激地说:"你们看,孩子笑了,他是在感谢你们呢!"

小区有位高大娘

管家助理王燕永远记得小区的一位业主,和这个业主连在一起的,都是一些琐碎小事。小事很平常,也很感人。

她是一位年近六旬的老人,人们都叫她高大娘。

她可能是退休了,没有什么事,总是喜欢一个人在园区里转悠,只要物业工作人员看到她,大家都会主动上前跟她打招呼,跟她聊聊天。一来二去,虽然工作人员还叫不出她的名字,但也都熟悉起来。

那是2月12日,由于自来水管崩裂,导致园区内暂时停水。

停水,对年轻人来说没有什么大碍。可对高大娘来说,用水就成了她的最大困扰。没水了,不能做饭,不能洗澡,甚至不能上厕所了。高大娘一想起来,就生气,生气了,她的脾气就不好。

随后,她多次来物业公司闹嚷,并生气地离去。

物业的人对高大娘的行为表示理解,好言相劝:"正在抓紧检修呢,哪能一下子就把自来水问题解决了呢?"

同时,他们也体谅到老人的难处,客服部王燕就亲自给老人打水并送到了家中。

高大娘看到了王燕拎着很沉的水桶来到家里送水,心里有了一丝的感动。但这个老人脾气挺倔,心里感动了,嘴上不说,还是有些火药味儿:"啥时候能把水管修好?你们端来水,也不是长久的事呀!"

王燕听到老人这样说话，也不做回答，只是站在那儿朝着老人微笑着。

每天早上，高大娘还是依旧在园区内锻炼身体，一个人逛早市，购买自己一天内的饭食，每次都是拎着几个大袋子。那个大袋子很沉，她拎着很吃力。

总是在她一个人唉声叹气的时候，王燕就像变戏法似的，突然地出现在她的面前："高大娘，把袋子给我吧，我来帮你拎！"

"哦，是顺路吗？"

"是的，高大娘，我正好顺路。"

其实王燕并不顺路，她是要外出办别的事情，但她不说。

高大娘嘴上不说，其实她心里什么都知道。有些话，说出来反而不好。这就是心灵感应吧。

王燕和高大娘一路走，一路聊着，都是家长里短的小事。俩人越聊越热乎，觉得脚下的路突然变得短了起来。

久而久之，高大娘对小王竟然产生了一种莫名的依赖感，有事没事，总是主动来找她聊天。

还有，家里有好吃的东西也愿意拿出来分享，那天，老人还把自己的一个寿桃拿来，让王燕来吃。

她们之间的故事还没有完，一直是现在进行时，小王现在也不知道高大娘的名字叫什么，可能高大娘也不一定知道，她最喜欢聊天的那个小王，名字叫王燕。

其实，名字叫什么并不重要，重要的是，她们都会用一种感激的心情，记住彼此的这个名字：物业、业主。

这就够了！

大连中奥物业的"服务三字经"

大连一个美丽的海滨城市，被人们誉为"北方的香港"。

城市好，离不开物业，而中奥物业服务是住宅品质中最重要的一个软性亮点！好的物业不仅为业主营造舒适的居住环境，更能形成充满尊贵和舒适的社区氛围，对生活品质的提升有着不容忽视的影响力！

物业的工作，不仅仅是简单的安保、清洁、维修，真正做到用心服务，才是关键！而大连中体奥林匹克花园项目也一直秉承着中奥物业"服务三字经"。

"三字经"是什么？那就是"三勤"：嘴要勤、手要勤、腿要勤。

高层×××业主，在装修期间经常购买装修材料与家具用品，一天多次进出小区，有时候一天进出七八次，但是门岗小范每次都热心及时地为业主服务。说起小范，这个小区里的人，没有不认识他的！

有一次装修师傅因水管买错了，需要出门更换，当时业主不在家，小范为避免业主不必要的损失，及时致电业主，确认无误后才予以放行。

就这么一个简单的工作程序，已让业主深深感到了中奥物业服务的规范性。

物业工作无小事，除了做好在小区站岗等职责内的工作外，小范经常帮助业主提东西、帮忙指挥车辆停车等等。他的助人为乐，尽心尽责精神，业主、同事、开发商领导都看在眼里，以他为榜样。业主们都说："只要看到小范站在这里，我们就有一种安全感，也就放心了！"

物业公司有句服务座右铭：乐在服务、规范服务、为众人服务。所有员工的工作就是服务，三句话里，哪句都有服务。

2016年2月10日，有一位业主因排烟道往屋内排烟问题，深深的困扰，夜不能寐，无奈之下找到了物业。

其实这样的事，要说和物业没有任何关系，家里的排烟有问题，找一下专业人员，查查原因，再改烟道不就可以了，物业的人也不是这方面的专家呀！

可是人家找上门来，是来求助的，说明人家的心里有你。这时候，物业工作人员就不能忘了那三句话的座右铭！

于是，物业领导与工程人员来到业主家中，与业主一起商讨解决方案，几经周折后，问题才圆满地得到了解决。

业主非常感动，随即送来了表达诚挚谢意的表扬信，表示对物业公司、工作人员的敬意。

电话就是冲锋号

随着都市生活节奏加快，人们的工作压力也随之加大，每一位业主，往往回到家后就已是一身疲惫，如果在这个时候因为一盏路灯坏了，面对漆黑的环境，对业主来说是个什么样的心情？此时，小区物业的服务质量就彰显得更加重要，为住户提供一个安全、舒适、便捷、周到的服务，是每个物业人应做到的。

物业服务中，很多事情看起来都是微不足道的小事，但是要做好、服务好、态度好，让业主满意，这样才能真正地体现出物业工作人员的态度和精神。

2016年4月20日上午8点40分，客服部电话紧急得响起。

"您好，中奥物业客服中心为您服务！"

"我是11栋××的业主，我们这里的下水管堵了，你们快过来看看！"

刻不容缓，客服部第一时间通知了工程部当班工作员王元波，以及另外一位工程工作员林宝明去了事发地点，在路上客服管家通知该户的业主暂时不要使用卫生间排水，以免造成更大的损失。

到达地点后，王元波先是分别查看11栋其他两家业主的卫生间。经过初步了解，确定堵塞的位置是在×栋××的弯头处堵塞。发现堵塞源头后王元波便开始了破管取物的工作，在破管的一瞬间积压在管内的污水便喷射出来，有些直接喷在王元波的衣服上，等管内的积水排完后，他顾不上里面刺鼻的气味便开始清理管内的堵塞物，半个小时后，终于取出了在管内堵塞的一团电线皮。王元波生怕还有堵塞物，又往管道内灌了大量水的检查是否排除通畅，在无其他问题后便马上开始恢复补救工作。一旁的林宝明一直在给王元波打下手配合工作。

时间一分一秒地过去，终于在下午6点的时候，把排污管接好了，看着业主们可以正常地使用上卫生间，工程部师傅们终于松了一口气，他俩这才陆续都对11栋××的卫生间进行清洗，确保卫生间无异味后并再次将排污管检查了一番，确保使用正常，直到晚上7点多钟，把收尾工作完成后，师傅们才拖着一身疲惫并带着异味的身体回家洗澡。

很平常的小事，却代表了物业人的职业准则和使命感。电话就是冲锋号，解决问题就是物业人的荣耀！

手机掉河之后

4月3号的下午，胡家闯和往常一样巡完园区准备下班，这时候电话响了起来。

一看是美丽五区二期×××的业主来电的，于是他接通了电话。

"我是小胡，您有事请说。"

"小胡么，有个事，不好意思，求你帮帮忙。"一个女人的声音，这是小胡认识的业主。

"咱们之间还客气什么，有事快说吧！"

"我……我的我手机掉河里了，能帮我想个办法捞起来吗？"

"什么？你的手机掉河里了！在哪儿呀？哦，我知道了，别急，我马上过去！"

小胡挂完电话，骑着电动车赶到了现场。

河边，有三三两两的人在桥上望着，有的拿着杆子在水里扎着什么东西，河里的水显得有些浑浊及恶臭。

这时阿姨急忙跑来对小胡说："你快看看，我可怎么办啊？"阿姨小声地解释着，"当时我在桥上正拍照，想发在手机微信朋友圈里。可是手机没有拿稳，不小心掉水里了，手机没了不是什么大事，主要的是手机里有很多重要的联系电话和信息。"

小胡安慰阿姨说："哦，知道了，信息重要，别急，我来帮你捞吧。不过，万一就是找不回来，您也别着急上火！"

在阿姨着急的神情注视下，小胡选了一个位置，把鞋子袜子脱了下来，走了两步后，又退了回来，又把衣服脱了下来。

小胡根据阿姨的指点，判断手机落水的地方，不会有那么深的水。但这底下也很难走，主要是河里的淤泥很厚很难走，水也非常浑浊。

小胡拿过一个长杆子在河里搅拌着，试图能触到手机。手机没触到，一股重重的淤泥工业油的味道让人很不舒服，让人产生一种想吐的感觉。让人只想上岸的冲动，但想想阿姨着急的心情这些都不算什么。毅然地扎到河里在淤泥里不断地翻找。

淤泥很厚，加上手机有一定的分量，掉水里会被泥给掩埋住，阿姨指掉手机的范围也不是那么的清楚，找起来非常困难，只能扩大范围的翻找。深水的地方有两三米深了，小胡钻了进去，时不时地钻出水面然后再看看业主指的方向再一头扎回水里。

就这样在水里摸索了将近一个钟头还是一无所获，此时的小胡身体感觉有些冷眼睛因为充水感到许些的刺痛，钻出了水面对业主摇了摇头。

此时的阿姨只对失望地说："要不，别找了？要不，你再试一次……那手机确实对阿姨非常重要，能再帮阿姨找找吗？"

看着阿姨紧张又失望的表情，再看看岸边那些充满希望和信任的目光，想走上岸的腿自觉地又往水的深处走去，再次钻回了水里。

天渐渐地暗下来，小胡越来越感到疲惫。这时听到阿姨喊叫："小胡你上来吧，手机咱不要了，估计是顺着水流流走了。"

看着暗下来的天色，小胡最终也放弃了水下的摸索。

走上了岸，一阵风袭来，感到异常的冰凉。

接过阿姨递过来的毛巾擦了擦身上的水迹，失望地对着我说："赶紧回去洗洗，你看你手都给泡白了，手机阿姨不要了，里面也没啥，不过小胡你真的是咱们的好管家，阿姨到哪儿都会记着有你这么个好管家的！"

阿姨的夸奖，反而让小胡感觉有些不好意思了。他把东西收拾下，拖着一身淤泥味的身子，骑上了电动车回宿舍了。

中奥英雄邢增承

2016年2月2日18时10分，出现在海边的一名红衣女子，打破了海南文昌山海天项目的静谧，在接到103巡逻岗秩序维护员林师家对讲机里急促的声音后，山海天项目所有人员都陷入了紧张的氛围。

"发生什么事啦？"

"有个穿着红衣服的女人，在海边，要自杀呢！"

"什么？谁家的人呢？多大岁数？因为什么事想不开呀？为啥要寻短见呢？"

人们一边议论着，一边赶紧站起来："那个地方离咱这儿很近的，快去救人要紧！"

秩序维护部主管邢增承腿最快，他在第一时间赶到山海天体验中心南门正下方沙滩区。

果然，他看见有一个红衣女子已走到距离沙滩50米的海域上了，从女子呆滞的神态上，邢增承想到，她已经打定主意要从这里走向生命的终点了。

"姑娘，你别走，我有话和你说！"

邢增承朝着姑娘喊着，并开始加快脚步朝着她追去。

天气寒冷，海浪凶猛，海风吹到邢增承的身上脸上，像刀子一样。

他离那个女子越来越近了。

"姑娘，你有什么想不开的呢？你和我说呀，我来帮助解决，我一定能打开你的心结的！快回来，回来吧！"

那个红衣女子，回过头来，朝着邢增承看了一眼。

"你别过来，我的事不用你管！"她冷冷地说。

邢增承这时加快了脚步，猛地拉住了那个女子的胳膊，把她从大海里拖了回来。

邢增承是中奥物业公司的英雄，是他不顾个人安危，才挽救了一个即将凋零的花朵。

如果邢增承再晚来一步，那位女子，也许真的永远走进了大海。欣喜的是，正是因为中奥员工的迅速反应和爱心救助，才发现并及时地阻止了一场悲剧的发生。

我家的钥匙您留着

2015年12月4号，宜兴中堂20-×××的业主来到服务中心，询问物业费事宜。

回复她的是中堂的管家主任彭潇。

彭潇主任递过去一把椅子，并给业主倒了一杯茶："说说吧，您有什么事，需要物业来做的尽管提，不必客气！"

业主喝了一口茶，两个就开始聊了起来。

在聊天中，彭潇得知，业主因长期在上海工作，家中的电视机顶盒费用没交，网费也没交，业主是一位个体户，相当忙碌，第二天又要赶回上海。

说到这时，业主笑了笑，她希望我们可以代为缴纳这些费用。

"可以的，这件事情，我们物业可以替您家来做的，请放心好了！"管家主任很乐意为业主服务，就很爽快地答应了。

业主对管家的服务表示很满意，立马把物业费交了。交完以后，业主邀请管家主任去业主家中参观。在参观中，业主发现有台电视机坏了，又把电视机的发票及卖家的联系方式交给了管家主任，由管家主任联系帮忙维修。

因为要交这些费用，业主交给了管家主任2000元钱，由管家主任代为缴纳家中所欠费用。

"你放心，多退少补，我会把账目记清楚的！"彭主任说。

下午，管家主任把所有的欠费都交清了。在下午四点半左右，业主又赶到了服务中心，又给管家主任留了两千两百块钱。

"哦，这钱是做什么的？"彭潇主任有些不解。

"一是马上过年了，业主请管家主任帮忙联系钟点工打扫一下家中的卫生，方便过年回家住；二是因为家中有三个房间，一个客厅，现在只有两台电视机机顶盒，业主考虑是否再添两台，只是还没考虑好，就先把钱交给我们的管家主任代为保管；三是家中墙纸有些脱落，空调需要维修，业主表示自己联系维修单位，只是需要麻烦我们管家主任到时候去业主家中看着，如果剩下的钱呢，就用来做备用吧！"

说着，业主把家中钥匙交给了管家主任代为保管，希望有空的时候能给家里通通风，因为他们平时很少回来住。

钥匙，业主家的钥匙。彭潇主任接过这把钥匙，感觉真的有些沉甸甸的，这把钥匙，是代表着业主对物业的信任呀！

信任是不能辜负的！

管家主任彭潇，每个月视天气情况会给业主家里窗户开一下，下午巡区的时候将窗户关好，并且每次去业主家里都和业主提前沟通并告知业主，让业主感受到有管家帮她打点这个家，真的很放心！

等到业主2016年春节回家住的时候，来到物业中心拿到钥匙。管家主任将给业主所交费用的发票以及一些维修费用发票交到业主手里时，业主一再致谢并表示我们物业有这样的管家真的很贴心，以后出差回来再也不怕家中因为各种费用未交而不能住了。回到家里，家里所有的卫生也全部清洁了一遍，晚上就可以直接舒心地入住了。

看到管家把自己的家里打点得这么好，业主竖起了大拇指，希望物业能继续将这种贴心的管家服务继续延续下去，把家交给物业管家，很放心！

老战士的军礼

盛夏 7 月的一天下午。

项目秩序维护员陆勇如往常一般用标准的军姿站在 2 号门岗，一位白发苍苍，拄着拐杖的老人步履蹒跚地走来，很吃力地移到了大门前。陆勇熟练地向老人家敬了个礼，并微笑着问："老爷爷，有什么可以帮您的啊？"

老人家用迷茫的眼神望着陆勇，喃喃自语了几句，陆勇以为老人家听不清楚，便向前搀扶着，加大了声调问道："爷爷，您这是去哪里啊？还是迷路了？我叫我同事送您回家！"老人家还是喃喃自语地说了几句。

陆勇听不明白，无奈只好把老爷爷搀扶到了岗亭里，并用对讲机呼叫黄小菲管家："黄小菲管家收到请回答！"

"收到请讲！"管家亲切而温柔地回应道。

陆勇继续说："这里有位拄着拐杖还戴着老军帽的老爷爷迷路了，好像是从你那边管理区域走出来的，你过来看看认识吗？"

对讲机里传来了小菲管家的声音："老爷爷是不是白发苍苍，手拄的是龙头拐杖，头上戴着一顶有点儿褪色的军帽？"

"是的。"

管家又说道："你看看老爷爷胸前有没有一块牌子，背面有房号和联系方式，你可以把他牌子上的号码告诉我，我来联系老爷爷家里人！"

陆勇看着牌子上的号码汇报给管家，不一会儿，小菲管家回复道："已经和老人家的家人联系到，他是 ××× 房的老人家，家里人听说了之后很着急，爷爷腿脚不方便，说话也不利索，自己出来走动，我现在马上过去，他的家人也正在赶回来的路上，要看好老人家！等一会我会拿一杯温盐水和一份报纸给爷爷解闷！"

陆勇回答道："收到！"说完就把岗位上的电风扇转给了老人家，用亲切的口吻说："爷爷，您先在这里等一会儿，您家里人马上就来了！"

老人家好像听懂了陆勇的话语，边笑着边竖起大拇指，陆勇满脸欢喜地恢复了值班动作。

不久管家黄小菲从中庭广场处急忙走来，微笑着一手端着一杯盐水，一手拿着一份报纸，放到了爷爷面前："爷爷，还记得我吗？我是前两天去过您家查看您家空调滴水的小菲啊！"

爷爷似乎听懂了管家小菲的话，望着她微笑着接过了盐水，一个劲儿地竖起大拇指。小菲管家边帮老爷爷端盐水，边帮爷爷翻阅着报纸，生怕爷爷会感到陌生及不适。爷爷一边翻阅着报纸，一边笑着用一种感激的神情望着管家小菲。爷爷突然看到了一篇关于纪念昆仑关战役的报道，突然停止了翻动，目光注视着报纸上那张几个解放军战士的黑白合影。小菲管家看得出来，爷爷是仿佛看到了过去的自己了，怀念过去的艰苦，但不需要别人照顾的日子了。小菲管家轻轻地对爷爷说："爷爷以后要是闷了，找小菲陪您聊天，陪您走走也行！"爷爷还是点了点头微笑着。

没过多久，爷爷的家人过来接他，小菲管家看到熟悉的面孔就打起招呼来："赵先生，您回来了，爷爷在这里您放心，您回来就好了！"

"小菲，谢谢啊，老爷子不认路啊！"赵先生一边说话，一边走到岗位前，用着老爷爷才听懂的话语说着，搀扶着老爷爷起身，管家小菲也过来帮忙。

小菲从赵先生口中了解到，爷爷以前是位抗美援朝时的老战士，在家无聊，想出来走走，但不认识小区的路。从赵先生的话中了解到，爷爷觉得管家小菲和安管陆勇很用心服务，夸我们俩很好，老爷爷走出岗亭阶梯回头的一瞬间，用颤抖的右手缓缓地举起敬了个十分不标准的军礼，陆勇会心地微笑着回礼。望着老爷爷远去的身影，陆勇转过身回到了自己的岗位上。

管家小菲和赵先生一起搀扶着爷爷一起往家里走着，扶着爷爷那双刚刚用颤抖敬礼的右手，看着那满是皱纹的手背，小菲管家见过很多秩序维护员标准的敬礼，但她今天看到的，却是她从事物业管理两年多以来，最动容、最标准的敬礼。

爷爷的手还颤抖着，小菲管家的心也跟着颤抖着："爷爷小心台阶，快到电梯门了，慢慢来！"

她一边注视爷爷那抬腿吃力的双腿，一边细心地叮嘱着赵先生："赵先生，以后您要是真的忙没有时间陪着爷爷出来走走，那就请告诉我，我会陪着爷爷在小区走走！"

赵先生礼貌地说："小菲，你们的工作也忙啊，不太好劳烦你啊！我的工作的确实有点儿忙，但是也会尽量抽时间陪老人家。不过老爷子刚刚也说你不错，很喜欢你的，如果真的需要你陪老人家走走，我会打电话给你的，上次空调的事情还要谢谢你啊！我也有你的电话号码了，随时可以找到你的吧？"

"是的，随时来找我！"

走出电梯来到赵先生家门口，赵先生扶着老爷爷进家，想倒杯水招呼小菲管家休息下的时候，小菲管家跟赵先生和爷爷打了招呼："赵先生，不打搅您跟爷爷休息了，您有事情可以随时打我电话！"

赵先生送小菲管家出门，一个劲儿地道谢，爷爷却仿佛什么都没有听到。

关上门那一刻，小菲管家心里想：爷爷也许已经忘了她是谁，但她却真真切切地记得老爷爷的过去，依然记得那个不标准还在颤抖的军礼……

情深意浓

破窗救火不顾身

大连中体奥林匹克花园项目×××的老大爷，在2015年4月1日10点左右下楼到信报箱取报纸，由于年纪较大，脑袋有些糊涂了，竟不小心把钥匙落在家里，无法进家门了。这可怎么办呀？晚点儿回家倒没啥，可是他家的煤气上，锅里还烧着菜呢，这要是把锅烧干了，再把屋子烧了，那可就出了大事啦！

情急之下，老大爷来到物业求助，客服前台谢颖马上联系开锁厂家，还有110，可是开锁的人也不能马上飞过来呀！

这时，物业的管家紧急联系该业主家楼上楼下的邻居，请他们大家一起想办法。

大家眼见着这家业主家锅内的豆油已烧得浓烟滚滚，迅速在楼道内弥漫，情况非常危急。

在这关键时刻，工程师傅谢立成、保安主管郑越拿着绳子飞快跑到×××空置房，将绳子系在栏杆上，谢师傅迅速从阳台顺着绳子一层一层地滑到3楼，破窗而入。此时浓烟四起、锅已经烧焦、火苗窜有半米高。谢师傅不顾个人安危，掩住口鼻，急忙关闭煤气阀后快速打开门窗……

险情终于被排除，但谢师傅的手却被绳子撸掉了厚厚的一层皮，鲜血直流，所有在场的人都为谢师傅捏了一把汗，并为他奋不顾身的精神所感动。

随后公司将谢师傅送到医院包扎伤口。

老大爷由于受到惊吓，显得惊慌失措，项目经理、财务会计、客服人员又到他的家中予以安抚。此时老大爷的老伴也买菜回来了，对物业员工千恩万谢，并特意来到客户服务中心送来1000元现金，被婉言谢绝了。此事感动了很多业主，住在7楼的一位业主是位记者，他立即打电话到总部400服务中心，说要写一篇报道，弘扬正气。

高温下的坚守

2013年8月15日，敬亭山君项目收到项目建设单位宣城华坤置业有限公司表扬信一封，信中，宣城华坤置业有限公司对项目物业服务工作给予了很高的评价和赞赏。

中奥物业于2013年7月10日进驻敬亭山君项目，协助建设单位进行销售配合服务工作。时值酷暑高温天气，而今年又遭遇持续高温，每天气温均在40摄氏度以上，室外地面温度更是达到了55摄氏度左右。

为保持良好的服务形象和服务品质，树立项目尊贵品牌形象，敬亭山君项目全体员工不畏高温，特别是秩序维护员洪培鑫、李龙、李欢欢、尚魏魏4名员工，在炎炎烈日下，他们笔挺地站在岗位上，轮流值班，一站就是几个小时，脚底烫得像火烧，衣服被汗浸湿又穿干，穿干又被汗浸湿，留下了一道道的白印子。

4名员工相继出现中暑，李龙与尚魏魏，更是两次晕倒在岗位上。项目经理多次安排他们休息，但他们去医院打完点滴后，又继续回到了岗位。他们说："天气炎热，如果其中一人休息，其他队友就会多站岗4个小时，那样太辛苦了！"还有白金管家汪婷，由于长时间站立，脚面肿大，脚趾头磨破皮发炎了，但她始终坚守岗位，从无怨言。

建设单位领导得知以上情况后，对中奥员工敬业和强烈的服务精神由衷地感叹和赞许，并特地送来表扬信，对敬亭山全体员工提出表扬和鼓励。

为保持良好的服务品质，维护小区的平安与和谐，高温天气下，他们必须与骄阳同行，与高温为伴，皮肤晒得黝黑，衣服一天不知要被汗浸湿多少回。这是秩序维护队员们战高温的真实写照。他们每天坚守在第一线，虽挥汗如雨，但无怨无悔。他们用平凡书写着自己的人生价值，他们是我们身边最可爱的人！

谁的黑色背包

2013年10月27日凌晨,丝丝寒意中,苏州天域花园秩序维护代理主任吴庆雨如往常一样对小区的每一个区域进行认真地巡查。

当他巡查到3期30栋主干道时,忽然发现地上放着一个黑色的背包。

他捡起来打开一看,里面装有一台尼康单反相机及镜头,现金2000余元,还有身份证、银行卡等重要证件。

失主肯定很着急,吴庆雨脑子里冒出的第一个念头就是要赶快物归原主。于是他马上向部门主管报告此事,随后监控中心同事按照钱包里的身份证件查阅到失主的资料。原来背包是×栋×××室一名陕西籍租户不慎丢失,当心急如焚的失主得知背包被物管人员捡到,一颗悬着的心终于放了下来。她赶到小区监控中心接过钱包时,激动地不停道谢,并要把钱包里的钱作为酬谢,吴庆雨委婉谢绝了。

得到小区物业这样贴心的服务,却又不肯接受任何物质的回报,失主内心除了感谢更多的是感动。于是第二天便和家人一起把一面写有"拾金不昧"的锦旗送到了居委会,因为他马上要出国有事,让居委会代表他帮忙赠送给物业秩序维护部表示感谢。

一副老花镜

2013年1月20日下午两点，中奥物业昆山玖珑湾小区第一次试交付，来了一对儿60来岁的老年夫妇。核实身份后，原来是产权人刘先生的父母，因为儿子出差要很久才能回来，所以就由他们过来代收。

交楼大使小朱在陪同这两位老年夫妇核实身份的时候注意到一个细节，原本几分钟就能完成身份核实这个环节的过程，这位刘老先生花了将近20分钟才完成。

"会不会是老爷爷年纪大了，眼睛看不清楚资料？"

小朱心里想着，马上偷偷把这个问题告诉了项目王经理，王经理听到后，凭借10来年行业的工作经验，他感觉到这是交楼现场布置中，被忽略的一个很重要的一个细节。

于是王经理马上从开发商一位老工程师傅那里借来了一副老花镜，安排交楼大使交给刘老先生使用。

"刘先生，不好意思，由于我们在打印资料的时候字体比较小，可能看上去会比较麻烦，您看我给您准备了一副眼镜，您要不戴上它试试看资料会不会方便些？"

刘老先生转过头来，怔怔地看着小朱双手递过来的眼镜，语重心长地说道："孩子，谢谢你呀！我年纪大啦，眼睛不好使啦，刚才看资料的时候，看得我眼睛都疼，正愁着马上还有这么多手续要办怎么办呢……你爸妈有你这样的女儿真幸福啊！"

从此以后，老花镜就出现在了交楼现场的桌面上……

雪地里的感动

2013年2月6号,农历腊月二十七,上虞下了一场大雪,路上很快就积了厚厚的雪。

凌晨,百官广场,冰天雪地中,有一个身影正在清扫积雪,他就是百官广场项目秩序维护员罗杨军。在零度以下的气温中,罗杨军拿着铁铲,动作迅速地将路面的积雪一点点儿铲起推到路边。雪不停地下着,他的帽子和衣服上都披上了一层白霜。这一切正好被开发建设单位的罗总看到了。

原来春节快到了,员工们都已开始放假,罗总对项目上的工作有些不放心,就凌晨驱车过来看看,正好看到了这一幕。

罗总很疑惑,就问罗杨军:"这深更半夜的,你扫雪干啥?是领导交给你的任务?"

罗杨军告诉罗总:"是我自己想要这样做,因为这里来往行人多,如果积雪不快点儿清理干净,大家就不好走路。刚好我就在附近值班,所以想抓紧时间把积雪清理干净,争取在人们上班前完成,这样既方便大家行走,自己还能暖和身子。"

"你不累吗?"罗总问道。

"有一点儿累,手上起了几个血泡,不过没关系。"罗杨军笑了笑,抹了抹额头上的汗珠。"小伙子,老家哪的,过年回家吗?"罗总又问道。

"我是贵州的,车票不好买就不回去了,公司安排了年夜饭,项目上还有其他同事不回去,我们一起在项目上过年,这样也挺好的,等春节过后其他同事休假回来我再回家陪父母，已经给家里打电话了。"

"小伙子，好样的，今晚我陪你一起值班，提前陪你在岗位上过一个春节！"

那晚，在百官广场，两个身影忙碌了一个晚上。

春节过后，罗总亲自来到百官广场物业办公室激动地讲述了这个故事。

冰冻寒夜中的抢修

2013年1月15日，异常寒冷的天气笼罩在整个包头市上空，窗外西北风呼呼地刮个不停，沙子吹得让人无法睁开双眼。

凌晨1点左右，包头松石国际城项目工程维修领班柳龙全被一阵刺耳的电话铃声吵醒，接起电话，里面传来急促的声音：×号楼自来水管冻裂漏水。

柳龙全赶紧穿上衣服跑到×号楼，看到水顺着楼梯不停的从楼上往下流，当他跑到第五层时，简直不敢相信自己的眼睛：只见工程维修师傅刘忠贤正在用扫帚扫水，并将水舀进水桶，他的双手冻得通红，衣服已经结冰变得硬邦邦的。柳龙全赶紧让刘师傅回去换衣服，刘师傅做了一个不要说话的手势，他提着一桶水下楼时轻声对柳龙全说："小声一点儿，不要影响业主休息。"

原来刘师傅当晚值班，发现漏水后他第一时间关闭了水阀，为了不让水流进业主家中，他找来废塑料纸把业主家的门缝塞得严严实实，然后用水桶将漏出的水一桶一桶地往外提。看着刘师傅瘦小的身影在冰冻寒夜中提着水桶楼上楼下来回跑，柳龙全为之震撼，他找来一个水桶和拖把，与刘师傅一起扫水。经过一整夜的奋战，终于将积水清理干净。

冰冷的天、冰冷的水，他们以自己的实际行动体现了认真负责、无私奉献的工作态度。正是有这样一群可爱的人默默地奉献着，保障了小区设施设备的正常运转，为千家万户带来了更多的欢乐与幸福。

台湾同胞的感激情

观邸国际业主萧先生，笑着推开了物业的房门，给物业服务中心送来一面"急难救助，大爱无私"的锦旗，以表达对物业服务中心的感激之情。

萧先生是台湾人，今年 5 月，他被查出患有轻微脑血栓，因其不善持家无积蓄，只好回家休养，导致病情加重半身偏瘫，生活不能自理。想回台湾治疗，但因民航规定偏瘫患者没有家属陪同不能登机，由于病情加重，萧先生曾有过轻生的想法。

6 月 4 日上午，物业服务中心知道萧先生的情况后，立即组织工作人员上门看望，并拨打 120 将其送往武警医院治疗，同时将他的情况向社区进行汇报，想办法为其筹集医疗费用。萧先生的亲人均不在内地，老父亲已经 85 岁高龄，弟弟有病不能只身前来照顾，物业服务中心就每天派工作人员轮流去医院细心照顾他，陪他聊天，开导他的思想，要他坚强地面对生活。

在物业人员亲人般的悉心照顾下，萧先生的病情有所好转，血压恢复正常，原来不能动的左脚也有了感觉。物业服务中心又联系在杭的慈善机构，在慈善机构人员的陪同下萧先生终于可以回台湾治疗了。

对于物业服务中心的帮助，萧先生和家人一再表示感谢。深受感动的萧先生特意制作了一面锦旗以表达对观邸国际物业服务中心的感激之情。萧先生深情地说："一切感谢的话都无法用言语表达，有么好的物业公司、这么好的物管人员，真是我的福气呀！"

虽然这并不是物业服务的范围，但观邸国际物业服务中心在知道萧先生的难处后，立即作出行动，帮助萧先生度过难关，体现了中奥物业"用心关怀每一位业户"的服务宗旨，使物业的服务更加具有人情味，让人倍感温暖与亲切。

情感留人

去年，广佛山水龙盘项目李经理因种种原因准备辞职。

就在他递交辞职信的第二天，突然接到他妹妹因车祸被送进医院的消息，当他急急忙忙赶到医院时，看到妹妹的一条腿被大卡车卷入车底压成粉碎性骨折，需要马上动手术，手术费需要八万多元，如不马上手术，就可能有截肢的危险。

遇到这种意外事故，李经理一下子不知所措，想找人借钱也不知找谁开口，正在一筹莫展之际，分公司总经理和人力行政部的同事们赶到医院，看到这种情况，二话没说立即向公司全体员工倡导紧急捐款，不到两个小时，全公司员工捐款多达6万多元。公司总裁和副总裁等高层管理者得知情况，也立即拿出3万元让财务亲自交到李经理的手中。李经理拿着沉甸甸的捐款，捧着中奥全体员工的深情厚意，内心百感交集……

在妹妹康复的过程中，公司也多次到医院探望，问寒问暖。当妹妹得知是公司领导和全体员工的捐款救回了自己的一条腿时，流着眼泪握着哥哥的手说："哥哥，你答应我，以后要永远留在中奥，好好工作报达中奥！"

回到家的感觉

我是一名就要离开学校到企业实习的学生,马上要离开熟悉的校园、同学和老师,走上复杂的社会,总有一种忐忑不安的心情,自己是否能够适应呢?新同事会不会接受我呢?

当中奥物业公司招聘部经理到我们班来宣讲时,听他说:中奥物业就像一个大家庭,大家在一起亲如一家人。就是这句话吸引了我,让我在几个备选的企业中毅然选择了中奥物业。

经过历时一周的培训,我们到了分配的紧张时刻,自己会分到哪里去呢?因为我知道中奥有近400多个项目。

当知道自己被分到中山清华坊时,忐忑的心情一直没有放松下来,因为在培训中得知中山清华坊是属于白金管家服务项目,湖光山色、环境优美,一栋栋别墅掩映在青山绿水之间,好像神仙住的地方。我想住在那里的人一定是很难服侍的吧?在那里工作的白金管家也会趾高气昂、态度傲慢吧?自己如何面对他们并与他们相处呢?

带着这些疑虑,我踏上了前往中山的高铁,看着熟悉的城市远离自己,未来的一切却又不知怎样,一种莫名的伤感涌上心头,孤独、忧虑、哀愁……

正当我沉浸在消极的情绪中时,手机信息的声音拉回了我的思绪,打开手机一看,是一个陌生电话发过来的信息:"××同学您好!我是您的新同事中山清华坊人力行政助理苏小青,很欢迎您加入我们中奥这个大家庭,在这里我们将一起生活、一起工作、一起实现人生的理想!您下车后,请由北门出站，我们的项目经理陈总将在那里等您，他的手机号码是……请您及时与他联系，他将接您到我们项目这里来，期待您的到来！"

收到这条短信，我的离愁别绪一扫而光，项目的同事真的很细心啊，不但知道我的行程，经理还亲自来车站接，想得真周到啊！

等到了车站，见到了陈经理，像一位和蔼可亲、温文尔雅的大哥哥，一点儿官架子都没有，抢着帮我扛行李、开车门，一路上还热情地介绍项目及同事的情况。

转眼间，车子经过农田，进入山路，停在一栋简易的板房前面，原来到了我们工作和生活的地方，板房分为两层：一层是办公室、饭堂、厨房、洗手间和洗衣房；二层是我们的宿舍。

一下车就看到一位美女笑容可掬地迎上来自我介绍："我就是苏小青，这里的人力行政助理。"

"欢迎您，让我帮您拿行李吧！"听到她温柔的语言，看到她亲切的笑容，想到她细心的短信，我感觉就像见到亲人一样，没有一点儿陌生感。

这时又过来几位男同事，大家一起动手把我的行李拿下车，并引领我走到宿舍，小青一边走一边介绍，虽然宿舍是板房改造的，材质简陋，但也配备了空调，充分体现了公司对员工的关爱。

来到我的床前，床头上已贴上写着我名字的床头卡，床上也整齐地铺上了床上用品，床上还放着一张自制的欢迎卡：欢迎您回家！落款：您的兄弟姐妹。下面是很多人的亲笔签名，原来这是一张项目全体员工送给我的欢迎卡，拿着这张签满了名字的欢迎卡，看着一张张热情洋溢的笑脸，我真的有了一种回到家的感觉，很温暖、很贴心，漂泊的心也有了一种要安定下来的想法。

接下来，大家一起在饭堂吃团圆饭，同事们都畅所欲言，而我所有的疑虑，所有的陌生感，也都远离我而去了！

"大忙人"被感动了

朱先生是一个早出晚归的"大忙人"。

管家李雪琴在楼宇巡查的时候发现消防门处有哗啦啦的水声,小李赶紧去敲他家的门,无奈敲了好久也没人开门,小李立马打电话与朱先生取得联系,告知他的家中可能是水管爆裂了。

朱先生说他太忙了,没时间回家,麻烦管家将屋外管道井里面的水阀关掉,其他的业主自己晚上回来再处理。

小李告诉朱先生,消防门外已经渗出很多水了,水管爆裂可能有段时间了。小李询问入户门的密码,一开始朱先生是不同意的,小李告知业主水可能已经漫延到家中,家中的家具电器等可能会被泡坏,另外阳台这么多水未及时处理可能会导致楼下漏水。在小李的坚持下,朱先生将密码告诉了小李。

小李进去之后关闭水阀及电源,帮助业主清理阳台地漏及家中积水,并细心地用抹布将家具上的水渍擦干净。

朱先生回来看着手机上小李发来的受灾照片,再看看家中的景象,一切都好像没有发生一样。"大忙人"之前很少有机会去接触到物业更不知道管家服务是什么概念,自从这次水管爆裂事件之后,朱先生家中有事就找管家帮忙。"大忙人"依旧很忙,房屋的事却不再操心。朱先生说:"以前忽略了去感受物业的服务,不仅仅是管家,物业的所有人都很热心!"

"大忙人"朱先生被感动了。

2016年11月21日,"大忙人"抽出时间给物业送来"无私奉献 细致贴心"、"贴心服务 情似一家"的两面锦旗。

这轻轻的两面锦旗在此刻成为了物业与业主之间深厚情谊的见证。

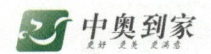

宠物失踪后的决定

小朱是中奥物业无锡维盛嘉园物业管家主任，每天都要对园区进行园区巡检。

平时在园区巡检遇到业主也会和业主聊天，及时了解业主对于物业的一些意见及建议，经过三个月的学习工作并且每天的园区巡检对小区内的部分业主也有了很多的了解。知道有的业主喜欢九点带着孩子到园区玩，有的业主平时不工作时喜欢牵着他家宠物狗出来遛弯等等，小朱也大概有了些了解并记录在自己的工作本上。

一天，小朱正常园区巡检，突然×××业主李女士急匆匆像是在寻找什么，小朱见到忙问业主怎么了？李女士说："小朱啊，我正要找你呢，我家宠物狗加加不见了，今天我在家打扫卫生，门忘记关了，加加就自己跑去出了，我现在找不到他了急死我了！"

听到这个消息，小朱立马停下手中的事情，仔细问清楚李女士事情的由来，并做了详细分析："你家住在六楼，加加如果要是出去的话，要么走楼梯，要么走电梯。这样，我先到物业告诉秩序部主管跟你调一下视频监控，如果加加走出单元的话，监控肯定可以看得到的。你先来物业跟我们的秩序部主管描述一下加加的样貌以及走失的时间。"

在小朱的带领下，李女士来到物业，前台对讲机呼来了主管，李女士详细的跟工程主管讲了加加的样貌以及丢失的时间，工程主管立刻给业主掉监控。

在各部门互相配合下，终于从监控里看到了加加走出了单元门，那扫搜的范围就更大了。

巡逻岗也在寻找着。这时另外一位管家赶来物业说，他在巡查小区楼道时看见一只宠物狗在×单元顶楼玩耍，见不到狗主人，就把它抱了回来。

李女士看到后，确认是加加。

经过这次事件，物业的全体员工细细地做了分析，针对这种情况，业主家里养宠物狗的但业主又忙来不及照顾的，是不是可以把宠物狗放在物业管家，由物业管家集中进行照顾。当然，物业管家对宠物方面的知识，也会加强学习的。

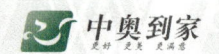

最美的祝福

"聚综合之力,解民众之惑,疏万千之难,此何人也?答曰:管家也!"

是的,这句话详细的概括了管家的工作与职责。管家服务是中奥的管理模式,也是服务特色之一。作为中奥物业宁波分公司一分子的卢浮花园也是如此,"有事找管家"已经成为业主的一种生活习惯。

"小张,我们家的快递有没有到呀?"

"小施,今天橱柜师傅到我们家量尺寸,我不在家,你陪他们去行不,这样我放心些!"

业主对管家如此信任,管家们的心中也都有说不出的幸福感。

3月8日是法定的妇女节,为了能让业主感受到管家服务的用心,在7日的时候,管家服务就定制了一大批各种各样的康乃馨,晚上就开始准备,整理、修剪、包装,并在每束花上手写了各个管家对该区该户业主满满的祝福。因为这个项目有500多户入住,工作量有点儿大,虽然加班到很晚,拿剪刀的手也发酸,但他们很开心,因为这是真心地在为业主服务。

8日早上,管家们七点钟就已到达物业办公室,一起到南门摆桌子,理桌布,放鲜花,两个人站在人行闸旁,两个人在车辆道闸旁,一起为业主送鲜花,将一枝枝鲜花送到业主手中,叮嘱业主路上开车小心,和行走的业主拍照留念,一起聊聊家常,逗逗小宝宝,很融洽欢乐的氛围,真的有家人的感觉。

有的业主在家休息,管家就亲自把鲜花送上门。看到业主在业主群晒刚刚收到的鲜花,强调这是最早收到的妇女节的花,谢谢卢浮物业等等,管家们都很满足,很开心。

"赠人玫瑰,手留余香。"业主对管家工作的支持与肯定,干什么都觉得一个字——值!

物业因业主而立,业主因物业得存,只有物业和业主相互扶持,才能营造出一个和谐温暖的大家园来。

有中奥物业,请放心!

滴水见阳光

急业主之所急

抢修管道——揭育富

2011年,揭育富加入中奥物业广州分公司南国奥园项目,任管家助理,四年时间里,他兢兢业业,全心全意服务业主,多次得到业主的表扬,连续两年被公司评为年度优秀员工。

2013年5月的一天,暴雨侵袭,由于楼顶积水,雅典一区×座×××(复式结构)厅面出现漏水,家中线路被浸泡,业主致电园区管家揭育富,希望找工程部师傅疏通楼顶。

由于当时工程部同事在其他地方抢修,暂不能及时赶到,揭育富得知情况后,立即赶到业主家中,爬梯上至顶楼,冒雨疏通管道,一遍一遍,汗水、雨水交织在自己的身上,整整持续了近1个小时,最终将管道成功疏通,避免了业主更大的损失。

看着业主紧锁的眉头终于舒展开来,揭育富开心地笑了。管道堵塞,在维修师傅不能及时处理的情况下,作为一名园区管家,揭育富没有犹豫,毅然承担起了疏通管道的责任。

这件事让业主非常感动,第二天业主特地给物业公司送来了感谢信。

业主在送感谢信时,充满感激地说:"他一心为业主着想,为业主排忧解难的精神真的感动了我们!"

火眼金睛——李海明

2014年8月8日晚上，中奥物业广州分公司奥园项目秩序维护部领班李海明在后门巡查时，发现两名形迹可疑的男子骑一辆白色摩拖车要进入园区，于是将他俩拦下来询问，他俩说是来找朋友，可又说不出房号，让他俩打电话，其朋友说人在外面没在小区，让给他朋友放行。

李海明感觉有蹊跷，于是及时通知秩序维护部主管彭友洲及值班人员到场，先将两人控制在场，通过仔细盘查，在其摩托车座垫下发现一个包，里面有大小开锁工具40多件，俩人说是上班用的。随后，将他俩带进小区，在路上，其中一人将身上带的万能钥匙丢进了路边绿化带，被及时发现捡起，再通过不断地询问，他最终交代自己是来偷东西的。上报上级领导后，做报警处理。

2014年8月21日晚上，秩序维护部领班李海明在后门巡逻签到时，发现一名陌生男孩尾随小区业主进入园区，于是将其拦下来询问，该男孩说不出要去哪里，并想要趁机溜走。李海明将其控制，并看到他身上有鼓鼓的东西，经仔细盘问，该男孩交出身上的卡钳和螺丝刀各一把，并交待是进来偷东西的。上报上级领导后，做报警处理。

2014年，在李海明的带动下，先后与班组人员共抓获嫌疑人多名。在2014年8月份一个月时间里陆续抓获7批共8名嫌疑人，全部报警并移交警方处理，对社区的治安起到很大保障作用，为公司赢得良好声誉，得到当地派出所和广奥业主委员会的表扬，同时也收到派出所的表扬信和业委会的锦旗。

点滴小事见真情

办实事的郑雪君

2017年3月31号下午,中奥物业南国奥园项目×路×区××座×××单元林阿姨急急忙忙地来到服务中心,反映家中洗手间马桶堵塞,维修人员处理很久都没解决,对生活影响很大。

管家主任郑雪君听完阿姨反映后,马上为林阿姨解决问题。她当即联系工程人员一起来到林阿姨家,因小区一楼排污管道都是独立设计,不属公共区域,工程人员建议业主找施工队处理。施工队确定17点30分前来疏通,确定好方案与时间后,郑雪君又去忙别的事情。

晚上8点,郑雪君又跟林阿姨联系,了解疏通情况,林阿姨说施工队的人没来。

这怎么能行?郑雪君马上重新联系另一个疏通人员确定明天一早到林阿姨家先疏通管道。

第二天郑雪君早早赶到林阿姨家,经过疏通基本确定管道无堵塞后,郑雪君根据自己的工作经验,又分析原因,再次联系工程人员检查化粪池,经过检查发现化粪池有些满,郑雪君二话不说,马上联系清污人员,终于在4月1日下午彻底解决了问题。

郑雪君笑着问业主:"这次的服务,你们满意了吗?"

"满意,满意,非常满意!"

雷厉风行的梁熙明和李杰

2015年8月4日13点50分左右,城市花园物业接到花园×-×××业主的电话。

业主电话里很急地说:"我家里全是水,可能是早上我出去的时候忘记关水龙头了,现在家里全部被挨泡了,我现在一个人在家,物业那边可以派个工作人员来协助处理一下吗?"

由于当时是中午休息时间客服前台只有一名员工值班,接电话的员工表示:"您先不要着急,在家先稍等一会儿,我们工作人员正在上班的路上,还有几分钟就到,人到了马上叫工作人员上去处理"。

仅仅是几分钟后,客服的梁熙明和李杰就出现在了业主的家里了,他们立刻投入抢修工作。原来,他们两人下午上班,刚进公司,前台远远看到他们,便跟他们说了这个事情,他们二话不说打了卡之后就上了业主家,一秒钟也不拖延。

两个人泥里水里的忙了一下午,直到16点30分完全处理之后,两名员工才回到物业办公室,继续处理当天未完成的工作。

8月5日中午12点30分左右业主提来一袋龙眼和拿来一封感谢信表示感谢。

这正是:急业主所急,做业主所需,中奥管家,服务到家!

于细微处见精神

李民佳背着业主上楼

李民佳,是南宁奥园项目一名秩序维护员,在 2016 年 2 月 15 日 23 点多钟,在园区巡逻时发现洛杉矶组团北区×栋×单元×楼,有一位女士正在搀扶一位脚打石膏的男士准备上楼,正在他们为如何上六楼而烦恼时,李民佳主动上前关切询问得知,他们是住在该单元×××号房的业主夫妻甘先生和兰女士,因丈夫意外摔倒致左脚骨折,刚从医院打完石膏回来,无法行走到六楼。

李民佳毫不犹豫地背起脚受伤的甘先生上楼将他送到家中,还细心叮嘱业主有需要可以继续找他帮忙。甘先生和兰女士对李民佳热心助人的行为感动得热泪盈眶,连连对李民佳道谢,李民佳很坦率地对两位业主说:"不用谢,我是南宁奥园的保安员,帮助业主是我们应该做的!"

两位业主再次深受感动,最后在兰女士的极力要求下李民佳留下了他的姓名,第二天业主兰女士将一封感谢信送到物业办公室,以示对李民佳的谢意。

无名的保洁大姐

在邕江明珠的小区干道,一个母亲牵着女儿的手,走在回家的路上,一边嚼着口香糖一边和女儿说话,不一会儿,把口香糖往后一吐,就吐到了地面上。

不经意中，小女孩回头看了一眼远处，突然对妈妈说："妈妈，你看阿姨！"

顺着女儿指的方向，一名保洁阿姨蹲在地上，正用小铲子仔细地铲着粘在地面上的口香糖。

第二天一早这位女业主就到服务中心前台向工作人员致歉，说起昨天她乱吐口香糖的事情，她说："作为一个母亲，我一直在教育小孩要爱护公共卫生，但我自己却没能做到。保洁大姐本原本可以当场提醒我，从而也降低自己的工作量，如果是这样的话，我自然也会配合，但保洁大姐却在之后悄悄地打扫，避免了我在女儿面前的尴尬。"

女业主表示："我一定严格要求自己，要求我的小孩及身边的家人，一定要维护公共卫生，不要在小区，尤其是咱们自己的小区，乱丢乱扔，因为这样不但破坏了小区的环境，更破坏了保洁大姐的劳动成果，我真的不想再额外地增添保洁大姐不必要的工作量。你们一定要转告这位可敬的保洁大姐，以后我再也不给她添麻烦了！"

看似简单而普通的细节，却表达了中奥和业主间默默的亲情。也许就是这种处处为业主着想，以业主的满意和认可作为工作的方向，中奥物业才获得业主高度的认可和赞扬。

心中装的是业主

邓敏师傅还电脑

2013年5月14日,乘客刘阳在乘坐南国奥园地铁接驳车时,一时疏忽,将一台笔记本电脑遗忘在了车上。抱着试试看的想法,刘先生找到当时的值班司机——中奥物业南国奥园项目车队司机邓敏。没想到,邓师傅在问清楚情况后,肯定地告诉他电脑在车上,他随时可领取。拿到失而复得的电脑,刘先生万分感激。

事后,刘先生向奥园分公司写来了一封感谢信,刘先生在信中表达了对邓师傅拾金不昧行为的感谢和这种精神的感动,并感谢中奥物业奥园分公司培养出邓师傅这种高品德、高素质的好员工。

屈健强冒雨排水

这是湖滨花园的一位业主讲述的故事:

2013年3月20日,下了一场大暴雨。下午,他行至北门时,看到这样一幕:

一位当值的秩序维护员蹲着身,埋着头正在用桶舀车位低洼处的水,并将舀出的水提到附近的河边倒入河中,就这样来来回回不停地忙碌着。他觉得很好奇便走上前,只见小伙子满头大汗,额头上的汗水顺着脸颊不停地流淌,问他是在做什么,小伙子憨笑着回答:"因为刚下了一场暴雨,这里的车位低洼处积水太多,而小区车位本来就紧张,所以想趁业主还未回来之前,把车位的积水清理干净,这样业主回来后就能顺利停车了。"

没想到一个秩序维护员竟然会如此细心周到,心系业主,当时自己真的被他感动了,便有心记下了这位小伙子的名字:屈健强。

这位业主接下来又说了这么一句话:"虽说是一件小事,但也让我格外感动。我决定把一年的物业管理费都交了!"

王存玉调解矛盾

南国奥园某业主反映其卧室天花板发生漏水现象,管家小王接到业主的报事后,即与维修师傅上门查看,最后确定是楼上业主洗手间墙内水管渗漏,导致楼下漏水。于是他赶紧找到楼上业主,说明情况,希望他能配合进行维修。

可是,楼上业主当时态度坚定不愿意维修。

小王没有气馁,天天上门做业主的工作,苦口婆心地讲道理,劝其设身处地为他人想一想,前后面谈了近10余次,终于做通了楼上业主的思想工作,但由于经济条件不好的原因不愿承担维修费用。见此情况,小王不辞辛劳,利用下班时间到外面寻找了几家维修单位,分别让他们报价,将维修费用压到了最低。他又找到楼下业主,向其说明楼上业主的情况,请其考虑利弊也承担一部分维修费用。在小王三番五次的努力下,两家平摊了维修费用,漏水问题终于得到圆满解决。两位业主对小王这种锲而不舍为业主服务的精神感到非常满意。

楼上漏水是造成邻里之间矛盾的一个重要因素,及时解决漏水问题有利于维护社区和谐的邻里关系。遇到业主不配合维修,应该要积极协调,动之以情,晓之以理,只要锲而不舍去做工作,再难的问题还是能够解决的。

叶建华排忧解难

2013年12月6日,浙江衢州维多利亚业主汪先生给物业公司送来了一封表扬信。他在表扬信中,对衢州维多利亚项目物业维修师傅叶建华认真负责、不辞辛劳、热心服务,为他解决家中水流问题表示感谢和赞扬。

原来,汪先生自入住后家中自来水一直很小,原以为是住在10楼水压问题，也没在意，可是后来水流越来越小，已影响日常生活用水，于是便向物业公司报修。很快，物业便派来维修师傅叶建华来到汪先生家。

经查看，叶建华初步判定是水管堵塞的原因，他三番五次楼上楼下来回奔跑，查找堵塞之处，最后发现是原建筑公司安装的时候，将一团麻丝遗留在水表口处造成了水管堵塞。排除堵塞物后，汪先生家的水管畅通，水流正常了。

谭建军上门修锁

谭建军是一名蓝海公寓的普通工程师傅，平日里大家都亲切地称他为谭师傅。谭师傅平日为人和蔼、热爱工作，在解决业主在蓝海遇到的困难时，不论大小，谭师傅和所有蓝海的员工一样都会及时地帮业主们一一处理好。

2016年5月17日，一面锦旗送到了蓝海项目物业部，业主在感谢中把"服务至上，技术精湛"的荣誉呈送给了谭师傅，并讲述了事情的经过。

原来，在2016年5月15日，物业前台接到报修，×号楼业主家的门锁坏了，前台及时将报修通知给谭师傅，谭师傅在接到报修后，及时赶到业主家进行维修。起初业主和谭师傅都以为只是个小问题，没想到处理起来却很棘手，一修就是好几个小时，但是谭师傅也非常耐心地研究问题，不仅帮业主去购买修锁必需用的材料，而且还将门锁原来的配件尽可能用上，合理地控制材料的费用。在谭师傅的努力下，门锁终于被修好了。

业主十分的感谢谭师傅，不仅是因为谭师傅辛苦修理的几个小时，而且如果不是谭师傅把门锁修好了，业主可能要支付上千元的费用去更换一把新锁。

业主为了表示感谢想支付一笔报酬给谭师傅，但是被谭师傅婉拒了，因为他觉得这只是他的工作而已，只是把分内的事情做好。

一切为了业主——广州南国奥园的感人故事

1、一颗螺丝的服务

2011年8月份的一个周末，业主刘女士来到南奥客服前台，她要当面感谢工程维保部的唐师傅。事情是这样的：

8月8日中午快到12点的时候，她家里突然停电，于是便打电话到客服前台报修。当时以为师傅最早要下午上班才到，可不一会儿，唐师傅就背着工具包来到她家，进门时还换上了自带的鞋套。经过检查查明是饭厅吊灯线路故障，引起整个房屋停电。因为没带梯子，唐师傅说他回去拿梯子，下午再来。果然，下午刚到上班时间，唐师傅就拿着梯子过来了，他仔细地拆下吊灯的每一个零配件，发现有一颗螺丝已不能使用。在修好线路将灯重新安装好后，唐师傅告知她灯可以正常使用，但少了一颗螺丝自己回去找找。本以为唐师傅只是说说，令她没想到的是，第二天一大早，唐师傅就过来了，很利索地将找来的一颗螺丝安装了上去。

刘小姐说唐师傅专门为补一颗螺丝这种至诚服务的精神，让她既惊奇又感到温暖，她从内心由衷地感谢唐师傅的真诚服务。

2、服务至诚暖人心

2011年9月29日晚，广州下着大雨，19点40分左右南奥分公司悉尼一区前台接到业主报事称厨房地漏冒水，前台马上通知园区管家助理和工程人员去业主家里查看情况。

经现场查看，大家分析认为是排污管直通主排水管堵塞，经过简单处理后，地漏已不溢水。当时业主随口补充了一句：只要一下大雨，就会出现这种情况。听了这一句话，师傅们当即决定，一定要帮业主彻底解决好这一问题，他们向业主说明情况，承诺第二天一定过来处理。

第二天一上班，他们就带着管道疏通机到业主家里疏通管道，在疏通的过程中遇到了麻烦，疏通机的弹簧卡在管里拿不出来，只能在外面墙角处把地面挖开从管道拿出弹簧。当大家挖开地面，发现排污管有断裂，但是弹簧没有卡在那里，而是直接打进了下水井。因为地面下水井的水位高于排污管，无法判断弹簧的位置，只能抽污水。污水车一到就开始抽污水，几经周折终于将弹簧找了出来。但最终要解决业主家厨房冒水，还需要重新接管，在向公司领导说明情况得到同意后，师傅们便开始着手安排接管的工作。

因为当天已经很晚，接管的工作只能在第二天进行，刚好第二天就是国庆节，原本已安排休息的几位师傅主动放弃休息，第二天照常回来上班。经过一天的紧张忙碌，管道维修完毕，终于帮业主解决了困扰已久的问题。

事后该业主感慨地说："有这样为业主办实事的维修师傅们，这是我们业主最大的幸福！"

3. 一件衣服的故事

2010年9月的一个周六，住户朱女士给南奥物业送来了一封感谢信。

朱女士向客服经理讲述了这件令她感动的"小"事：

上个星期的一个下午，她晾在阳台的衣服被暴雨前的一阵狂风卷到了楼下。负责该区域巡逻的秩序维护员小周刚好巡逻到此，在狂风中把衣服追了回来，并用清水洗净晾干，放在岗位上等人认领。

当天她下班回到家，发现衣服没有了，想着肯定让风刮跑了，找不回来了，也就没找。

第二天下午，她下班回到家，有人按门铃，开门后，她看到秩序维护员小周提着一个袋子，还没等她开口，小周就礼貌告知，昨天刮大风时，自己捡到这栋楼掉下的一件衣服，现挨家挨户询问准备归还。接过失而复得的衣服，朱女士非常惊喜，而更让她没想到的是，当她从袋子里取出衣服时，发现衣服被叠得整整齐齐，一个大小伙，晾衣、叠衣，如此周到细心的服务，让她非常感动。

4、危难之处见真情

某日凌晨，南奥秩序维护领班小蔡被手机铃声将他从睡梦中惊醒，拿起手机，听筒那头传来一位老人急促的声音："陈阿姨病了，你能否过来帮个忙？"

当时外面下着大雨，小蔡一骨碌从床上爬起来，拿起雨伞就飞奔而出，由于撑着伞速度跑不起来，小蔡干脆收起伞，任铜钱般大的雨点打在身上，以百米冲刺的速度赶到陈阿姨家，看到陈阿姨痛苦地坐在床上呻吟，他的老伴正急得手足无措。

小蔡一边安慰陈阿姨："阿姨，不要动，我背你去医院。"一边赶紧把阿姨背到楼下，送上救护车。

到了医院，小蔡跑上跑下，给老人挂号，推她去做检查，一直等到老人的女儿来了，他才安心离开。据急救医生介绍，老人得的是"脑梗塞"，如果再晚点儿送到医院，后果不堪设想。

朱女士感激地说："多亏了小蔡，为我妈赢得了宝贵的救治时间。因为有这样乐于助人的好秩序维护员，让我们住在这里感到格外美好！"

5、台风来了有我在

2009年7月，广东遭遇强台风"莫拉菲"的袭击，听到台风的消息，中奥物业南国奥林匹克花园启动了紧急预案。

"莫拉菲"带来的狂风暴雨让人心惊胆颤，为了确保园区安全，秩序维护员小陈和他的同事们依然在风雨中巡逻。当小陈巡逻到悉尼区时，他发现有一辆私家车没有关闭车窗，倾盆大雨正从车窗滴进车厢，如不及时处理，车厢有被雨水浸泡的危险。他立即通知前台联系车主，并用自己的雨伞遮住车窗，使雨水尽量不滴进车内，自己则淋着雨，等待车主前来关窗。

当车主赶过来时，他简直不敢相信自己的眼睛，只见小陈撑着伞遮挡着车窗，衣服、鞋子都湿透了。

"没想到为了一个车窗，小陈竟会有如此举动，他真是我们小区最可爱的'许三多'！"被感动的业主毫不犹豫地给物业公司送来了感谢信。

6、小宝宝顺利诞生了

2009年2月1日凌晨4时，南国奥园一位怀孕9个多月的女业主突然羊水破了，情况十分危急。女业主的丈夫急得团团转，紧急时刻他想起自己经常听到小区秩序维护员热心助人受到称赞的事迹，便立即致电物业公司，寻求帮助。

得知情况，南奥物业秩序维护领班徐谭胜心急如焚，立即通知曾翔、徐国新和自己一起快速地赶到业主家中，将女业主平安转移到车上，送往医院。

由于送医及时，措施得当，经值班医生检查，大人与胎儿状态一切良好，中午时分，小宝宝顺利诞生。

回来后，他们并没把这事放在心上，只是觉得做了自己应该做的一件小事而已。

当宝宝满月之际，业主送来了感谢信。

女孩别哭

一天晚上约8点多钟,南奥秩序维护员吴艳丽在园区巡逻时,发现一个小女孩蹲在路边埋头哭泣。见状,她马上过去拉着小女孩的手。小女孩约五六岁左右,童稚的脸上满是泪痕。于是吴艳丽耐心地劝说小女孩不要哭,又问她住在哪里,为什么一个人跑出来。小女孩只是一个劲儿地摇头,不停地哭。经过耐心开导,小女孩终于开口说话了。原来,她因为回家晚受到妈妈的责骂,感到委屈的她没吃饭便哭着独自跑出了家门。此时又累又饿,回家又担心被妈妈责骂,便只好蹲在路上哭。

吴艳丽想,此时小女孩的妈妈一定也非常着急,要尽快送她回家才行。于是吴艳丽赶紧给小女孩买了一份饭,等她吃饱后,再护送她回家。

当万分焦急的女业主见到女儿回来,感动得眼泪都掉下来了。原来她正为责骂女儿的事情懊悔不已。

"真不知道该怎么感谢你,到我家吃饭吧!"女业主对吴艳丽说。

"谢谢!我还要上班。"吴艳丽婉辞了女业主的好意。

这时小女孩过来拉着吴艳丽的手说:"姐姐,我会永远记得你所说的话!"

以后,这个小女孩每天放学后,都会到吴艳丽的岗位向她打招呼。

就是要让业主满意

装修押金不押情

4月份的一天,宁波分公司万达公寓项目业主王先生和陈女士来我们前台办理装修手续,前台的工作人员郑盈盈负责接待,仔细认真地向业主说明装修注意事项、流程及费用,当说到需要缴3000元装修押金的时候,业主王先生质疑道:"为什么需要缴纳这么多装修押金?"郑盈盈向业主解释:"装修押金主要的作用是约束违规装修。"

他旁边的陈女士不耐烦地说:"物业事儿真多,我自己家房子怎么装修是我自己的事情。"

郑盈盈耐心地向陈女士解释:"装修是自家的事儿,但同时也关系到邻里和整个小区……"

还没等郑盈盈说完,陈女士傲慢地说道:"我装修自己家房子关邻里啥事了?"

面对着陈女士的不理解,郑盈盈微笑地说:"您先别激动,我打一个比方,若您家楼上业主在装修期间不慎将卫生间渗水到你家里……"

陈女士听后立刻打断说:"他敢漏水到我家吗?"

郑盈盈解释道:"这只是一个假设,但谁也不能排除有这种可能性。如果渗水,我们会用业主缴纳的装修押金,约束业主让他限期整改,这笔钱等装修验收合格后是会退还的。"

这时正好业主李先生来客服中心取快递,他听到这儿,就微笑着对陈女士说:"我们家装修时也收取了这项费用,复验结束就退了。说明咱小区物业挺负责的,万达公寓的物业不错,亲戚朋友过来都说挺好!"

两家业主亲切地聊了起来,接下来办理装修手续时王先生和陈女士都很配合。期间,王先生不好意思地对郑盈盈说:"刚刚实在是不好意思,我爱人情绪比较激动。"

郑盈盈微笑着说:"业主就是我们的家人,没事儿,开始也是我没有表达清楚!"

抱孩子爬 25 楼

钱主管是中奥黄金海岸的工程主管,已认真工作 8 年的他对园区和业主十分熟悉。

去年一月,由于天气寒冷,×号楼电梯因为水管爆裂,两部电梯都不能运行,给×号楼业主带来了极大的不便。

这时,×××业主打来了电话:"你好,前台有看到一个穿红色棉袄的小女孩吗?"话语很着急。

"看到了!"

"电梯不会来了,我大着肚子下不来,你们帮我照看一下可以吗?"

"可以的,孩子交给我们,您放心吧!"

钱主管当时在前台,看到泪眼汪汪的小女孩,就和蔼地对她说:"我抱你上去吧!"

抱个小孩上 25 楼确实是挺累的,不过钱主管为了小孩,为了不让孩子妈妈担心,就顾不得什么辛苦了……

过了会儿,25 楼××号主打来电话:"谢谢你们,把我家孩子抱上 25 楼,辛苦那位师傅了,帮我说声谢谢!物业,真的是我们的亲人呀!"

帮着业主拿快递

金通浅水湾小区的快递一般都是放物业办公室。

因为小区比较大,每天的快递包裹都很多,如果碰上双"十一"或者类似的促销节日,快递包裹真的是堆积如山。既然快递放到了物业,就有替业主保管好的责任。所以物业管理人员每天都要整理上百个快递，每个包裹在快递员逐一登记好后，并对过数量，再一个一个地按楼栋房号整理好。等业主来拿时，就能迅速地找到。

×幢的王女士有一回买了海鲜，快递员早上把包裹放物业时，已经打电话跟她说过了，还嘱咐她当天一定要来拿走，否则就不新鲜了。中午，物业管理人员在整理快递的时候发现王女士还没有来取包裹，就按着上面的电话号码打了过去提醒她来拿。二十多分钟后，王女士来拿包裹时，一个劲儿地向物业管理人员道谢，说要不是及时地提醒她，这箱海鲜就废了。

××幢的俞女士是个准妈妈，她每次来拿快递都挺着大肚子。她的住处本来离物业办公室就远，还要走一个楼梯，挺着大肚子很不方便，她的包裹有好几次都是由物业管理人员帮她拿到楼下的。物业管理部门觉得俞女士来拿快递很不方便，就决定给她送到家里。一有她的快递，物业管理人员就打电话向她问好，让她方便时，就把快递送到她的家里。俞女士对物业的服务表示十分感谢，好几次都说："幸好有物业，幸好住在浅水湾，要不都享受不到这么好的服务！"

中奥到家

更好　更美　更满意

中奥到家集团大事记

2005年， 广东中奥物业管理有限公司于2005年9月26日在广州成立。

2006年， 广东中奥物业管理有限公司开始在全国各地区设立物业服务办事处，拓展物业服务业务。

2007年， 广东中奥物业管理有限公司荣获第四届中国物业人气榜组委会认可为"广州最受业主信赖十大物业管理品牌"。

2007年， 中奥到家集团与国际白金管家服务联盟在香港签署战略合作协议，授权中奥到家集团成为中国大陆第一家物业服务培训实践基地。

2007年， 广东中奥物业管理有限公司在物业行业内首推"白金管家"服务。

2008年， 广东中奥物业管理有限公司荣获中华人民共和国住房和城乡建设部颁发物业服务一级资质证书。

2009年， 荣获ISO9001、ISO14001、OHSAS18001三标认证；同年获得中国物业管理行业十大知名品牌。

2010年， 当选中国物业管理协会理事单位，荣获"2010中国物业服务百强企业"，被评为"2010年中国物业管理行业十大标志性品牌"。

2011年， 广东中奥物业管理有限公司荣获全国质量、服务、信誉AAA级（品牌）企业。

2012年， 广东中奥物业管理有限公司升级三标认证证书。

2013年, 广东中奥物业管理有限公司完成服务转型,成立中奥到家集团,开启智慧社区服务。

2014年, 广东中奥物业管理有限公司O2O服务平台建立,中国物业服务百强企业综合实力TOP10。

2015年, 广东中奥物业管理有限公司获得易居资本、嘉御基金战略投资,于11月25日在香港上市。

2016年2月, 中奥到家集团收购上海怡东物业管理有限公司。

2016年, 荣获中国物业管理企业综合实力10强,中国物业管理企业品牌价值10强。

2016年3月, 中奥到家集团完成对浙江永成物业管理有限公司收购。

2016年4月, 中奥到家集团在广州国家开放大学成立白金管家学院。

2017年, 荣获中国物业管理企业综合实力TOP8,中国物业管理企业品牌价值TOP8,年消费者最信赖十大物业管理单位。

2017年4月, 中奥到家集团在安徽省宿州学院管理学院成立第二家白金管家学院。

后记

FOREWORD

《中奥到家》这本书出版了，它凝结着作者和编辑团队的心血与汗水，经过几个月的辛勤采写、编辑、制作，终于和读者见面了。

目前图书市场关于物业服务方面的图书很少，在浩瀚的图书海洋里，很难见到有介绍物业管理企业成长历程方面的书籍。出于对这家物业服务企业的浓厚兴趣以及对中奥物业创始团队坚持自我、不懈努力的敬意，有了一个初步的动议，打算把刘建带领中奥团队创业发展历程记录下来。

安居而乐业。居不安，业何以为乐。安居，就离不开物业，而物业恰是一门新兴的行业，这里面没有规律可寻，没有经验可鉴，更没有理论可言。刘建和他的团队当年创建物业公司的时候，也是没有什么可借鉴的经验。他们凭着对朋友的坦诚、对事业的热爱，走出了一条特色的物业道路，尽管在前进的路途中，还有着各种各样的挑战与困难，毕竟他们的努力得到了业主的认可，行业的肯定。能够从一个名不见经传的小公司，发展成为一家上市公司，这就是一个最好的见证。

也许这本书对物业同行们是一个很好的礼物。中奥物业能发展到今天，他们是怎么走过来的，中奥的核心团队是怎么形成一种合力，在祖国的大江南北创造了骄人业绩。这本书记录中奥人多年来的创业精神，服务经验，这些经验会给相关的物业企业有一个借鉴作用。可从中找出借鉴之处，为未来物业服务的发展，提供一点儿参考。

我们不敢说，这本书会给全国的物业行业有多大的影响，但我们敢说，我们的写作团队是在认真地做了这样一件事情，我们经过了细心地采访与调查，并且参考了国内外的相关行业做出了具体的分析、归纳、总结、展望，所以，我们坚信这本书，对同行来说是有参考价值的。一本书的价值，只有读者才有权力给予评断。在写作过程中，尽量避免那些大话、套话，只有用通俗的写法，从生活深处发掘出来的语言和故事，才有可能打动读者的心灵。

本书的创作由董恒波、雷彬合作共同完成，其中董恒波老师负责全书的架构搭建、采访资料整理、初稿的成型。在前期海量资料的收集整理中，两位作者通宵达旦废寝忘食地工作，最终由雷彬执笔核定。在写作过程中，雷彬关闭通信设备，闭门谢客。感谢两位作者用最短的时间、最快的速度、最好的作品展现给读者。谢谢您们！

现在的图书琳琅满目，多如繁星，您能从中选择了这一本书《中奥到家》，就是我们的缘分，我们真诚地感谢您！

感谢在创作和编辑过程中给予帮助的每一位友人，感谢中奥到家集团高层领导在百忙之中抽出时间接受我们的采访，给本书的创作提供了大量的宝贵素材；感谢总裁助理庄少娟女士为本书搜集整理材料提供了大力协助。真诚地感谢你们！

在编写的过程中，因时间仓促收集资料所限，加之所采用的信息或许与现状存在误差。中奥物业各分公司提供的部分文字、数据、图片，因有各种原因没有采用，请谅解。另外，由于作者和编辑团队水平和技术所囿，本书中会有些鱼鲁之误，诚恳希望得到专家的批评指正，以便在再版时得以修改补充。本书公共图片由中奥到家集团提供。内容、图片未经许可不得转载使用。

总策划　方镇

2018年6月

出 品 人：许　永
责任编辑：许宗华
策划编辑：方　镇
特邀编辑：雷　彬
封面设计：海　云
内文设计：石　英
印制总监：蒋　波
发行总监：田峰峥

投稿信箱：cmsdbj@163.com
发　　行：北京创美汇品图书有限公司
发行热线：010—59799930

创美工厂
微信公众平台

创美工厂
官方微博